독자의 1초를
아껴주는 정성을
만나보세요!

세상이 아무리 바쁘게 돌아가더라도 책까지 아무렇게나 빨리 만들 수는 없습니다.
인스턴트 식품 같은 책보다 오래 익힌 술이나 장맛이 밴 책을 만들고 싶습니다.
땀 흘리며 일하는 당신을 위해 한 권 한 권 마음을 다해 만들겠습니다.
마지막 페이지에서 만날 새로운 당신을 위해 더 나은 길을 준비하겠습니다.

Python で動かして学ぶ！Kaggle データ分析入門

(Python de Ugokashitemanabu! Kaggle Data Bunseki Nyumon : 6523-3)

© 2020 Hiroyuki Shinoda

Original Japanese edition published by SHOEISHA Co.,Ltd.

Korean translation rights arranged with SHOEISHA Co.,Ltd. through Botong Agency.

Korean translation copyright © 2021 by Gilbut Publishing co.

쉽게 시작하는 캐글 데이터 분석

Getting Started with Kaggle Data Analysis

초판 발행 · 2021년 9월 8일

지은이 · 시노다 히로유키
옮긴이 · 조태호
발행인 · 이종원
발행처 · (주)도서출판 길벗
출판사 등록일 · 1990년 12월 24일
주소 · 서울시 마포구 월드컵로 10길 56(서교동)
대표 전화 · 02)332-0931 | **팩스** · 02)323-0586
홈페이지 · www.gilbut.co.kr | **이메일** · gilbut@gilbut.co.kr

기획 및 책임편집 · 정지은(je7304@gilbut.co.kr) | **디자인** · 최주연 | **제작** · 이준호, 손일순, 이진혁
영업마케팅 · 임태호, 전선하, 차명환, 지운집, 박성용 | **영업관리** · 김명자 | **독자지원** · 송혜란, 윤정아

교정교열 · 김윤지 | **전산편집** · 여동일 | **출력 및 인쇄** · 예림인쇄 | **제본** · 예림바인딩

ISBN 979-11-6521-672-6 93000

(길벗 도서번호 080281)

정가 22,000원

독자의 1초를 아껴주는 정성 길벗출판사

길벗 | IT실용서, IT/일반 수험서, IT전문서, 경제실용서, 취미실용서, 건강실용서, 자녀교육서
더퀘스트 | 인문교양서, 비즈니스서
길벗이지톡 | 어학단행본, 어학수험서
길벗스쿨 | 국어학습서, 수학학습서, 유아학습서, 어학학습서, 어린이교양서, 교과서

페이스북 · www.facebook.com/gbitbook
예제 파일 · https://github.com/gilbutITbook/080281

시노다 히로유키 지음

조태호 옮김

쉽게 시작하는
캐글 데이터 분석

GETTING STARTED
WITH KAGGLE
DATA ANALYSIS

SE
SHOEISHA

길벗

이 책을 집어 들었다면 아마도 데이터 분석에 관심이 많은 분이겠지요. 책 제목만 보아도 데이터 분석의 초보자를 대상으로 하고 있으니 '데이터 분석 공부를 한번 시작해 볼까'라는 생각으로 이 책을 보는 분이 많을 것 같습니다.

최근 AI와 머신 러닝, 빅데이터 등을 활용한 사례나 뉴스가 넘쳐 납니다. 처음 데이터 분석을 시작하려는 분이라면 '나도 배워서 과연 저 정도까지 해낼 수 있을까?'라고 생각할지도 모르겠군요.

필자는 현재 데이터 분석 업무를 하고 있지만, 대학원 전공으로 컴퓨터 사이언스 및 프로그래밍 관련 지식이 있었을 뿐입니다. 데이터 분석에 관한 실제 업무는 졸업 후 관련 회사에 취업하고 나서야 접할 수 있었지요.

책에서 언급하겠지만, 지금은 누구나 마음만 먹으면 실제 데이터를 가지고 데이터 분석을 배울 수 있습니다. 물론 그렇다고 해서 데이터 분석 관련 기술을 쉽게 얻을 수 있다는 의미는 아닙니다. 데이터 분석 영역은 매우 빠르게 발전하고 있어 필자 역시도 계속해서 배워야 한다고 생각합니다. 다만 필자처럼 데이터를 오래 배운 사람일수록 몸에 밴 기본적인 접근 방식이나 생각의 틀을 바꾸기가 쉽지 않기 때문에 오히려 지금부터 데이터 분석을 시작하려는 분이 더 유리할지도 모르겠군요.

데이터 분석의 기초 지식을 배우고 나면 그동안 활용 사례 등을 보며 '와 대단하네'라고 막연히 생각하던 수준에서, '지금 기술로 할 수 있는 것이 무엇인지, 혁신적인 부분이 무엇인지'를 어느 정도 구체적으로 알고 고민하는 수준으로 나아가게 될 것입니다. 그리고 자신이 아직 모르고 배우지 못한 것이 무엇인지를 명확하게 알면 향후 데이터 분석을 공부하는 방향을 세우기 쉬울 것입니다. 이 책은 실제 데이터와 코드를 사용하여 데이터 분석의 단계를 차근차근 설명합니다. 데이터 분석을 이제 막 시작하려고 할 때 이 책으로 조금이라도 데이터 분석을 가깝게 느끼거나 '나도 한번 해 볼까'라는 생각을 하게 된다면 감사할 것 같습니다.

2020년 9월

시노다 히로유키

'갑작스럽지만'이라는 특이한 단어로 시작되는 첫 장부터 눈길을 사로잡았던 책입니다. 메시지를 읽고도 답을 안하는 '읽씹'에 대한 설명이 등장하더니, 주변 사람과 자신의 관계를 겸허히 돌아보는 전개를 지나 '읽씹'에 맞서기 위해 머신 러닝을 도입했던 저자의 경험이 이어집니다. "한밤중에 보낸 문자에는 그래도 답이 많이 왔네!"라는 발견을 하기는 했지만, 자세히 보니 자기가 그 시간이 되면 술 한잔하자고 친구에게 메시지를 보냈기 때문이라는군요.

데이터 분석을 처음 시작하려는 분들에게 이 책을 권합니다. 이는 가벼운 이야기와 쉬운 예제로 머신 러닝과 데이터 분석을 풀어내기 때문만은 아닙니다. 데이터 분석을 직업으로 삼고 있는 저자의 경험이 책 전반에 녹아들어, 같은 데이터를 어떻게 바라보고 더 자세히 분석하는지를 쉽고 기발하게 설명하기 때문입니다. 예를 들어 이 책의 전반부는 캐글에 공개되어 있는 타이타닉 생존자 예측 데이터를 통해 과제를 수행합니다. 머신 러닝을 시작하는 많은 사람이 한 번쯤 접해 보았을 만한 유명한 데이터이지요. 저 역시 이 데이터를 이용하여 타이타닉 생존자를 맞추기 위해 공부하던 때가 있었습니다. 하지만 높은 정확도의 생존율을 얻기 위해서만 애쓰는 일반적인 접근과 달리, 이 책은 같은 데이터 안에서 1등급 호화 객실에는 가족이 많이 타고 있었는지, 부부가 타고 있었는지, 혼자 여행하던 사람이 많았는지를 알아봅니다. 티켓 등급이 높은 사람은 나이가 많은 사람이었을까, 그들은 어디서 승선했을까, 남녀의 비율은 어땠을까, 혼자 탄 사람들은 무슨 티켓을 사고 어디에서 승선했을까 등 데이터 전면에 나오지 않지만, 데이터 분석 방법들을 이용하여 유추해 낼 수 있는 여러 숨겨진 정보를 이 책은 가뿐히 알아내고 시각화합니다.

단 한 권의 입문서를 마스터한다고 해서 세계 도처의 데이터 분석가들을 제칠 수 있는 실력을 얻는 것은 아닙니다. 하지만 이 책이라면 데이터 분석의 맛을 느끼고, 자신감을 얻고, 새로운 도전의 각오를 다지게 하기에 충분하다고 생각합니다. 기존에 데이터 분석을 접했던 분들도 교차 집계를 이용하여 특정 값에 주목하는 방법이나 예측 작업에 유용한 특정 값을 찾아내는 방법을 확인할 수 있을 것입니다. 또 캐글 마스터, 그랜드마스터에 오른 캐글러들의 생생한 경험담을 들어 보는 기회도 될 것입니다.

잘한다는 이야기는 내가 하는 것이 아니라, 남이 하는 것이라지요. 머신 러닝을 공부하고 데이터 분석을 연마하여 실력을 쌓았다면 자신의 실력을 객관적으로 보여 주기에 캐글만 한 것이 또 없을 것입니다. 이 책이 여러분을 캐글에 더욱 가까워지게 만들고, 실력을 향상시키는 데 조금이나마 도움이 되길 바라며 책을 번역하고 코드를 검수했습니다.

모든 과정을 진행해 주신 정지은 편집자님께 특별히 감사드리며, 이 책을 최초로 쓴 시점 이후의 업데이트를 반영하여 실행이 매끄럽지 않은 코드들을 수정하고 번역 시점에 맞추어 재차 확인했습니다. 새로 만들어진 이 책의 소스 코드는 제 깃허브에 올려 두고 수시로 관리될 것입니다. 데이터 분석으로 새로운 경력으로 나가길 원하거나 새로운 시작을 준비하는 모든 독자가 이 책으로 많은 도움을 얻고, 또한 그 계획한 것들을 이루길 바랍니다.

2021년 8월

조태호

이 책은 다양한 환경을 구성하는 방식과 사용법부터 상세히 설명하고 있어 저처럼 캐글을 처음 시작하는 독자에게
딱 맞는 책입니다. 캐글의 베스트셀러인 타이타닉 예제와 주택 가격 예제, 두 가지로 실습합니다. 데이터에 어떻게
접근하며, 결과를 어떻게 도출하고 유추해야 하는지 등을 반복적으로 학습하면서 데이터를 분석하는 방법을 자연
스럽게 학습할 수 있었습니다.

• **실습 환경** 맥북 64비트

박찬웅_스타트업 개발자

무엇이든 처음이 중요하듯이 캐글에서 데이터 분석 공부를 시작할 때 첫 단추를 잘 끼우고 싶었습니다. 이 책은 이
에 적합한 책으로, 시작부터 상세한 설명을 곁들여 쉽게 나아갈 수 있게 하는 지침서입니다. 페이지마다 캐글 화면
과 함께 내용을 친절히 설명하고 있으며, 실습도 잘 되었습니다. 데이터 분석을 공부할 때 이 책을 기본서로 자주
꺼내 볼 것 같습니다. 마지막으로 번역서이지만 자연스럽게 읽혔던 점이 가장 좋았습니다.

• **실습 환경** 윈도 10 64비트, jupyter notebook, VS Code

정민하_대학생

이 책은 캐글을 통해 데이터 분석에 입문할 수 있는 좋은 책입니다. 캐글 노트북을 사용하면서 캐글 환경에 익숙해
지고, 데이터 사이언스의 hello, world인 타이타닉 예제와 주택 가격 예제의 데이터를 핸들링하면서 데이터 분석
의 기틀을 잡을 수 있습니다. 이 책은 pandas와 scikit-learn, LightGBM, XGBoost 패키지를 이용해서 분석
을 진행합니다. 데이터 분석가를 꿈꾼다면 자세히 알아야 하고, 다룰 수 있어야 하는 패키지들입니다. 예제 코드도
잘 실행되며 설명도 친절하니 혼자 독학하기에 적격인 책이라고 생각합니다. 데이터 분석가가 되고 싶은 많은 분
에게 추천합니다.

• **실습 환경** 우분투 18.04, AMD Ryzen 7 3700X

장대혁_휴넷 인공지능교육연구소

캐글 경진대회에 도전한다는 것이 막연하고 어려운 일인데, 이 책은 로컬 환경에서 어떻게 시작하는지부터 설명합
니다. 그리고 캐글 경진대회에 어떻게 도전할 수 있는지, 데이터를 환경에 따라 어떻게 불러오는지 등 캐글 입문자
에 맞추어 차근차근 단계별로 자세히 설명하고 있습니다. 캐글의 기본적인 예제인 타이타닉부터 도전하는데, 예제
를 따라하기만 하면 과제를 쉽게 해결해 나갈 수 있으며, 그때마다 성취감을 느꼈습니다. 책을 따라 데이터 문제를
하나씩 해결해 나가다 보면 어느새 캐글에 대한 자신감이 생겨날 것이라고 생각합니다.

• **실습 환경** 윈도 10, RAM: 32gb, 2.20ghz Intel Core i7, python 3.8.11, jupyter notebook 1.0.0

배윤성_새한 G&I

대상 독자와 필요한 사전 지식

이 책은 데이터 분석을 시작하려는 사람, 캐글(Kaggle)에 관심 있는 데이터 분석 초보자를 위한 도서이며, 파이썬 코드를 함께 제공합니다. 데이터 분석에 필요한 일반적인 지식과 함께 캐글 도전을 위한 절차, 그리고 캐글의 초보자가 대회에 참가하는 방법을 소개합니다. 데이터 분석과 머신러닝을 실습하며 실제 과제를 해결하는 과정을 체험할 수 있습니다.

- 데이터 과학자를 목표로 하는 학생

- 데이터 분석에 관심은 있지만, 그다지 경험이나 지식이 없는 데이터 분석 초심자

또 어느 정도의 파이썬 기초 지식이 있다고 가정했습니다.

- 파이썬의 기초 지식(기본적인 문법이나 구문 등)

주요 특징

캐글의 초보자 튜토리얼인 '타이타닉 생존자 예측 과제'와 '주택 가격 예측 과제'를 실행하며, 사전 준비 과정부터 정확도를 높이는 단계별 프로세스까지 코드와 함께 알기 쉽게 설명합니다.

- **타이타닉 생존자 예측**

  승객마다 성별과 연령, 승선 티켓의 클래스 등 데이터가 제공되고 이 승객이 생존했는지 혹은 사망했는지 여부가 제공됩니다. 생존과 사망에 영향을 주는 특성과 경향을 분석하여 생사 여부를 모르는 (생사 여부가 숨겨진) 승객의 생존 또는 사망을 예측하는 것이 목표입니다.

- **주택 가격 예측**

  주택별 건축 연수, 설비, 넓이, 지역, 차고에 들어가는 차량 수 등 주택 관련 정보 79개와 주택 가격이 함께 제시된 데이터셋을 이용합니다. 주택 1460채에서 추출된 데이터를 이용하여 가격 예측 모델을 만든 후 아직 가격을 모르는 주택 1459채의 가격을 예측하는 것이 목표입니다.

예제 파일 내려받기

책에서 사용하는 예제 파일은 길벗출판사 웹 사이트에서 도서 이름으로 검색하여 내려받거나 깃허브에서 내려받을 수 있습니다.

- **길벗출판사 웹 사이트:** http://www.gilbut.co.kr
- **길벗출판사 깃허브(GitHub):** https://github.com/gilbutITbook/080281
- **역자 깃허브:** https://github.com/taehojo

예제 파일 구조 및 참고 사항

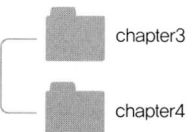

- chapter3
- chapter4

- 책의 예제 코드는 주피터 노트북과 캐글 노트북 파일로 제공됩니다.
- 책의 모든 예제 코드는 파이썬 3.7을 기준으로 합니다.
- 라이브러리는 다음과 같은 버전으로 테스트했습니다.

라이브러리명	버전	라이브러리명	버전
NumPy	1.19.0	Optuna	2.0.0
pandas	1.0.5	XGBoost	1.1.1
matplotlib	3.2.2	pydotplus	2.0.2
seaborn	0.10.1	graphviz	0.14.1
scikit-learn	0.23.2	six	1.15.0
LightGBM	2.3.1		

0장 캐글에서 실용적인 기술을 체험해 보자! ····· 015

0.1 캐글 세계로 뛰어들어 보자! 016

0.1.1 데이터, 데이터 분석으로 알 수 있는 것 016

0.1.2 캐글: 세계 각국에서 이용하는 데이터 분석 경진대회 플랫폼 018

0.1.3 이 책의 활용 방법 021

1장 캐글이란 ····· 023

1.1 전 세계 데이터 과학자가 경쟁하는 플랫폼 024

1.2 캐글의 메달과 등급 027

1.3 캐글 경진대회 참여 흐름 031

1.4 경진대회 종류 034

1.5 캐글 커뮤니티 035

2장 데이터 분석 절차, 데이터 분석 환경 구축 ····· 037

2.1 데이터 분석의 순서 및 개요 038

2.2 데이터 분석 환경 040

2.2.1 파이썬을 이용한 데이터 분석 환경 040

2.2.2 로컬 또는 클라우드에서 데이터 분석 환경 042

2.3 주피터 노트북을 이용한 대화형 데이터 분석 환경 043

2.3.1 로컬 컴퓨터에서 데이터 분석 환경 구축 045

2.4 아나콘다의 가상 환경 이용(윈도) 046

2.5 pyenv 환경 이용(맥) 061

2.6 캐글 분석 도구 사용 066

3장 캐글 경진대회 도전 ①: 타이타닉 생존자 예측 ···· 075

3.1 캐글을 이용하여 실제 데이터 분석 076

3.2 타이타닉 생존자 예측 경진대회란 077

3.3 데이터 내려받기 079

3.4 데이터 분석을 위한 준비 작업 082
  3.4.1 순서1 데이터 분석 환경 준비 082
  3.4.2 순서2 새로운 파일 작성 084
  3.4.3 순서3 디렉터리 구성 확인 086
  3.4.4 순서4 라이브러리를 설치하고 가져오기 088
  3.4.5 순서5 데이터 읽어 보기 089
  3.4.6 순서6 랜덤 시드 설정 094

3.5 데이터 개요 파악 095

3.6 데이터의 시각화 103
  3.6.1 목적 변수 관련 데이터의 시각화 104

3.7 데이터 전처리와 특징 값 생성 114

3.8 머신 러닝 모델링 130
  3.8.1 검증 데이터로 예측 정확도 확인 137
  3.8.2 교차 검증을 이용한 학습 141

3.9 캐글에 결과 제출 145

3.10 정확도 이외의 여러 가지 분석 148
  3.10.1 추가 분석 ❶: 타이타닉에는 어떤 사람이 승선하고 있었는가? 148
  3.10.2 추가 분석 ❷: 특정 클러스터에 주목 160

4장 캐글 경진대회 도전 ②: 주택 가격 예측 · · · · 167

4.1 더 상세하게 알아보는 데이터 분석 168

4.2 주택 가격 예측하기 경진대회란 169

4.3 데이터 내려받기 171

4.4 벤치마크용 베이스라인 작성 177
　　4.4.1 LightGBM으로 예측 177
　　4.4.2 교차 검증으로 모델 학습과 예측 184
　　4.4.3 각 변수의 중요도 확인 189

4.5 목적 변수의 전처리: 목적 변수의 분포 확인 191
　　4.5.1 SalePrice 데이터의 분포 확인 191

4.6 설명 변수의 전처리: 결측치 확인 197
　　4.6.1 각 설명 변수의 결측치 확인 197

4.7 이상치 제외 202
　　4.7.1 이상치란 202
　　4.7.2 각 설명 변수의 데이터 분포 확인 202

4.8 설명 변수 확인: 특징 값 생성 216

4.9 하이퍼파라미터 최적화 220
　　4.9.1 Optuna 구현 222
　　4.9.2 캐글에 결과 제출 228

4.10 여러 가지 머신 러닝 방법을 이용한 앙상블 230
　　4.10.1 랜덤 포레스트로 학습 230
　　4.10.2 LotFrontage의 결측치 삭제 231
　　4.10.3 XGBoost로 학습 236
　　4.10.4 XGBoost와 LightGBM 결과 조합 244

4.11 추가 분석 ①: 통계 기법을 이용한 클러스터 분석 246
　　4.11.1 통계 기법을 써서 주택 분류 246
　　4.11.2 주성분 분석 254

4.12 추가 분석 ②: 고급 주택의 조건을 분석하고 시각화 259
　　4.12.1 결정 트리로 시각화 259

5장 새로운 데이터 과학 능력 향상을 위한 팁 ···· 269

5.1 캐글 마스터와 특별 인터뷰 270

5.2 캐글에서 권장하는 스타터 노트북 273
5.2.1 판매량 예측하기 경진대회 274
5.2.2 PUBG 최종 순위 예측하기(커널만 해당) 경진대회 275
5.2.3 IEEE-CIS 부정 거래 탐지하기 경진대회 276

5.3 GCP의 AI 플랫폼 분석 절차 277
5.3.1 GCP의 AI 플랫폼에 관하여 277
5.3.2 GCP 이용 278
5.3.3 GCP에 데이터 업로드 286
5.3.4 GCP의 AI 플랫폼 이용 290
5.3.5 GCP의 AI 플랫폼에서 Storage 데이터 사용 294
5.3.6 새로운 라이브러리 추가 297
5.3.7 인스턴스 이용 중지 298

부록 A 캐글 마스터가 되다:
전업 캐글러로서 삶과 지진 예측 3위 솔루션 ···· 299

A.1 자기 소개 300

A.2 전업 캐글러로서 1년 반 300
A.2.1 전업 캐글러가 된 이유 301
A.2.2 전업 캐글러가 되고 난 후 1년간 301
A.2.3 캐글 그랜드마스터를 목표로 한 반년 302
A.2.4 전업 캐글러로서 1년 반을 회고하며 303

A.3 LANL 지진 예측 3위 솔루션 304
A.3.1 경진대회의 개요 304
A.3.2 학습 데이터 304
A.3.3 테스트 데이터 306
A.3.4 학습 방법 306
A.3.5 상위 입상 열쇠 307
A.3.6 리더보드 프로빙 307
A.3.7 점수 변화 308

A.3.8 공개 리더보드의 베스트 모델   309

A.3.9 개최자 논문   309

A.3.10 논문에 사용한 데이터와 대회 데이터는 동일한가?   310

A.3.11 개최자의 논문 정보와 리더보드 프로빙 정보를 조합하다   311

부록 B   국내 캐글 그랜드마스터 인터뷰: 이유한 ···· 315

B.1 인터뷰 소개   316

B.2 인터뷰 내용   316

맺음말   325

참고 문헌과 웹 사이트   327

찾아보기   329

캐글에서
실용적인 기술을
체험해 보자!

캐글로 데이터 분석 세계를 체험한다는 것은 어떤 의미일까요?

0.1 캐글 세계로 뛰어들어 보자!

0.1 캐글 세계로 뛰어들어 보자!

0.1.1 데이터, 데이터 분석으로 알 수 있는 것

답장 없는 메시지의 이유

갑작스럽지만 여러분, 상대에게 보낸 카카오톡 메시지의 '1'이 지워졌음에도 답장이 오지 않는 경우를 경험한 적 있습니까? '읽씹'이라고도 하지요. 저는 있습니다.

무엇이 문제였던 것일까요? 상대가 내 메시지를 읽고도 답을 안 하면 내 주변 사람들과의 커뮤니케이션에 문제는 없는지 되돌아보게 됩니다. 혹시 그 사람이 나를 미워하는 것일까요? 상대에 따라 답이 오는 비율이 다른 것을 보면 정말 그런가 싶기도 하네요. 하지만 설마 그렇지는 않을 거예요. 같은 상대라도 경우에 따라서 답하는 비율이 다른 것을 보면 타이밍이 나빴거나 내용상 바로 답을 하기 힘들어서였겠지요.

시간대별로 집계해 보면 야간에 보내는 카톡일수록 읽고 답하지 않는 비율이 높다는 것을 알 수 있습니다. 그런데 아주 늦은 시간에 보내는 카톡은 오히려 회신율이 높습니다. 친한 누군가에게 한잔하자고 보내는 카톡에는 회신이 꼭 오니까요. 물론 이 경우는 나와 친한 사이라는 전제가 있으므로 응답률이 과대평가될 가능성이 있겠군요. 원래 메시지를 적게 주고받던 상대라면 응답률을 계산하는 데 그다지 참고가 되지 않을 것입니다. 또 링크나 이미지를 보낼 때와 텍스트만 보낼 때의 차이도 있을 것이고, 텍스트의 양과 이모티콘을 사용한 횟수 등에 따라서도 차이가 나겠지요. 이렇게 여러 요소가 복잡하게 얽혀 있으면 단순한 계산만으로는 응답률을 높이는 규칙을 찾기 어렵습니다.

자, 이제 **머신 러닝**을 이용할 차례입니다. 머신 러닝으로 필자의 카톡 대화를 분석하면 '목요일 밤 10시, 철수에게 술 한잔하자고 카톡을 보내면 90%의 확률로 답이 온다'는 형태로 답을 구할 수 있습니다.

이 이야기는 어디까지나 개인적인 사례입니다. 이전 필자 블로그에 게재한 "메시지 '읽씹'에 랜덤 포레스트로 맞서다"의 내용을 옮긴 것입니다.

데이터, 데이터 분석이란?

여러분은 **데이터** 또는 **데이터 분석**이라는 말을 들으면 어떤 생각이 떠오르나요?

우리는 일상생활 속에서 웹 서핑, 검색, 상품 구매와 조금 전 카톡 메시지의 예처럼 다양한 통신 기록을 만들어 냅니다. 또 날씨 정보, 교통 정보, 에너지 소비량 등 다양한 환경 데이터를 각종 센서로 측정하고 있지요. 특히 컴퓨터와 센서가 발전하면서 데이터화하거나 저장하는 데 드는 비용이 해마다 저렴해지고 있습니다. 여러분이 어떤 분야에 있든 업무와 관련된 여러 데이터가 이미 쌓였거나 축적되어 있습니다. 만일 그렇다면 이 데이터를 활용함으로써 업무를 발전시킬 가능성과 재미는 늘어날 것입니다.

이 책을 선택한 독자 중 일부는 이미 업무에서 데이터를 다루고 있을 것 같네요. '단순 계산 정도는 하고 있어요'라고 하는 사람도 많을 테고요. 물론 단순한 계산만으로도 충분한 경우도 있을 것입니다. 하지만 앞서 살펴본 예처럼 간단한 계산만으로는 알 수 없는 것이 있고, 또 겉으로 보이지 않는 복잡한 규칙이 숨어 있을지도 모릅니다. '아주 늦게 카톡을 보내면 응답률이 높다'는 잘못된 결과를 보여 줄 가능성이 있는 것이지요. 다양한 데이터 분석 방법을 알고 상황에 따라 적절한 방법을 사용하면 데이터를 더욱 정확하게 파악하고 예측하는 데 도움이 될 것입니다.

"데이터로 모든 것을 알 수는 없다." 맞습니다. 앞서 말한 '읽고도 답을 안 하는 상황'의 원인에는 데이터에 나타나 있지 않은 요소들, 가령 카톡을 보내기 전 필자와 상대의 관계라든지 필자의 인간성 같은 것이 있을 수 있지요. 그래서 **데이터 분석에서는 다루고 있는 데이터 범위를 잘 아는 것이 중요합니다.** 데이터 범위란 데이터를 얻은 수단, 데이터를 얻는 데 걸린 기간, 데이터를 얻을 당시의 상황, 데이터를 얻은 대상 등을 의미합니다. 즉, '데이터 분석에서 어떤 것이 도출될 수 있고 어떤 것이 범위를 벗어났는가'를 알아야 하는 것이지요. **데이터 분석의 목표나 목적이 얼마나 달성되었는가를 나타내는 지표와 평가 또한 중요합니다.** 목적과 지표가 명확하다면 데이터 분석은 큰 힘을 발휘합니다.

그렇다면 이런 데이터 분석 기술을 습득하려면 어떻게 해야 할까요? 연구 데이터가 한정적인 학생이나 분석과 거리가 먼 업무를 수행 중인 사회인, 외부 데이터 분석가를 고용해 왔을 뿐 직접 데이터를 다루어 본 적 없는 직장인이라면 데이터 분석이나 머신 러닝을 해 볼 기회가 많지 않았을 것입니다. 또 데이터 분석을 해 본 적이 있다고 해도 예전 데이터 분석법으로 공부했거나 오래되어 잊어버린 경우, 또 도중에 좌절해 버렸거나 그때 어떻게 분석했는지 확인할 벙법이 없는 경우 등 여러 상황이 있을 수 있다고 생각합니다.

이 책은 이런 모든 사람이 캐글(Kaggle)을 이용하여 실제 데이터를 접하고, 이 데이터를 이용하여 실용적인 기술을 배우길 제안합니다.

▼ 그림 0-1 캐글

URL https://www.kaggle.com/

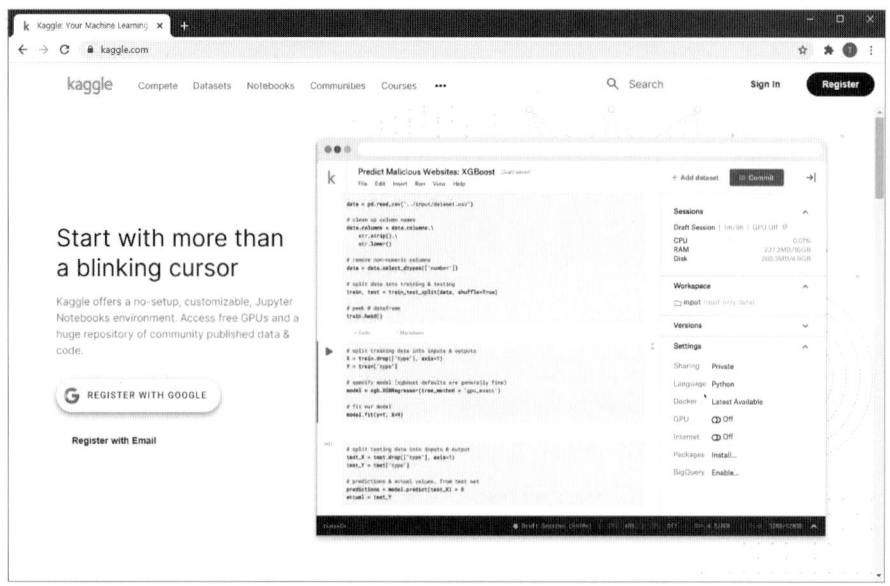

0.1.2 캐글: 세계 각국에서 이용하는 데이터 분석 경진대회 플랫폼

캐글은 전 세계 데이터 분석가들이 주어진 다양한 과제를 얼마나 정확하게 예측하는지를 겨루는 데이터 분석 경진대회 플랫폼입니다.

2010년 미국에서 시작하여 2017년 구글이 인수했습니다. 이 책을 번역하고 있는 2020년 12월 기준으로 데이터 분석가 15만 명 이상이 등록하여 참여하고 있으며, 경진대회도 열 개 이상 진행 중입니다.

캐글에는 실제 기업의 매출 예측이나 리스크 예측 등 현실 문제에 가까운 다양한 과제가 출제됩니다(그림 0-2). 일본 기업으로는 '리쿠르트'나 '메루카리' 등이 캐글 경진대회(그림 0-3)를 개최했습니다. 물론 주최하는 쪽이 기업이 아닌 경우도 있습니다.

▼ 그림 0-2 캐글의 경진대회 목록(위)과 경진대회 예(아래)

URL https://www.kaggle.com/competitions

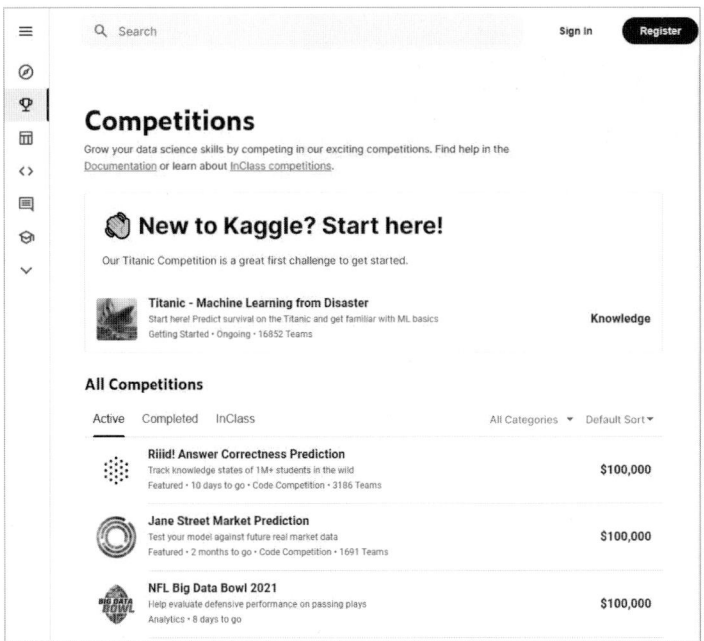

URL https://www.kaggle.com/c/deepfake-detection-challenge

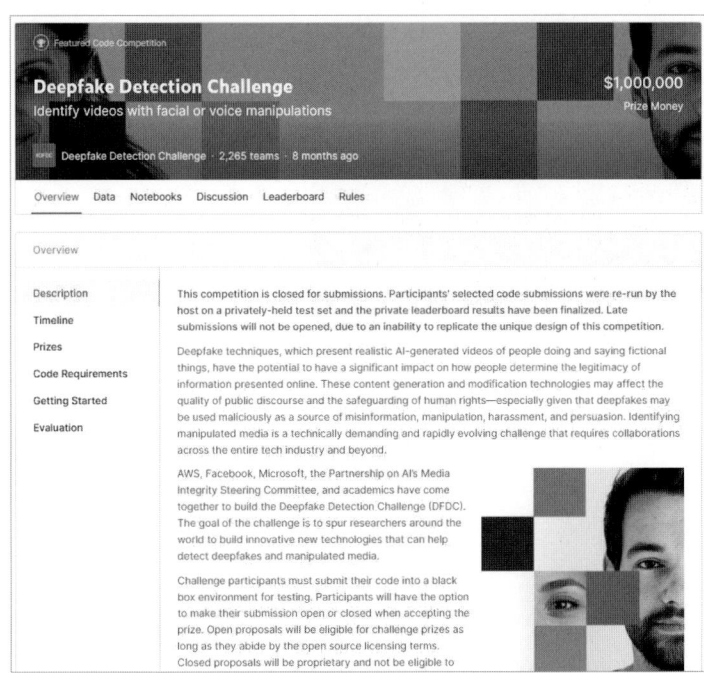

❤ 그림 0-3 메루카리(mercari)의 캐글 경진대회

URL https://www.kaggle.com/c/mercari-price-suggestion-challenge

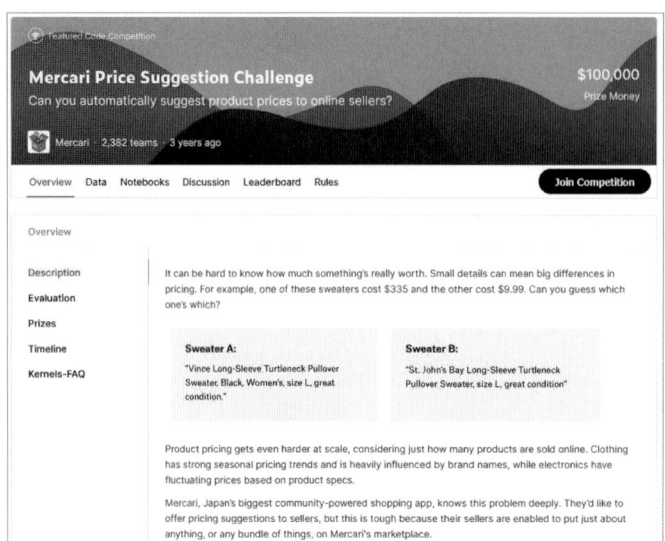

실제 데이터 과제를 놓고 다양한 데이터 분석가들이 온라인상에서 서로 의견을 피력하면서 그 결과를 즉시 평가하며 경쟁합니다(그림 0-4). 캐글은 자신의 데이터 분석 능력을 측정하고 이를 향상시킬 수 있는 이상적인 환경입니다. 이 책에서는 캐글의 초보자 튜토리얼 과제들을 이용하여 데이터 분석의 구체적인 방법을 제시하고 파이썬 코드로 이를 실행합니다.

❤ 그림 0-4 캐글 토론(Discussion)

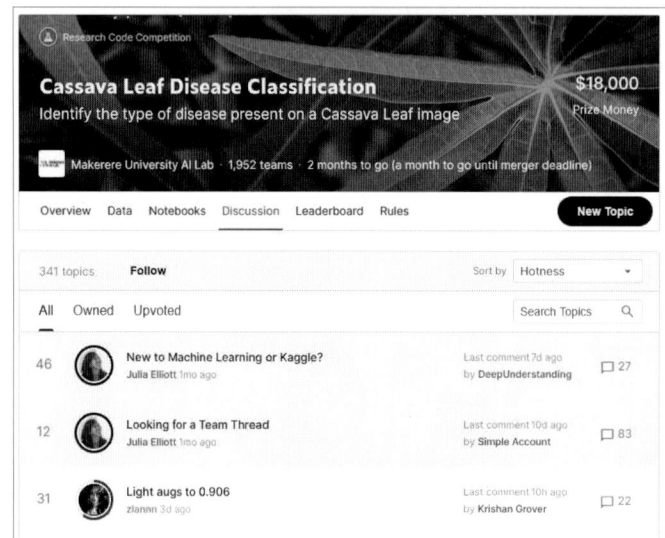

0.1.3 이 책의 활용 방법

이 책은 데이터 분석 입문자가 캐글 상위권을 목표로 공부하는 것을 돕고, 향후 실제 업무에 사용할 수 있는 데이터 분석 기술을 습득할 수 있게 합니다. 이 책은 캐글 마스터(캐글 상위 랭커)를 포함한 여러 데이터 분석 전문가의 조언을 참고하여 집필했습니다.

특히 5장과 부록에는 캐글 메달을 획득하기 위한 여러 가지 팁을 실었습니다. 또 캐글의 초보자용 튜토리얼 과제를 분석하며 정확도가 높은 모델을 구축할 수 있도록 설명했고, 같은 데이터에 다른 방법을 적용하여 문제에 접근하기도 했습니다.

캐글에서 우수한 성적을 거두어 캐글 마스터가 된다면 (혹은 이미 상위 캐글러라면) 필자에게 캐글의 요령을 살짝 알려 주세요.

자, 그럼 다 같이 캐글 세계로 들어가 볼까요?

1^장

캐글이란

이 장에서는 세계적인 데이터 분석 경진대회 플랫폼인 캐글을 알아보겠습니다.

1.1 전 세계 데이터 과학자가 경쟁하는 플랫폼

1.2 캐글의 메달과 등급

1.3 캐글 경진대회 참여 흐름

1.4 경진대회 종류

1.5 캐글 커뮤니티

1.1 전 세계 데이터 과학자가 경쟁하는 플랫폼

프롤로그에서도 언급했지만, 캐글은 2010년 4월 미국 앤서니 골드블룸(Anthony Goldbloom), 벤햄너(Ben Hamner)가 창립한 데이터 분석 경진대회 플랫폼입니다. 2017년 구글이 인수해서 모회사인 알파벳(Alphabet Inc.) 산하로 들어왔습니다. 지금까지 전 세계 데이터 과학자 15만 명 이상이 참가해 왔으며, 꾸준히 경진대회를 열 개 안팎으로 개최하고 있습니다.

캐글은 '데이터 사이언스를 스포츠처럼!(Making Data Science a Sport)'이라는 구호 아래 데이터 분석 기술을 스포츠처럼 경쟁할 수 있게 만든 것이 특징입니다. 경쟁마다 풀어야 할 과제와 평가 지표, 실제 데이터가 주어집니다. 주어진 데이터를 바탕으로 정해진 시간 안에 다양한 분석을 실시하여 가장 높은 정확도로 예측하는 것이 목표입니다. 캐글에 분석 결과를 업로드하면 온라인에서 몇 분 안에 채점되며(경진대회에 따라 채점에 걸리는 시간이 다름), 평가 지표에 근거하여 참가자 간 순위를 매깁니다.

하루에 분석 결과를 제출할 수 있는 횟수가 경진대회마다 정해져 있어 경진대회 종반에 어떤 결과를 채점하여 제출할지를 결정하는 것도 하나의 전략이 됩니다. 정해진 시간 안에 상위권에 들거나 메달, 상금을 획득하는 것이 목표입니다. 일반적으로 시간이 3개월 정도 주어지며 참가 인원과 순위는 매일 변동합니다. 일단 메달권 순위에 들어가도 자신의 점수를 계속해서 개선하지 않으면 다른 사람의 점수에 밀려 메달을 획득하기 어렵습니다. 매일 자신의 분석 결과를 향상시키는 것은 물론, 향상 속도도 다른 경쟁자보다 빨라야 한다는 점에서 캐글을 스포츠처럼 느낄 수 있습니다.

한편 캐글에는 서로의 실력을 향상시키는 커뮤니티적인 측면도 있습니다. 참가자끼리 서로 자신이 알아낸 것을 나누고 이것을 논의하는 Discussion 코너, 자신의 코드를 그대로 공유하는 Notebook 코너가 있어 거기에 코멘트를 달거나 투표를 할 수도 있습니다. 자신의 데이터 과학 수준이 어느 정도인지 확인할 수 있을 뿐 아니라, 다른 사람의 최신 지식과 스킬을 배울 수 있는 것도 캐글의 매력 중 하나입니다.

또 다양한 기업이 캐글에서 여러 경진대회를 진행하며 과제를 제출하고 있습니다. 데이터 분석 책에서 자주 소개하는 타이타닉호의 생존 예측이나 아이리스 꽃의 분류 등 유명 벤치마크 데이터뿐 아니라 실제 사회에서 얻은 구체적인 과제를 다루므로 판매 예측, 지진의 전조 예측, 영상 속 문자 인식 등을 할 수 있어 매우 좋은 훈련을 할 수 있습니다(타이타닉호 생존 예측 과제는 이 책에서 다루는 튜토리얼입니다). 경진대회 주제에 따라서 데이터가 정리되지 않은 채 주어지기도 하기

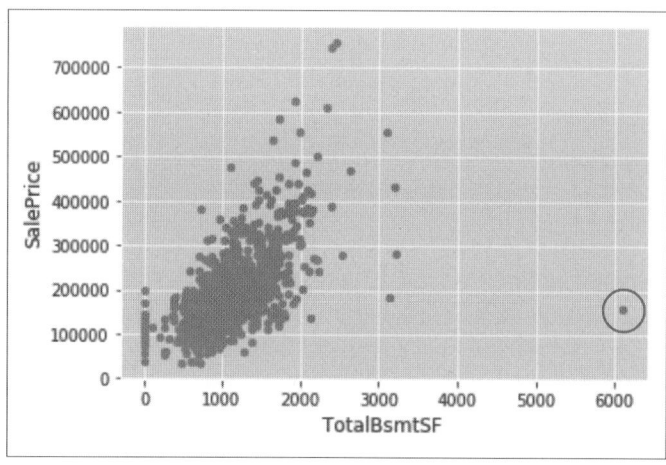

에 상위 입상에 반드시 수반되는 과정이 데이터 클렌징(이상 값을 제거하거나 결손 값을 보완하는 것)인 경우도 많습니다(실무에서 잘 정리한 데이터를 제공하는 경우는 거의 없습니다. 그림 1-1, 그림 1-2).

❤ 그림 1-1 결손 값이 많은 데이터 예. Cabin 열에 NaN(결손)이 다수 포함(3장에서 다루는 타이타닉호 데이터 중 하나)

	PassengerId	Survived	Pclass	Name	Sex	Age	SibSp	Parch	Ticket	Fare	Cabin	Embarked
0	1	0	3	Braund, Mr. Owen Harris	male	22.0	1	0	A/5 21171	7.2500	NaN	S
1	2	1	1	Cumings, Mrs. John Bradley (Florence Briggs Th...	female	38.0	1	0	PC 17599	71.2833	C85	C
2	3	1	3	Heikkinen, Miss. Laina	female	26.0	0	0	STON/O2. 3101282	7.9250	NaN	S
3	4	1	1	Futrelle, Mrs. Jacques Heath (Lily May Peel)	female	35.0	1	0	113803	53.1000	C123	S
4	5	0	3	Allen, Mr. William Henry	male	35.0	0	0	373450	8.0500	NaN	S
...	...	...	...	...	...	...	...	...	...	...	...	...
886	887	0	2	Montvila, Rev. Juozas	male	27.0	0	0	211536	13.0000	NaN	S
887	888	1	1	Graham, Miss. Margaret Edith	female	19.0	0	0	112053	30.0000	B42	S
888	889	0	3	Johnston, Miss. Catherine Helen "Carrie"	female	NaN	1	2	W./C. 6607	23.4500	NaN	S
889	890	1	1	Behr, Mr. Karl Howell	male	26.0	0	0	111369	30.0000	C148	C
890	891	0	3	Dooley, Mr. Patrick	male	32.0	0	0	370376	7.7500	NaN	Q

❤ 그림 1-2 이상 값 예. 그래프 오른쪽에 통상적인 경향과 다른 데이터가 표시(4장에서 다루는 주택 가격 예측 데이터 중 하나)

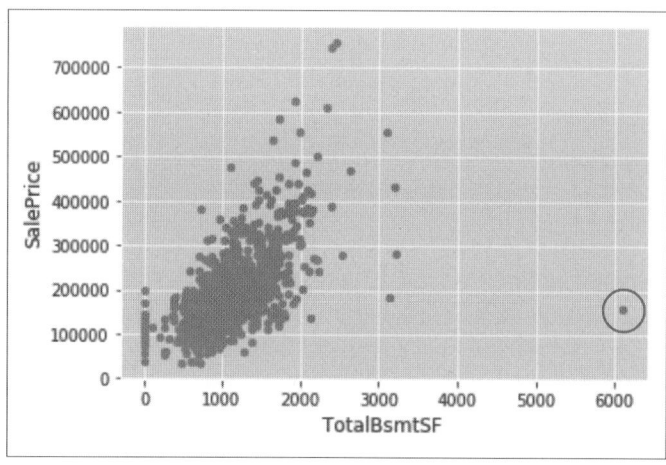

덧붙여 캐글 창시자인 앤서니 골드블룸이 테드(TED)(유명인의 강의를 찍어 공유하는 미국 비영리 단체)에서 강의한 동영상인 "The jobs we'll lose to machines – and the ones we won't"(그림 1-3)를 시청하길 추천합니다. 그동안 여러 경진대회를 치르면서 머신 러닝이 어떻게 발전해 왔는지, 앞으로 인간은 어떤 일에 도전해야 하는지 볼 수 있습니다.

❤ 그림 1-3 테드: The jobs we'll lose to machines – and the ones we won't

URL https://bit.ly/GoldbloomTed

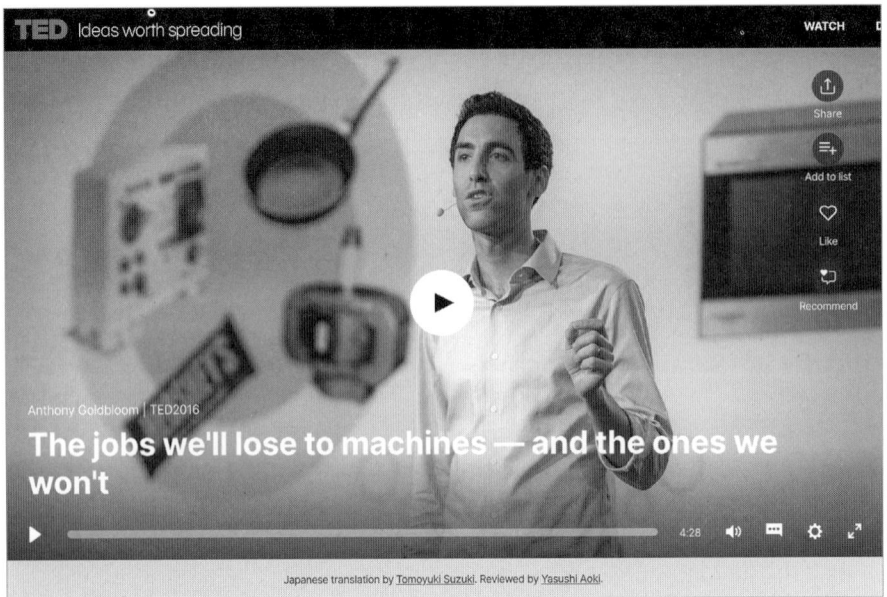

앤서니 골드블룸의 테드 강의는
기계와 일자리에 관한 생각을
정리하게끔 도와줍니다.

1.2 캐글의 메달과 등급

1.1절에서 언급한 대로 캐글에 자신의 예측 결과를 제출하면 다른 사람의 예측 정확도와 비교한 순위가 표시됩니다. 이를 **리더보드**(leaderboard)라고 합니다(그림 1-4).

▼ 그림 1-4 예측 정확도와 순위가 나오는 리더보드

Overview	Data	Notebooks	Discussion	Leaderboard	Rules	Team		My Submissions	Submit Predictions
1466	linmou_people							0.12576	3	2mo
1467	GL9011							0.12577	8	1mo
1468	Kepan Gao							0.12577	1	2mo
1469	#adi							0.12577	2	15d
1470	ikoma_pomme							0.12578	9	1mo
1471	Sharan Mundi							0.12578	14	1mo
1472	HiroyukiSHINODA							0.12578	8	16d

Your Best Entry ↑
Your submission scored 0.12578, which is not an improvement of your best score. Keep trying!

1473	Hugo Yang							0.12579	7	2mo
1474	Pistachio Guoguo							0.12579	22	2mo
1475	damei							0.12581	8	2mo
1476	lishann							0.12582	13	2mo
1477	karljack							0.12583	1	8d
1478	Swapnanil Halder							0.12583	1	2mo
1479	Sizhen Li							0.12585	10	1mo
1480	Cordero							0.12585	28	2mo
1481	Charles.CC.L							0.12586	19	2mo
1482	ShudharsananMuthuraj							0.12586	2	23d
1483	Peter Hogya					</> Housing Regression		0.12586	3	11d

리더보드는 두 종류가 있는데, 경진대회 기간 중 표시되는 **공개 리더보드**(public leaderboard)와 경진대회 종료 후 최종 결과를 계산해 보여 주는 **비공개 리더보드**(private leaderboard)가 있습니다. 즉, 테스트 데이터 중 20%를 사전에 공개하여 예측을 진행하는데, 여기서 얻은 예측 정확도가 공개 리더보드에 표시되고, 참가자가 볼 수 없는 나머지 데이터 80%로 얻은 결과가 비공개 리더보드

에 표시되지요. 자기가 만든 모델의 예측 정확도를 시험해 보는 공개 테스트 데이터 20%뿐 아니라 여기에 포함되지 않는 나머지 80%에서도 정확도가 높아야 하므로 참가자들은 결국 어떤 데이터든지 정확도가 높은 학습 모델을 만드는 것을 목표로 해야 합니다. 캐글에서 공개 리더보드보다 비공개 리더보드의 결과가 더 좋은 경우를 shake up, 반대로 더 좋지 않은 경우를 shake down 이라고 합니다.

캐글의 각 경쟁자에게는 비공개 리더보드의 최종 순위 결과에 따라 **골드**(Gold), **실버**(Silver), **브론즈**(Bronze) 같은 메달 및 상금이 수여됩니다(메달 및 상금 수여의 대상이 되는 경진대회만 해당합니다). 각 경쟁자 수에 따라 메달을 수여하는 조건은 다르지만, 그림 1-5의 캐글 공식 페이지에 기재된 바에 따르면 참가자가 1000명 이상인 경우 상위 10%는 브론즈, 상위 5%는 실버, 1~12등 이내는 골드를 수여받습니다.

❤ 그림 1-5 참가 인원별 메달 수여 조건(캐글 공식 페이지)
URL https://www.kaggle.com/progression

	0-99 Teams	100-249 Teams	250-999 Teams	1000+ Teams
● Bronze	Top 40%	Top 40%	Top 100	Top 10%
● Silver	Top 20%	Top 20%	Top 50	Top 5%
● Gold	Top 10%	Top 10	Top 10 + 0.2%*	Top 10 + 0.2%*

예전에 개최된 Mercari Price Suggestion Challenge는 그림 1-6과 같이 메달을 수여했습니다 (가로축이 최종 예측 점수, 세로축이 점수별 팀 수). 오른쪽 끝에 골드, 실버, 브론즈 영역이 표시되어 있는데 브론즈 영역 앞쪽에 특히 많은 인원이 몰려 있는 것을 볼 수 있습니다. 캐글에서는 앞서 설명한 대로 자신의 코드를 공유할 수 있는데 자신이 원할 때는 최종 결과까지 모두 공개하기도 합니다. 이를 활용해서 예측 정확도를 제출하는 사람이 많아지고 있습니다. 캐글에 공개한 Discussion, Notebooks을 계속해서 살펴보고 꾸준히 노력하여 더 나은 모델을 만들다 보면 메달권에 입성할 수 있습니다.

❤ 그림 1-6 Mercari Price Suggestion Challenge에서 참가자 최종 점수 분포 및 메달 획득 범위
(캐글 최종 결과를 바탕으로 필자가 자체 집계)

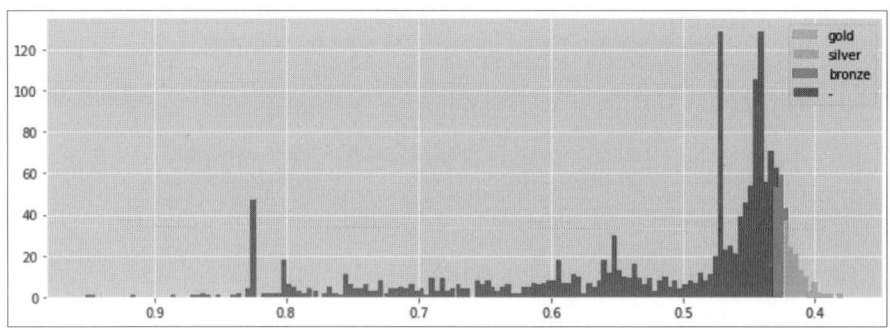

또 각 경진대회의 메달 실적에 근거하여 등급 및 종합 순위가 부여됩니다. 브론즈 이상의 메달 두
개가 있으면 **캐글 엑스퍼트**(Expert)가 되고, 골드 메달 한 개와 실버 메달 두 개 이상이면 **캐글 마
스터**(Master)가 됩니다. 또 골드 메달 다섯 개 이상과 솔로 골드 메달[1]이 있으면 **캐글 그랜드마스터**
(Grandmaster)가 됩니다(그림 1-7). 경진대회 순위에 따른 칭호 외에도 데이터셋 공개에 따라서도
칭호를 받습니다. 경진대회 순위 이외는 다른 사용자들의 투표로 메달이 결정됩니다.

❤ 그림 1-7 칭호 조건(캐글 공식 페이지)
URL https://www.kaggle.com/progression

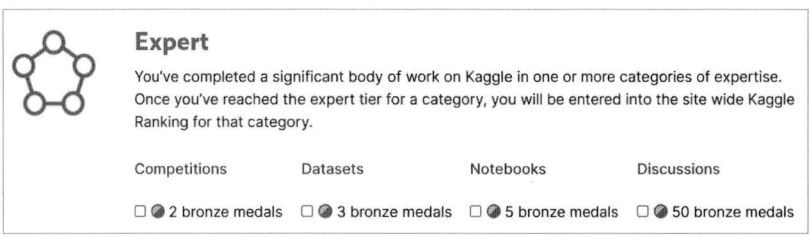

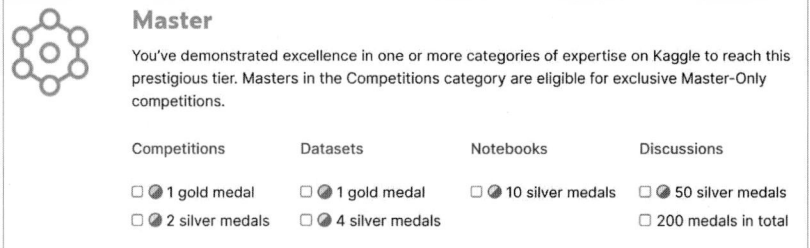

---

1 팀원 없이 오로지 혼자 참가하여 얻은 골드 메달입니다.

▼ 그림 1-7 칭호 조건(캐글 공식 페이지)(계속)

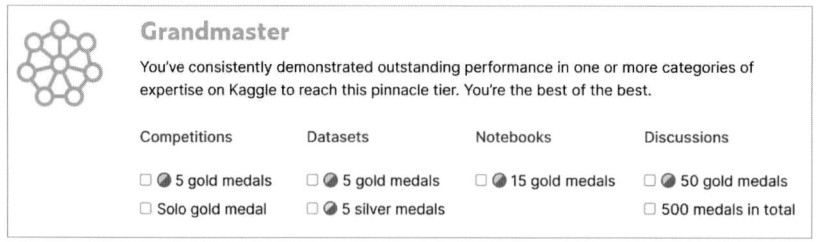

2020년 12월 현재 그랜드마스터는 198명(상위 0.1%), 마스터는 1513명(상위 1.0%), 엑스퍼트는 6162명(상위 4.0%)이 있습니다(그림 1-8).

▼ 그림 1-8 등급별 인원수(캐글 공식 페이지)
URL https://www.kaggle.com/rankings

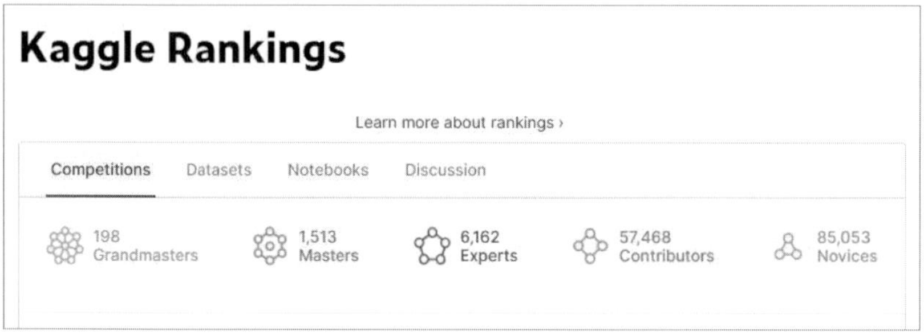

Kaggle Rankings

Learn more about rankings ›

Competitions	Datasets	Notebooks	Discussion	
198 Grandmasters	1,513 Masters	6,162 Experts	57,468 Contributors	85,053 Novices

또 경진대회에 따라서 상위 참가자(1등, 2등, 3등)에게 상금을 수여하기도 합니다. 상금을 획득하려면 노트북(Notebook)에서 모든 계산이 실행되어야 한다는 등 조건이 있을 수 있습니다.

캐글은 1명(솔로)이 참가하는 것 외에 복수 인원(팀)이 참가할 수도 있습니다. 팀을 짠 경우 메달권 내에 입성하면 팀원 모두에게 메달이 수여됩니다. 하루에 제출할 수 있는 채점 횟수는 팀의 경우 팀 전원의 합계 횟수로 계산된다는 점에 주의해야 합니다.

1.3 캐글 경진대회 참여 흐름

캐글 경진대회 참가는 경진대회 선택, 참가 조건 확인, 데이터 분석, 예측 결과 제출, 최종 예측 값 선택의 순서로 진행됩니다(팀으로 참가할 경우 어느 정도의 타이밍에 팀 병합을 진행합니다). 예측 결과 제출 이후에는 Discussion/Notebooks 확인, 데이터 분석, 예측 결과 제출 단계를 반복합니다(그림 1-9).

▼ 그림 1-9 캐글 경진대회 참가 흐름

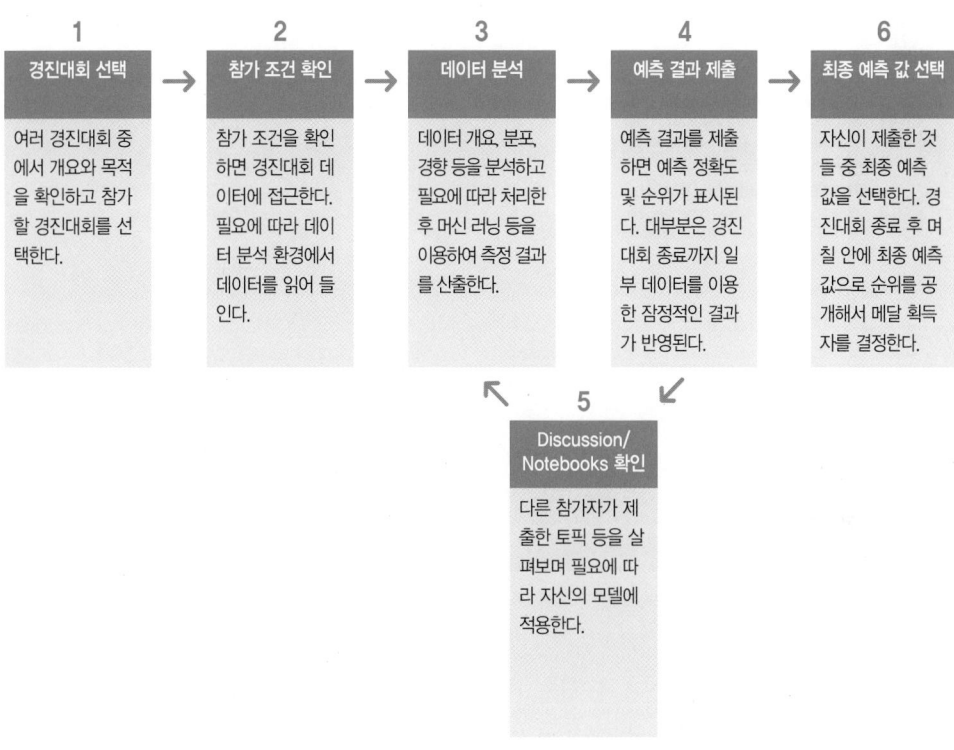

경진대회 선택은 Competitions 페이지(https://www.kaggle.com/competitions)에서 할 수 있습니다(그림 1-10). Active 탭이 현재 개최 중인 경진대회 목록입니다. 경진대회별 타이틀, 개요, 경진대회 유형, 기간, 참가 인원, 상금 등을 확인할 수 있습니다. 경진대회 목록을 클릭하면 더 상세한 정보를 확인할 수 있습니다(그림 1-11). 예를 들어 경진대회별 규칙 정보나 평가 지표 등이 기재되어 있습니다.

▼ 그림 1-10 경진대회 목록 예

현재 개최 중인 목록

타이틀, 개요, 경진대회 유형, 참가 인원, 상금 등을
확인할 수 있다.

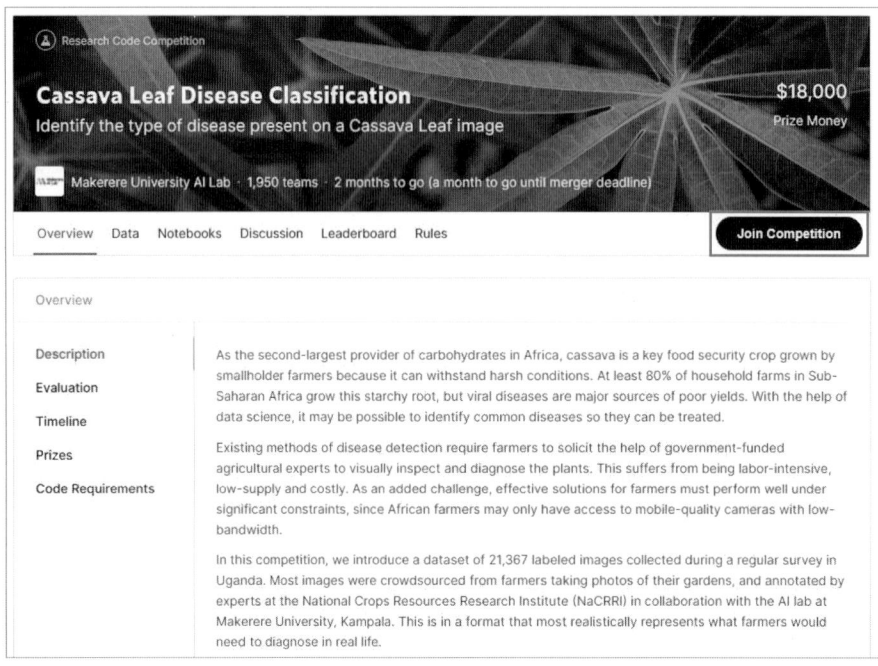

All Competitions

Active   Completed   InClass

All Categories ▼   Default Sort ▼

Riiid! Answer Correctness Prediction
Track knowledge states of 1M+ students in the wild
Featured · 10 days to go · Code Competition · 3183 Teams
$100,000

Jane Street Market Prediction
Test your model against future real market data
Featured · 2 months to go · Code Competition · 1685 Teams
$100,000

NFL Big Data Bowl 2021
Help evaluate defensive performance on passing plays
Analytics · 8 days to go
$100,000

NFL 1st and Future - Impact Detection
Detect helmet impacts in videos of NFL plays
Featured · 7 days to go · Code Competition · 410 Teams
$75,000

HuBMAP - Hacking the Kidney
Identify glomeruli in human kidney tissue images
Research · a month to go · Code Competition · 698 Teams
$60,000

▼ 그림 1-11 경진대회 개별 페이지

Research Code Competition

Cassava Leaf Disease Classification
Identify the type of disease present on a Cassava Leaf image

$18,000
Prize Money

Makerere University AI Lab · 1,950 teams · 2 months to go (a month to go until merger deadline)

Overview   Data   Notebooks   Discussion   Leaderboard   Rules

Join Competition

Overview

Description

Evaluation

Timeline

Prizes

Code Requirements

As the second-largest provider of carbohydrates in Africa, cassava is a key food security crop grown by smallholder farmers because it can withstand harsh conditions. At least 80% of household farms in Sub-Saharan Africa grow this starchy root, but viral diseases are major sources of poor yields. With the help of data science, it may be possible to identify common diseases so they can be treated.

Existing methods of disease detection require farmers to solicit the help of government-funded agricultural experts to visually inspect and diagnose the plants. This suffers from being labor-intensive, low-supply and costly. As an added challenge, effective solutions for farmers must perform well under significant constraints, since African farmers may only have access to mobile-quality cameras with low-bandwidth.

In this competition, we introduce a dataset of 21,367 labeled images collected during a regular survey in Uganda. Most images were crowdsourced from farmers taking photos of their gardens, and annotated by experts at the National Crops Resources Research Institute (NaCRRI) in collaboration with the AI lab at Makerere University, Kampala. This is in a format that most realistically represents what farmers would need to diagnose in real life.

경진대회 내용을 확인한 후 참가를 원한다면 **Join Competition**을 클릭합니다. 이어서 경진대회 규칙을 확인하고 이에 동의하는 절차를 거치면 준비된 데이터셋을 내려받을 수 있습니다(자세한 내용은 3.3절을 참고합니다). 결과를 업로드하면 자신의 프로필 화면에도 참가 중인 경진대회가 표시됩니다. 예측 결과 제출은 Submit to Competition 화면(그림 1-12)에서 시행할 수 있습니다. 제출할 때마다 지금 제출하는 내용에 대한 설명을 기록할 수 있기 때문에 모델의 설정이나 지난 번 업로드와 비교했을 때 갱신된 점, 파일명(버전명) 등 나중에 점검하기 쉬운 내용(재현할 수 있는 내용)을 써 두면 좋을 것입니다(자세한 내용은 3.9절을 참고합니다).

여러 번 제출한 결과 중 어떤 값을 최종 예측 값으로 할지 선택할 수 있습니다. 보통 제출 값 두 개를 선택할 수 있기 때문에 정확도가 높거나 일반화 성능이 좋은 것을 선택해야 유리합니다(기본 값으로는 공개 리더보드 순위의 상위 두 개를 선택합니다). Discussion, Notebooks에서는 다른 참가자가 올린 의견 및 실행 결과를 확인할 수 있습니다. 최근에 높은 점수를 받은 순(Hotness), 최고 점수 순(Best Score), 투표를 많이 받은 순(Most Vote)을 기준으로 다양하게 정렬할 수 있으므로 정기적으로 확인하기 바랍니다.

▼ 그림 1-12 결과 제출 화면

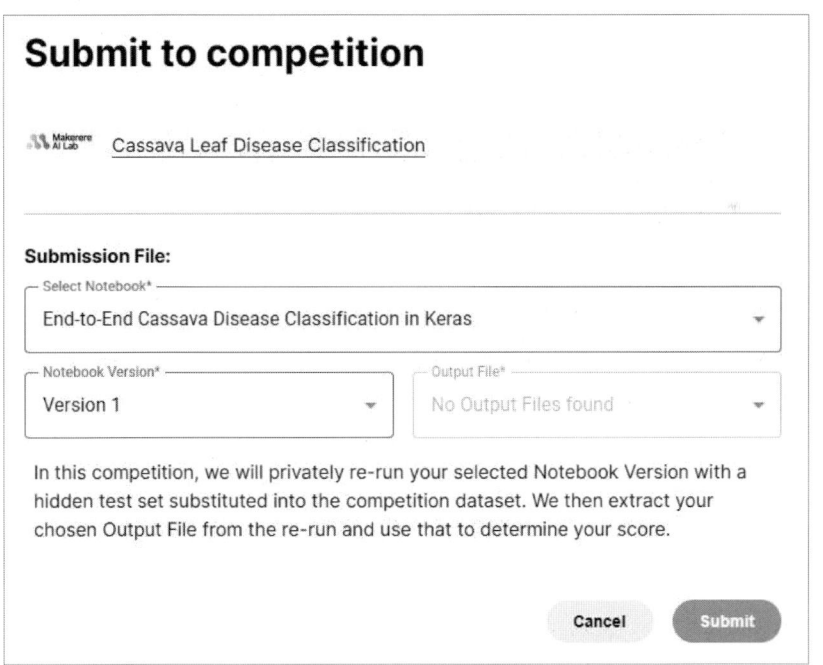

033

1.4 경진대회 종류

캐글은 다음과 같이 다양한 종류의 경진대회를 개최합니다.

- **예측 경진대회**

  가장 표준적인 경진대회입니다. 데이터를 내려받아 임의의 환경에서 분석할지, 캐글 온라인 환경에서 분석할지 선택할 수 있습니다. 제한이 없는 만큼 각 환경에 따라 다양한 분석 방법을 시도할 수 있습니다. 한편 복잡한 모델 앙상블(여러 머신 러닝 방법 조합)이 상위에 랭크되기도 해서 경진대회를 주최한 측이 상위권 솔루션을 실무에 활용하기 어려운 경우도 있습니다.

- **코드 경진대회**

  캐글 온라인 환경에서 분석해야 합니다. 참여자 모두 분석 환경이 동일하며, 60분 이내로 끝나야 하는 등 조건이 있을 수 있고, 지나치게 복잡한 처리 방식 등은 제한될 수도 있습니다.

- **최적화 경진대회**

  '산타 경진대회'로 불리는 연말 산타클로스 테마의 수리 최적화 경진대회가 대표적입니다. 통상적인 예측 경진대회와 달리 최적의 답을 얼마나 빨리 찾을 수 있는가를 경쟁합니다. 예를 들어 2019년에 개최된 산타 경진대회(Santa's Workshop Tour 2019)는 예년과 같이 개최되어 1개월 정도 지나 최적 값이 제출되기 시작했는데 최적 값을 찾았다 해도 실버까지만 받을 수 있었습니다.

- **시뮬레이션 경진대회**

  2019년 12월 캐글 데이즈 도쿄 2019에서 예고되어 12월 하순부터 진행된 Connect X가 첫 시뮬레이션 경진대회였습니다. 통상적인 예측 경진대회와 달리 게임 등에서 고득점을 취득할 수 있는 자동 프로그램을 실행하는 것과 같습니다.

1.5 캐글 커뮤니티

캐글은 데이터 분석 기술을 서로 경쟁하는 장일 뿐 아니라 사용자 간 커뮤니케이션 및 정보 교류도 활발합니다. 캐글에서 Notebooks나 Discussion을 활용하여 의견을 교환하고 있는 것 이외에도 여러 곳에서 소통하고 있습니다(그림 1-13). 활동 일부가 캐글 공식 유튜브 채널에 올라 있기 때문에 한 번쯤 보아도 좋을 것입니다. 또 캐글러(캐글에 참여하고 있는 사람) 중에는 정보 교류를 적극적으로 하고 있는 사람도 많아 트위터에서 캐글 혹은 경진대회명으로 검색하면 많은 캐글러를 찾을 수 있습니다. 팔로우해 두면 자신이 참가하고 있는 경진대회 흐름이나 최신 기술 동향 등을 알 수 있을 것입니다. 그 외 캐글 밋업 등 자발적인 스터디 모임에서 경진대회 준비 과정을 공유하는 등 활발히 활동하고 있으므로 흥미 있는 분은 꼭 참가해 보기 바랍니다.

▼ 그림 1–13 캐글 코리아 페이스북 그룹

URL https://www.facebook.com/groups/KaggleKoreaOpenGroup

2^장

데이터 분석 절차, 데이터 분석 환경 구축

이 장에서는 데이터 분석 절차를 알아보고 데이터 분석 환경을 구축해 보겠습니다. 파이썬 기초를 알고 있다는 전제하에 데이터 분석에 초점을 맞추어 설명하겠습니다.

2.1 데이터 분석의 순서 및 개요

2.2 데이터 분석 환경

2.3 주피터 노트북을 이용한 대화형 데이터 분석 환경

2.4 아나콘다의 가상 환경 이용(윈도)

2.5 pyenv 환경 이용(맥)

2.6 캐글 분석 도구 사용

2.1 데이터 분석의 순서 및 개요

일반적인 데이터 분석 절차를 소개하면서 각 용어를 정리해 보겠습니다.

먼저 데이터 분석의 목적은 무엇일까요? 데이터 및 연구 또는 업무 범위에 따라 그 목적도 다양할 것입니다. 이 책은 캐글에서 많이 찾아볼 수 있는 '무엇인가 예측하는 데이터 분석(예측 과제)'을 주로 다룹니다(수리 최적화나 시뮬레이션 등은 범위에서 제외합니다).

예측 프로젝트에서 일반적으로 데이터를 분석하는 흐름은 다음과 같습니다(이는 그림 1-9의 '데이터 분석' 세부 사항에 해당하지만, 캐글에서 하는 데이터 분석에 한정하지 않고 좀 더 범용적으로 설명합니다).

1. 목적, 평가 지표 결정

무엇을 위해, 어떤 데이터를 사용하여, 어떤 분석을 하고, 그 결과를 어떤 지표로 평가할지 결정합니다.

2. 데이터 수집

내부와 외부 환경에서 데이터를 수집합니다(필요에 따라 데이터 판매처 등에서 데이터를 구입하는 경우도 있습니다).

3. 데이터 가공 및 전처리

수집한 여러 데이터를 통합하여 분석에 적합한 포맷으로 가공하고 결손치 등을 처리합니다.

4. 데이터 탐색 및 가시화

데이터 분포나 경향, 개요 등을 가시화하여 확인하고 가설이나 의문, 과제 등을 정리합니다.

5. 특징 값 추출

머신 러닝 모델에 입력할 수 있는 다양한 특징 값(각 값의 평균값 등)을 작성합니다.

6. 모델 작성, 예측 및 분류

모델의 설정 값(하이퍼파라미터라고 함)을 조정하면서 예측 정밀도가 높은 모델을 작성합니다. 때로는 다른 머신 러닝 모델을 여러 개 조합하여 작성합니다.

7. 모델 검증

얻은 모델을 이용하여 테스트 과정을 거치며 효과를 검증합니다.

이 책에서는 이 중 **3**(데이터 가공 및 전처리)부터 **6**(모델 작성, 예측 및 분류)까지 다루는 것을 목적으로 하여, 특징에 따라 분류하거나 미지의 것을 예측하는 여러 방법을 설명하겠습니다.

데이터 분석으로 예측할 때 최종적으로 예측해야 할 값을 **목적 변수**라고 합니다. 예를 들어 매출 예측을 위한 데이터 분석에서 목적 변수는 매출입니다. 3장에서 다루는 타이타닉호 승객의 생사 예측에서 목적 변수는 각 승객의 '생사 여부'가 되는 것이지요. 목적 변수를 '매출'로 했을 때 그 매출이 일어난 월, 요일, 날씨, 할인 판매의 실시 여부 등은 매출(목적 변수)의 원인이 되는 값이므로 이를 **설명 변수**라고 합니다(그림 2-1).[1]

▼ 그림 2-1 목적 변수와 설명 변수

목적 변수

예측하려는 값

설명 변수

예측하려는 값의 원인이 된 요소들

매상(만 원)	월	요일	날씨	할인 판매
30	4	화	흐림	1
25	4	수	비	0
28	5	목	흐림	0
31	5	금	맑음	0
33	5	토	맑음	1
35	5	일	맑음	1

설명 변수와 목적 변수를 합친 것을 **학습 데이터**(train data, train set)라고 하며, 설명 변수만 있고 목적 변수가 없는 데이터(예측하려는 데이터)를 **테스트 데이터**(test data, test set)라고 합니다. 데이터 분석은 '설명 변수'를 가지고 정확히 '목적 변수'를 예측하는 모델을 만드는 것이 목표입니다. (참고로 데이터를 분석하는 분야에 따라 목적 변수가 없거나 예측이 목적이 아닐 때도 있습니다. 예를 들어 정답 데이터가 없는 분류 작업 등입니다.)

또 실제 데이터 분석에서는 학습 데이터를 한 번 더 나누어 학습에 포함되지 않는 독립 데이터를 만들고 이것으로 머신 러닝 모델의 성능을 예측하기도 합니다. 테스트 데이터에는 목적 변수가 없기 때문에 학습 데이터를 적당한 비율로 나누어서 학습 데이터와는 별도인 데이터를 만들어야 합니다. 이것을 **검증 데이터**(validation data)라고 합니다(그림 2-2).

---

1 역주 목적 변수는 클래스(class), 설명 변수는 속성(attribute)이라고도 합니다.

매상(만 원)		월	요일	날씨	할인 판매	
30		4	화	흐림	1	학습 데이터
25		4	수	비	0	학습 데이터로
28		5	목	흐림	0	예측 모델을 만든다.
31		5	금	맑음	0	
33	30	5	토	맑음	1	검증 데이터
35	33.5	5	일	맑음	1	검증 데이터로 정확도를 확인한다.

실제 값   예측 값

매상(만 원)	월	요일	날씨	할인 판매	
29	5	화	흐림	1	테스트 데이터
28.5	5	수	비	0	테스트 데이터로
30.5	5	목	비	0	목적 변수를 예측한다.

예측 값

2.2 데이터 분석 환경

2.2.1 파이썬을 이용한 데이터 분석 환경

캐글뿐만 아니라 데이터 분석을 위한 여러 가지 목적으로 사용되는 다양한 툴과 프로그래밍 언어가 있습니다. 여러분이 자주 사용하는 엑셀(Excel)이나 데이터 분석에 특화된 JMP, SPSS 같은 툴, 또는 R이나 SQL 같은 언어를 사용할 수도 있을 것입니다. 이 책에서는 파이썬을 이용하여 데이터를 분석하는 방법을 설명하겠습니다.

'왜 파이썬인가' 하는 사람도 있을 것 같습니다. 다양한 이유가 있지만, 파이썬은 데이터 분석에만 특화된 언어가 아니라 데이터 수집이나 가시화, API 사용, 이후 애플리케이션 개발을 위해 널리 사용하는 유연한 기술이라는 점, 그리고 최근 파이썬을 이용한 데이터 분석 및 개발을 매우 활발히 진행하고 있다는 점을 이유로 꼽을 수 있습니다.

파이썬으로 프로그래밍을 할 때는 필요한 기능(패키지 혹은 라이브러리)을 개별적으로 설치하고 프로그램으로 불러오는데(이를 임포트라고 함), 이런 데이터 분석 관련 패키지가 매우 충실하게 준비되어 있습니다.

필자가 막 직장인이 되었을 때는 R과 파이썬을 용도에 따라 사용했었는데, 요즘은 거의 파이썬과 SQL로 업무를 하고 있습니다. 참고로 2019년에 실시한 캐글 설문 조사(2019 캐글 ML & DS Survey)에서 데이터 분석에 사용하는 언어로 파이썬이 1위를 차지했습니다(그림 2-3). 그림 2-3은 중복을 포함한 답변입니다. 즉, 파이썬과 R을 모두 사용하는 캐글러도 당연히 있습니다.

▼ 그림 2-3 캐글러의 사용 언어(2019 캐글 ML & DS Survey에서 1만 9717명을 조사한 설문 결과를 바탕으로 필자가 자체적으로 집계한 것)

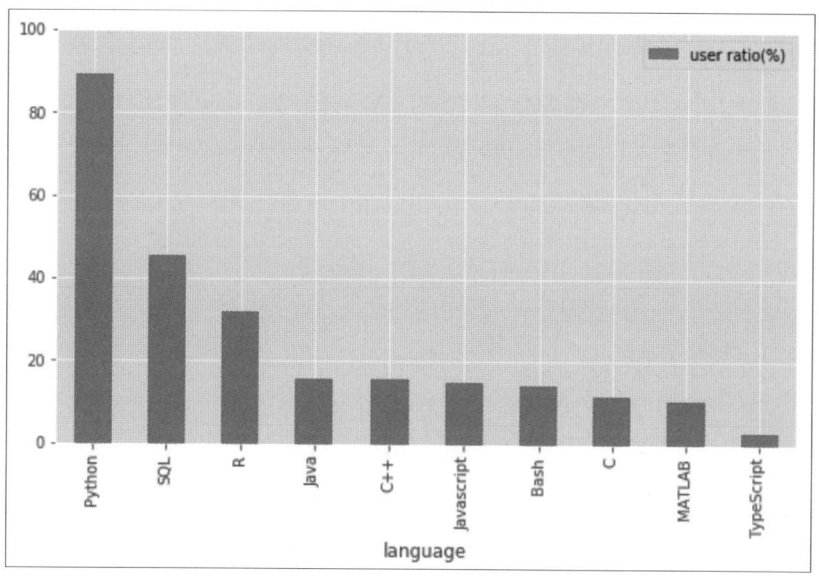

맥(macOS, 이후 맥으로 표기)을 사용 중이라면 파이썬이 기본적으로 설치되어 있습니다. 윈도(Windows)를 사용한다면 파이썬 공식 사이트(https://www.python.org/downloads/)에서 내려받을 수 있습니다. 이 책은 윈도 환경에서 아나콘다(Anaconda)를 이용하여 파이썬을 설치합니다.

2.2.2 로컬 또는 클라우드에서 데이터 분석 환경

캐글뿐만 아니라 데이터를 분석하려면 앞서 설명한 것처럼 내 컴퓨터에서 로컬로 작업할지, 아니면 원격 서버에 접근하여 클라우드 환경 중 하나에서 작업할지 선택해야 합니다. 클라우드 환경은 내가 소속된 회사가 독자적인 서버 인프라를 준비해서 마련하는 경우도 있고, 회사 또는 개인이 Google Cloud Platform(GCP), Amazon Web Services(AWS) 등 클라우드 서비스를 계약하여 이용할 수도 있습니다. 또 캐글에서 제공하는 온라인 분석 환경(Kernel)에 접속하여 처리할 수도 있습니다. 각각 장점 및 단점이 있어 각 환경을 병용해서 분석을 진행할 때도 많습니다.

로컬 환경에서 분석할 때 장점은 '빨리 실행해 볼 수 있다'는 것과 '무료'라는 것입니다. 통상 GCP 등 클라우드 서비스는 이용하는 서버의 스펙이나 이용 시간에 따라 요금이 부과됩니다. 캐글 분석을 2~3개월 정도 할 때, 이용하는 스펙에 따라 50~100만 원 정도(구축 환경에 따라서는 그 이상) 비용이 드는 경우도 드물지 않습니다.

반면 로컬 환경에서 분석할 때 단점은 쉽게 스펙을 변경할 수 없다는 것입니다. 그 때문에 대규모 데이터나 이미지, 동영상의 분석을 로컬 환경에서만 하는 것은 현실적이지 않습니다. 또 처리 방식에 따라 내 컴퓨터의 CPU를 점유할 경우 다른 작업에도 영향을 미칩니다. 필자는 일부 소규모 데이터 분석을 제외하고 로컬 컴퓨터만 사용해서 캐글이나 업무 분석을 완료하는 경우는 거의 없습니다.

앞서 소개한 2019년 설문 조사 결과를 보아도 캐글 이용자들은 클라우드 서비스를 많이 이용하고 있음을 알 수 있습니다(그림 2-4).

여러 가지
분석 환경이 있군요!

❤ 그림 2-4 캐글 이용자의 데이터 분석 환경(2019 캐글 ML & DS Survey에서 1만 9717명을 조사한 설문 결과를 바탕으로 필자가 자체적으로 집계한 것)

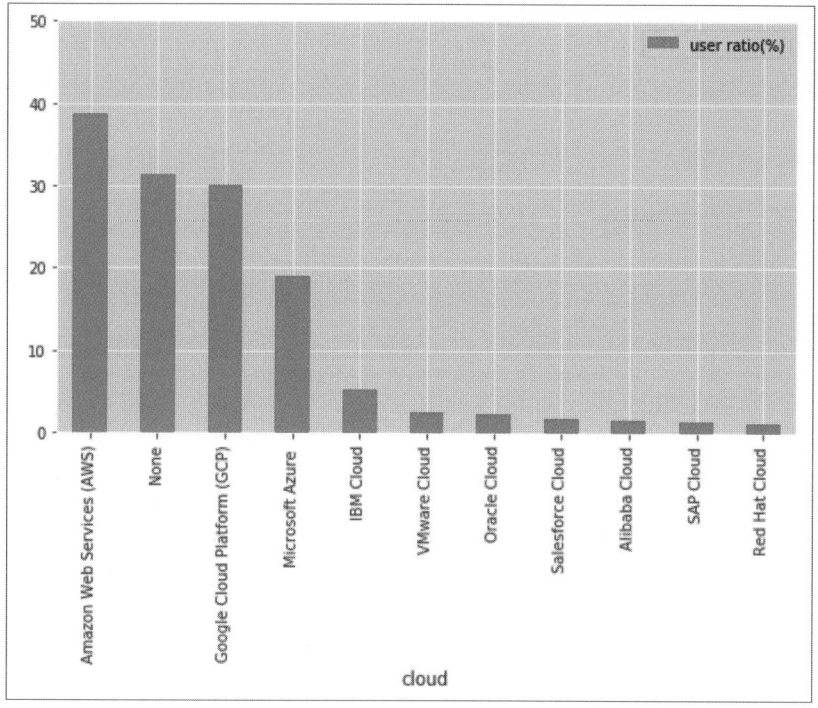

이 장에서는 여러분이 가지고 있는 로컬 컴퓨터에서 데이터 분석 환경을 구축하는 순서(2.4~2.5 절) 및 캐글에서 데이터 분석 환경을 준비하는 순서(2.6절)를 소개합니다.

5.3절에서는 클라우드 환경의 예로 GCP의 AI 플랫폼에서 데이터를 분석하는 절차도 간단히 소개합니다. 캐글이나 업무에서 대규모 데이터를 취급한다면 참고하기 바랍니다.

2.3 주피터 노트북을 이용한 대화형 데이터 분석 환경

KAGGLE

파이썬은 기본적으로 터미널상에서 실행합니다. 하지만 데이터 분석을 위해 여러 번 수정을 거칠 때는 터미널보다 **주피터 노트북**(Jupyter Notebook)을 사용하면 더 편리합니다(그림 2-5). 주피터 노트북은 웹 브라우저에서 동작하는 대화형 실행 환경을 제공합니다. 여러 프로그램 언어를 사용할 수 있는 점, 오픈 소스를 위해 무료로 사용할 수 있는 점, 프로그램과 함께 그림이나 텍스트 등 주석을 넣어 이를 ipynb 파일 형식으로 다른 사람과 공유할 수 있는 점 등의 장점으로 데이터 분석 현장에서 많이 사용합니다.

▼ 그림 2-5 주피터 노트북 실행 화면

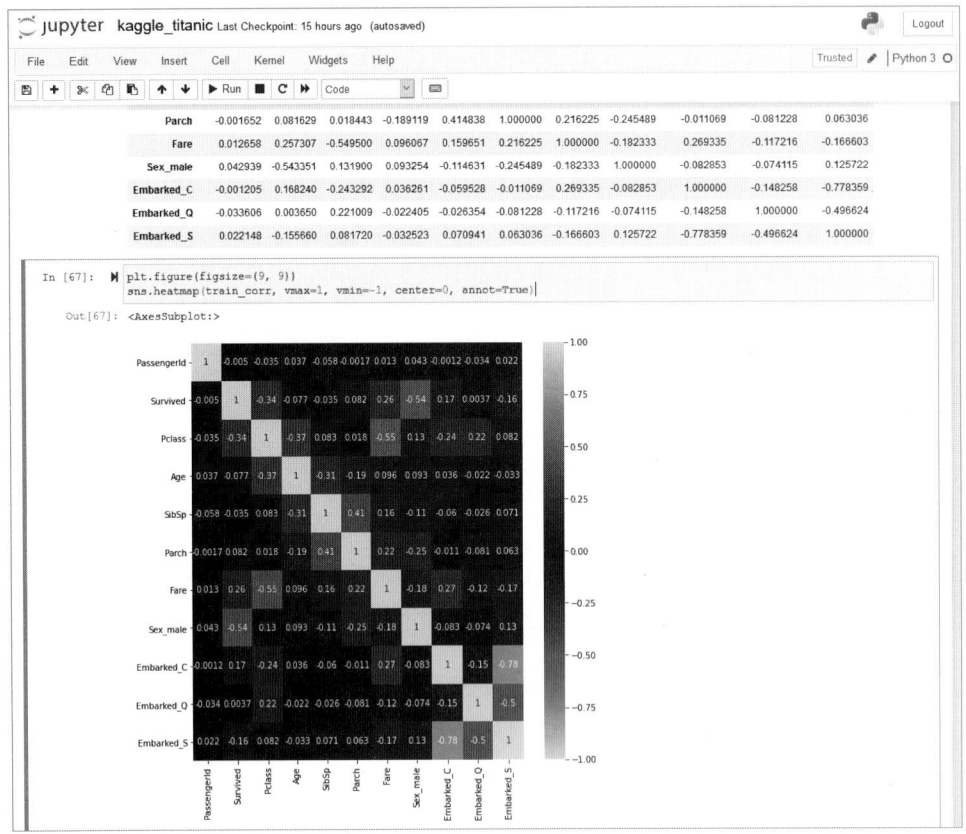

프로그램 실행이 코드 전체가 아니라 작은 블록에 해당하는 '셀' 단위로 진행되기 때문에 세부적인 처리 결과를 확인하면서 데이터 분석을 진행할 수 있습니다(그림 2-6).

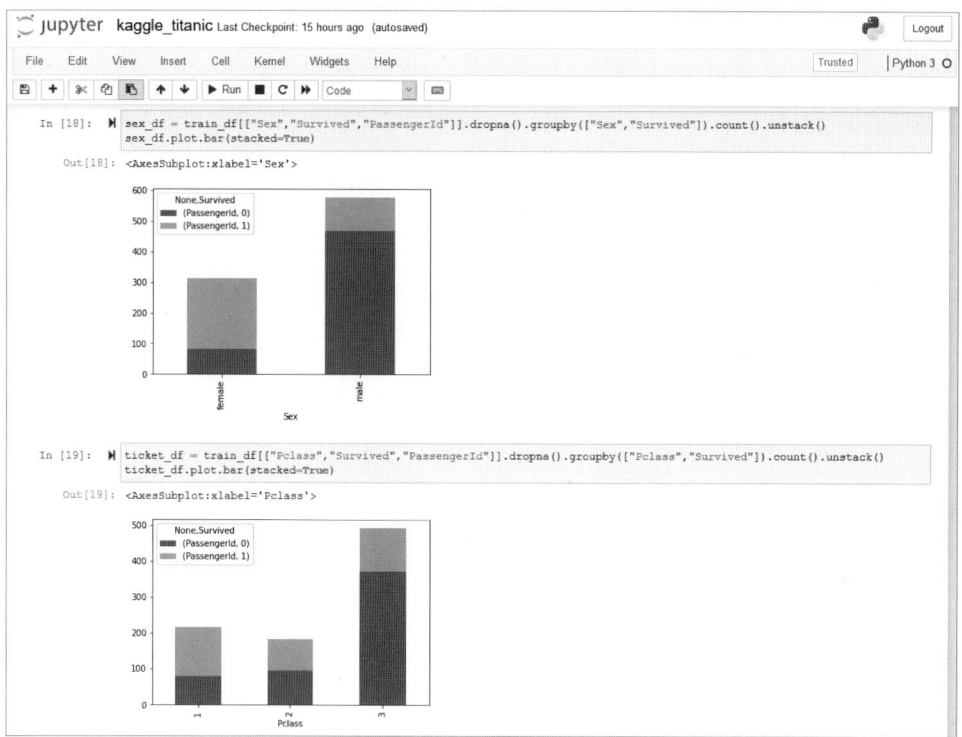

이 책에서는 주피터 노트북을 사용하는 절차를 소개합니다. 주피터 노트북의 간단한 이용 방법은 2.4절에서 소개합니다.

2.3.1 로컬 컴퓨터에서 데이터 분석 환경 구축

로컬 컴퓨터 환경에서 데이터 분석 환경을 구축할 때는 언제든지 환경을 다시 만들 수 있도록 준비해야 하는데, 이는 파이썬 및 분석 패키지들이 수시로 업그레이드되기 때문입니다. 다른 패키지들이 서로 얽혀 있는 경우가 많아서, 한쪽 패키지를 설치하거나 업데이트하면 지금까지 문제없던 다른 패키지에 문제가 발생하는 경우가 꽤 많이 있습니다.

필자의 경우, 데이터 분석을 막 시작했을 때만 해도 파이썬 및 분석 패키지들을 따로따로 설치하고 필요에 따라 일부만 갱신하려고 했습니다. 그런데 얼마 후 파이썬 환경이 엉망이 되어 버렸고, 일부 패키지들은 잘 동작하지 않게 되었습니다.

이것으로 파이썬을 내 컴퓨터에 그대로 설치하기보다는 가상 환경을 구축하여 그 안에 각 버전을 넣어 두고, 혹시 잘 동작하지 않으면 언제든 이전 환경으로 돌아갈 수 있게 하는 방법이 더 좋다는 것을 알았습니다. 버전 관리는 로컬 컴퓨터는 물론 클라우드 환경을 사용할 때도 중요합니다. 하지만 특히 로컬에서는 (클라우드와 달리 서버를 재건하거나 다른 컴퓨터를 대체해서 사용할 수 없기 때문에) 매우 중요합니다.

가상 환경의 구축에는 아나콘다나 virtualenv 혹은 서버를 컨테이너화하는 도커(Docker)를 이용하는 방법 등이 있지만, 이 책에서는 간편하고 알기 쉬운 아나콘다(2.4절)와 가상 환경은 아니지만 버전 관리 툴로 정평이 나 있는 pyenv(2.5절)를 이용한 방법을 설명하겠습니다.

2.4 아나콘다의 가상 환경 이용(윈도)

아나콘다는 파이썬 및 R 언어를 사용하는 개발 환경에서 가상 환경을 구축할 때 사용하며, 분석에 쓰는 라이브러리(library)도 쉽게 관리해 줍니다.

> Note ≡ **아나콘다에서 라이브러리 설치하기**
>
> 아나콘다에서 라이브러리를 설치하려면 아나콘다의 독자적인 conda 명령어를 사용하여 설치하는 방법과 파이썬의 pip 명령어로 설치하는 방법이 있습니다. 그런데 conda로는 설치할 수 없는 라이브러리도 있습니다. 이 때문에 pip와 conda를 계속해서 혼용하면 나중에 라이브러리 관리가 복잡해질 수 있습니다. 이 책에서는 주피터 노트북 이외의 라이브러리는 pip 명령어로 설치하겠습니다.

아나콘다는 윈도용, 맥용, 리눅스(Linux)용 설치 파일이 있습니다. 여기서는 윈도용 설치 파일을 내려받는 방법과 설치 방법을 소개합니다(맥이나 리눅스도 설치 순서는 거의 같습니다).

아나콘다 설치하기

아나콘다의 설치 파일이 있는 사이트에 접근합니다(그림 2-7).

Anaconda3-2020.11-Windows-x86_64.exe 혹은 Anaconda3-2020.11-Windows-x86.exe 설치 파일을 클릭해서 내려받습니다. 64비트 버전과 32비트 버전 중 자신의 OS에 맞추어 선택해서 내려받으면 됩니다.

파이썬 윈도용 64비트의 설치 파일인 Anaconda3-2020.11-Windows-x86_64.exe를 내려받습니다.

▼ 그림 2-7 아나콘다의 설치 파일이 있는 사이트

URL https://repo.anaconda.com/archive/

Index of /

Filename	Size	Last Modified	MD5
Anaconda3-2020.07-MacOSX-x86_64.sh	454.1M	2020-07-23 12:16:44	50f20c90b8b5bfdc09759c09e32dce68
Anaconda3-2020.07-Windows-x86.exe	397.3M	2020-07-23 12:16:51	aa7dcf4d02baa25d14baf5728e29d067
Anaconda3-2020.07-Windows-x86_64.exe	467.5M	2020-07-23 12:16:46	7c718535a7dd89fa46b147626ada9e46
Anaconda3-2020.11-Linux-ppc64le.sh	278.9M	2020-11-18 16:45:36	bc09710e65cdbba68688061b149281dc
Anaconda3-2020.11-Linux-x86_64.sh	528.8M	2020-11-18 16:45:36	4cd48ef23a075e8555a8b6d0a8c4bae2
Anaconda3-2020.11-MacOSX-x86_64.pkg	435.3M	2020-11-18 16:45:35	2f96bb47eb5a949da6f99a71d7d66420
Anaconda3-2020.11-MacOSX-x86_64.sh	427.8M	2020-11-18 16:45:35	918de9a9936908fe62514e0ca6873a21
Anaconda3-2020.11-Windows-x86.exe	40		f3e75eb346f5ab2d87bab005878
Anaconda3-2020.11-Windows-x86_64.exe	45		fcb927a3c2edbd682520f52e546
Anaconda3-4.0.0-Linux-x86.sh	336.9M	2016-03-29 11:15:03	c88cbe27cc8fb4976e6bd38068cc57d6
Anaconda3-4.0.0-Linux-x86_64.sh	398.4M	2016-03-29 11:15:02	546d1f02597587c685fa890c1d713b51
Anaconda3-4.0.0-MacOSX-x86_64.pkg	341.5M	2016-03-29 11:16:08	b25796c49f9d3b47561c6eac9bbc77f0
Anaconda3-4.0.0-MacOSX-x86_64.sh	292.7M	2016-03-29 11:16:21	efd870aa3fabc8f4865a1b9567e69b69
Anaconda3-4.0.0-Windows-x86.exe	283.1M	2016-03-29 11:16:22	ae5c9ba0c6f4639fbf94848f81c3d4b4

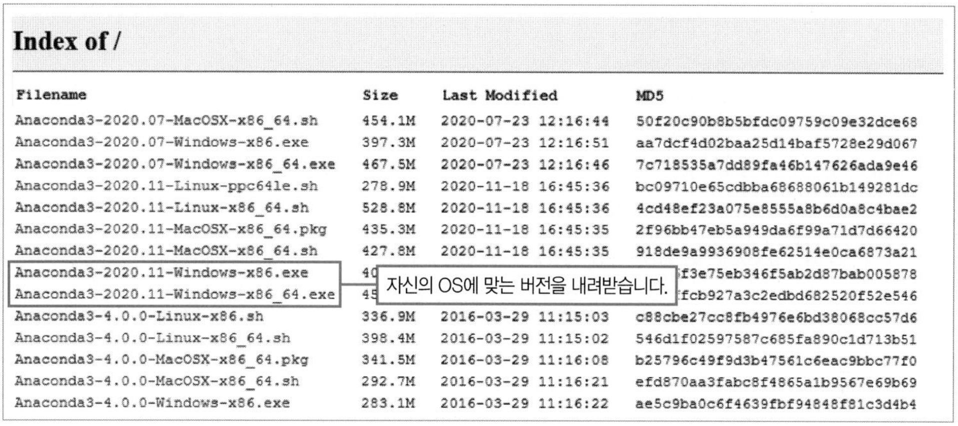

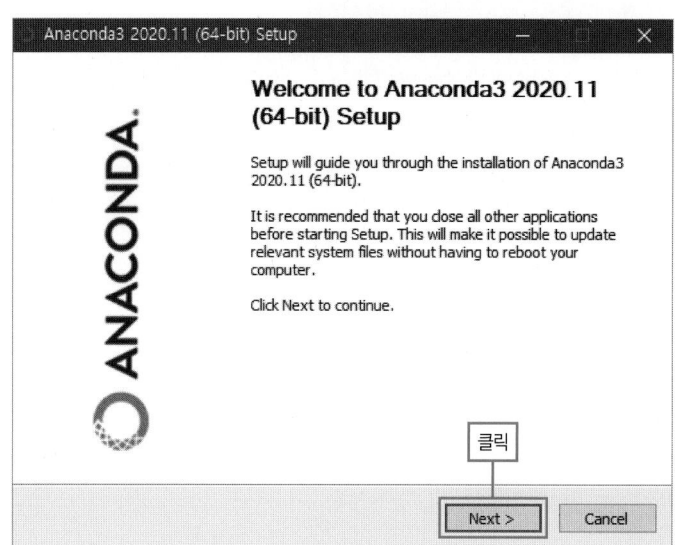

내려받은 설치 파일 Anaconda3-2020.11-Windows-x86_64.exe를 더블클릭하여 설치 마법사를 시작하고 Next를 클릭합니다.

▼ 그림 2-8 설치 화면 1

이용 허락에 동의하여 I Agree를 클릭합니다.

▼ 그림 2-9 설치 화면 2

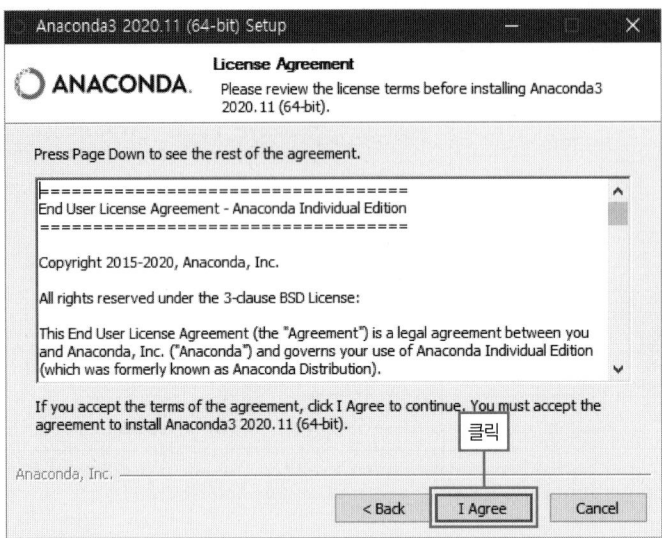

❶ Just Me (recommended)를 선택하고, ❷ Next를 클릭합니다.

▼ 그림 2-10 설치 화면 3

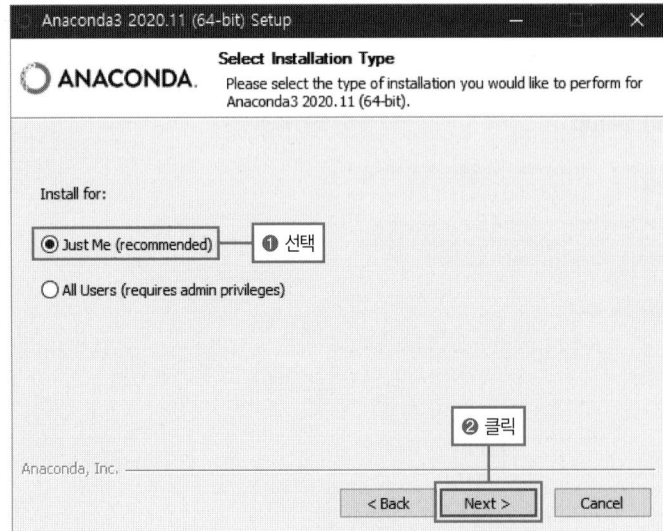

❶ 설치 위치를 지정하고, ❷ Next를 클릭합니다.

▼ 그림 2-11 설치 화면 4

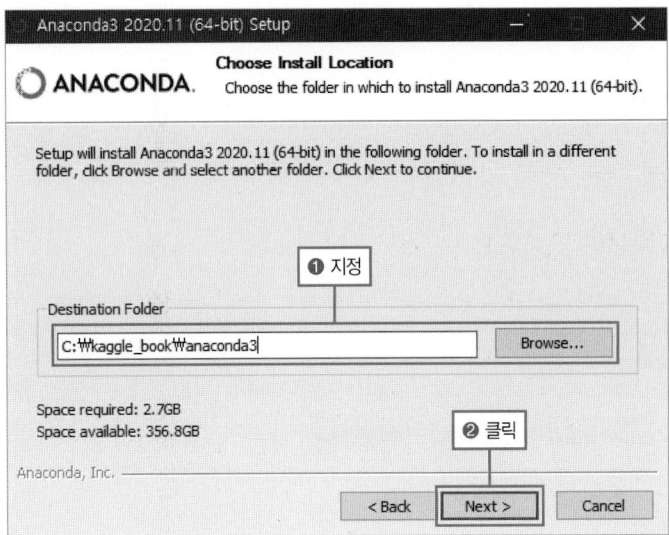

Install을 클릭하면(그림 2-12) 설치가 시작됩니다(그림 2-13).

▼ 그림 2-12 설치 화면 5

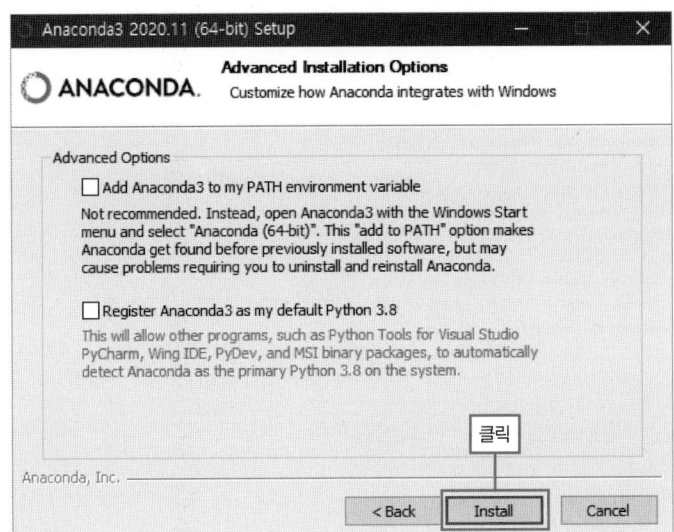

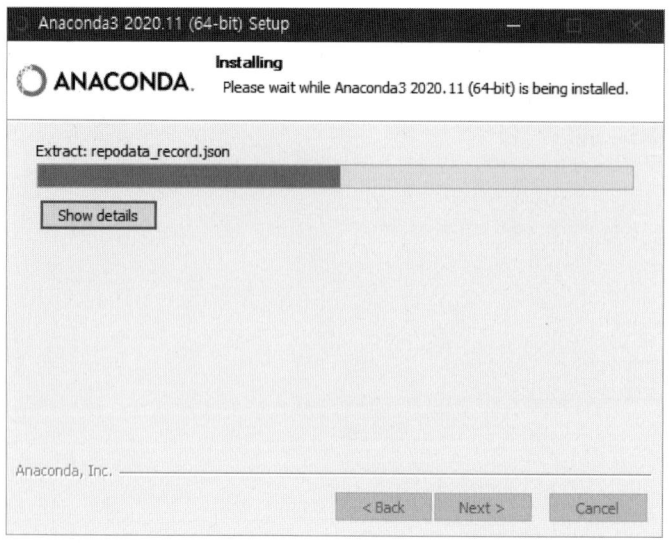

설치가 끝나면 Next를 클릭합니다.

▼ 그림 2-14 설치 화면 7

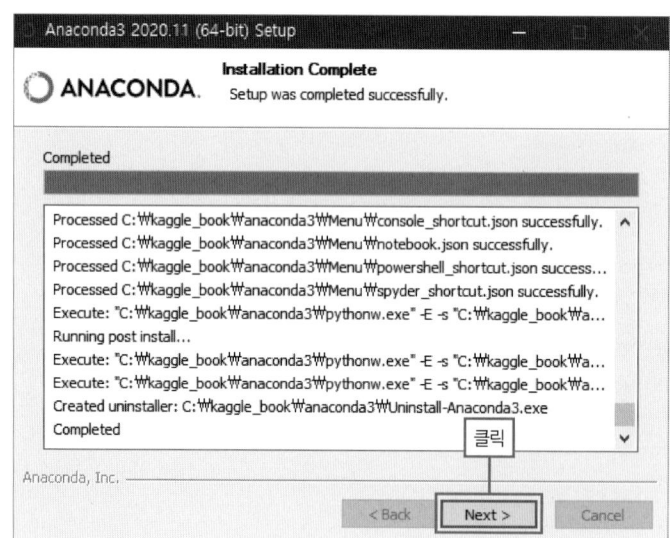

PyCharm에 대한 안내를 참고하면서 **Next**를 클릭합니다.

▼ 그림 2-15 설치 화면 8

설치가 완료되면 **Finish**를 클릭합니다.

▼ 그림 2-16 설치 화면 9

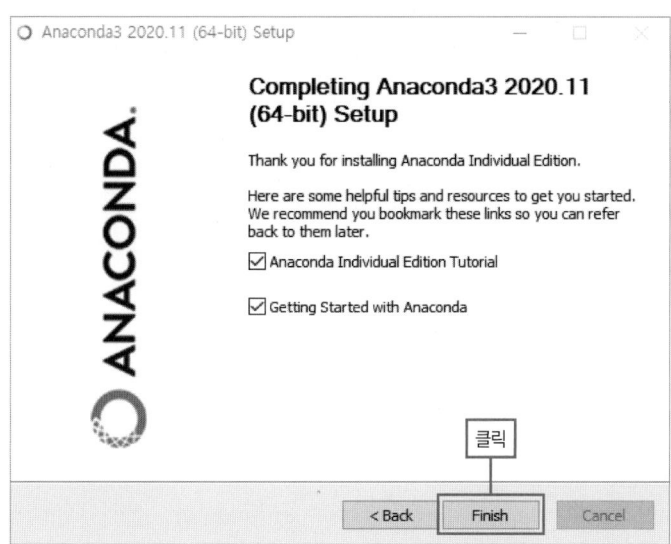

Anaconda Navigator 시작하기

❶ 윈도 시작 메뉴에서 ❷ Anaconda3 (64−bit) 〉 ❸ Anaconda Navigator (anaconda3)를 선택하여 Anaconda Navigator를 시작합니다.

▼ 그림 2−17 Anaconda Navigator 시작

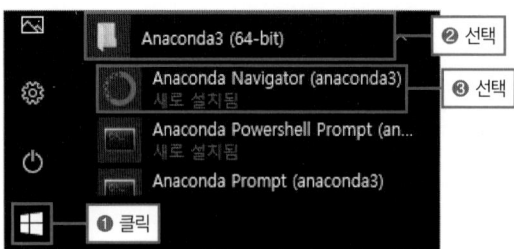

가상 환경 만들어 보기

❶ Anaconda Navigator에서 Environments를 선택한 후 ❷ Create를 클릭하면 가상 환경을 만들 수 있습니다.

가상 환경을 만들면 가상 환경별로 라이브러리 버전을 정리할 수 있습니다.

▼ 그림 2−18 가상 환경 만들기 1

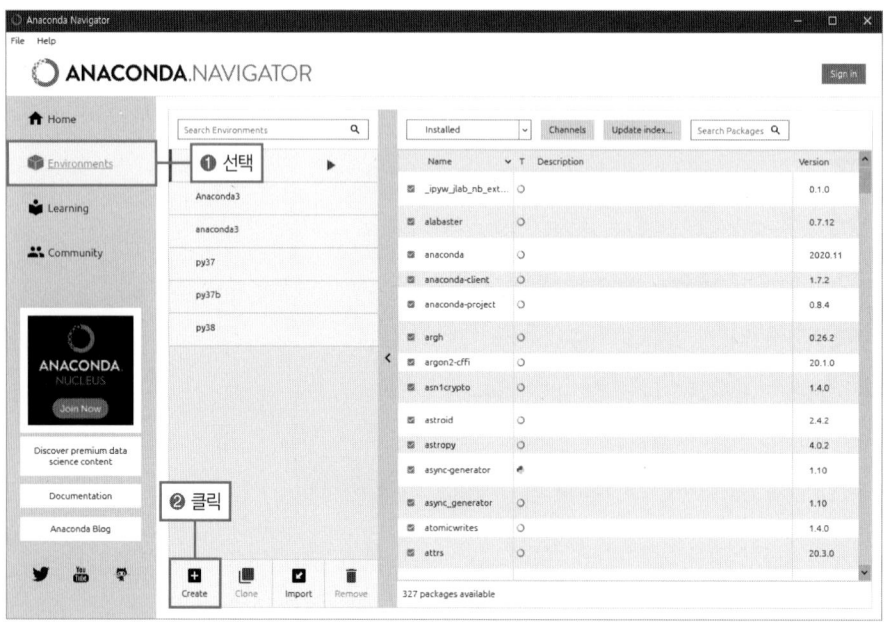

❶ Create new environment 창에서 Name에 가상 환경 이름(여기서는 kaggle_book으로 지정)을 입력하고, ❷ 파이썬 3.7을 선택한 후 ❸ Create를 클릭합니다.

▼ 그림 2-19 가상 환경 만들기 2

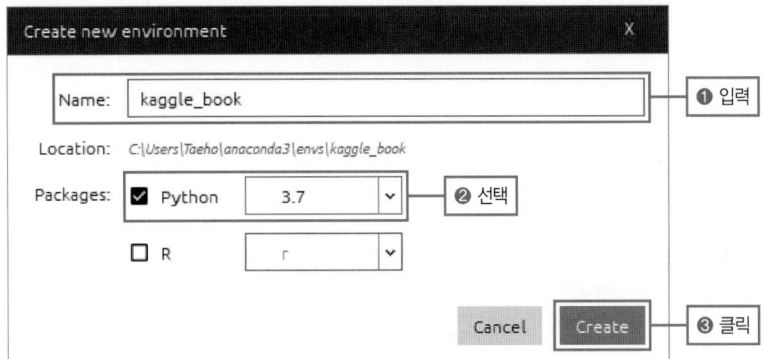

kaggle_book이라는 이름의 가상 환경이 만들어졌습니다.

▼ 그림 2-20 가상 환경 만들기 3

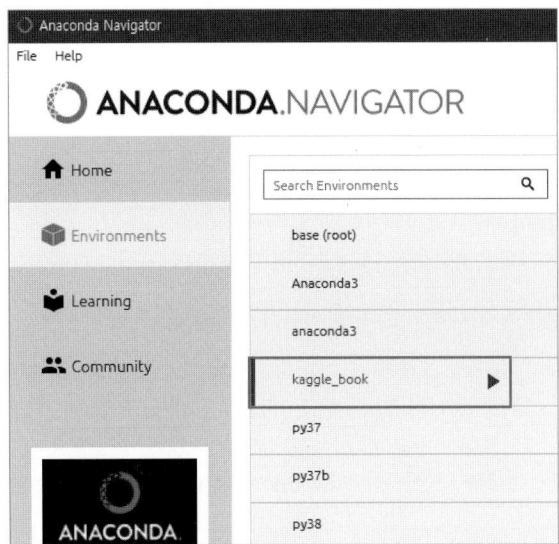

라이브러리 설치하기

❶ 조금 전 만든 가상 환경에서 ▶를 클릭하여 ❷ Open Terminal을 선택합니다.

▼ 그림 2-21 [Open Terminal] 선택

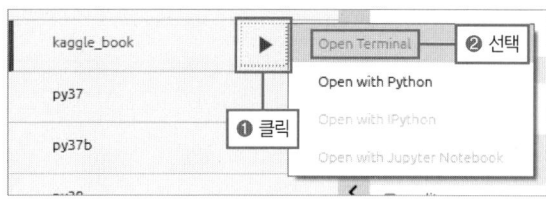

그러면 명령 프롬프트가 시작됩니다.

▼ 그림 2-22 명령 프롬프트 시작

다음 conda 명령어를 실행하여 주피터 노트북을 설치합니다.

▼ 명령 프롬프트

```
(kaggle_book) > conda install jupyter==1.0.0
```

명령 프롬프트 중간에 Proceed ([y]/n)?라는 질문이 나오면 y를 입력해서 진행을 계속합니다.

▼ 명령 프롬프트

```
Proceed ([y]/n)? y
```

이 책에 필요한 각종 라이브러리는 해당 부분에서 각각의 설치 방법을 소개하겠습니다.

주피터 노트북 실행하기

❶ 설치가 종료되면 kaggle_book 가상 환경에서 ▶를 클릭하여 ❷ Open with Jupyter Notebook
을 선택합니다.

▼ 그림 2-23 [Open with Jupyter Notebook] 선택

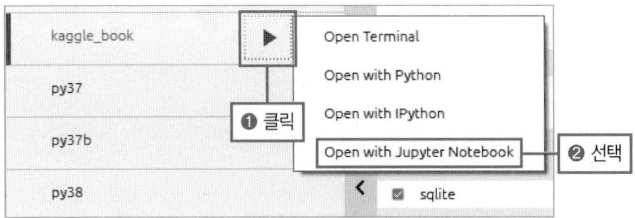

그러면 기본으로 지정한 웹 브라우저가 실행되고 주피터 노트북이 열립니다.

▼ 그림 2-24 주피터 노트북 실행

새로운 노트북 파일 만들기

❶ 주피터 노트북에서 New를 클릭하고(그림 2-25), ❷ Python 3를 선택하면 새로운 노트북 파일이 만들어집니다(그림 2-26).

▼ 그림 2-25 새로운 노트북 파일 만들기 1

▼ 그림 2-26 새로운 노트북 파일 만들기 2

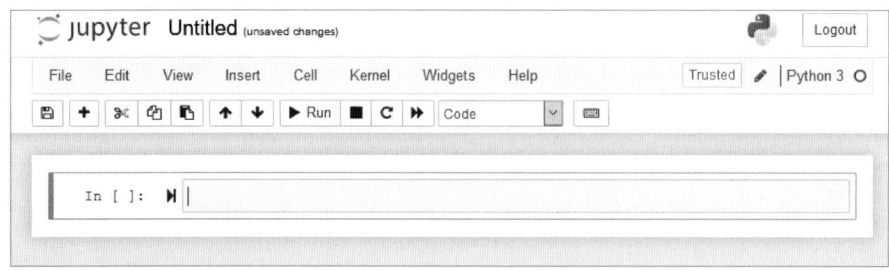

간단한 프로그램 실행하기

❶ 새로 작성된 노트북 파일의 셀 설정은 기본적으로 Code로 되어 있으며(그림 2-27), 셀 안에 코드를 입력해서 프로그래밍을 시작할 수 있습니다. ❷ 코드 2-1과 같이 입력하고 ▶ Run을 클릭 (혹은 Shift + Enter)하면, ❸ 프로그램이 실행되고 실행 결과가 셀 아래에 표시됩니다.

▼ 코드 2-1 간단한 프로그램

In `print("Hello! Kaggle")`

Out Hello! Kaggle

▼ 그림 2-27 프로그램 실행

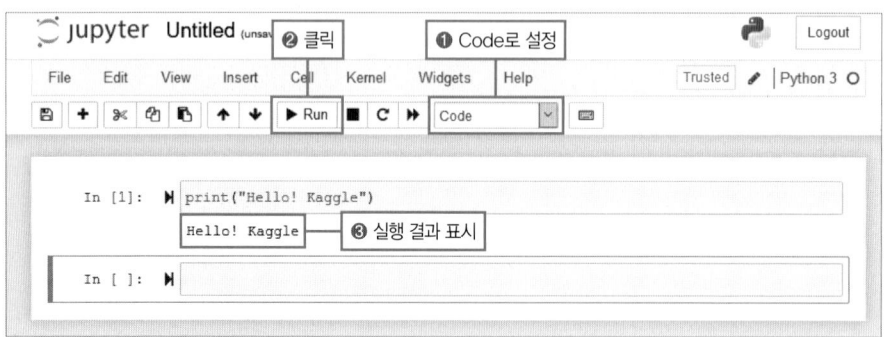

텍스트 입력하기

❶ 셀을 Markdown으로 설정하고, ❷ Kaggle Book을 입력한 후 ❸ ▶ Run을 클릭(혹은 Shift + Enter)하면 ❹ 해당 텍스트가 표시됩니다.

▼ 그림 2-28 텍스트 입력

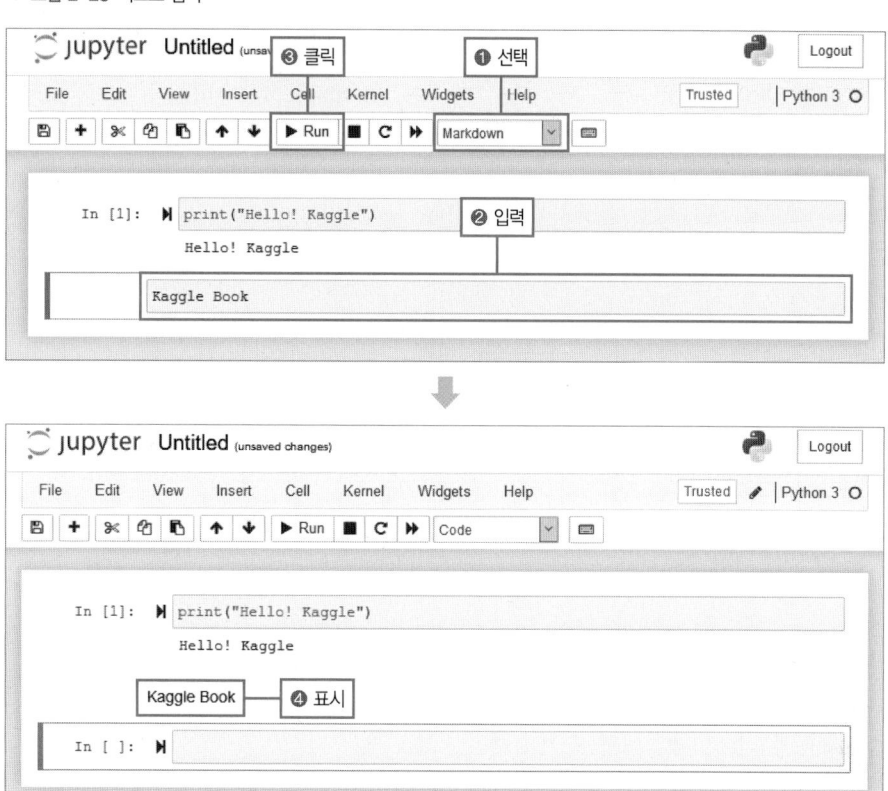

파일명 변경 및 저장하기

❶ 작성한 파일명을 변경하려면 위쪽 Untitled를 클릭하고, Rename Notebook 창을 엽니다.
❷ 여기에 새로운 파일명을 입력하고(여기서는 chapter2로 입력), ❸ Rename을 클릭합니다.
❹ 파일명이 변경되면, ❺ 저장 아이콘을 클릭해서 저장합니다.

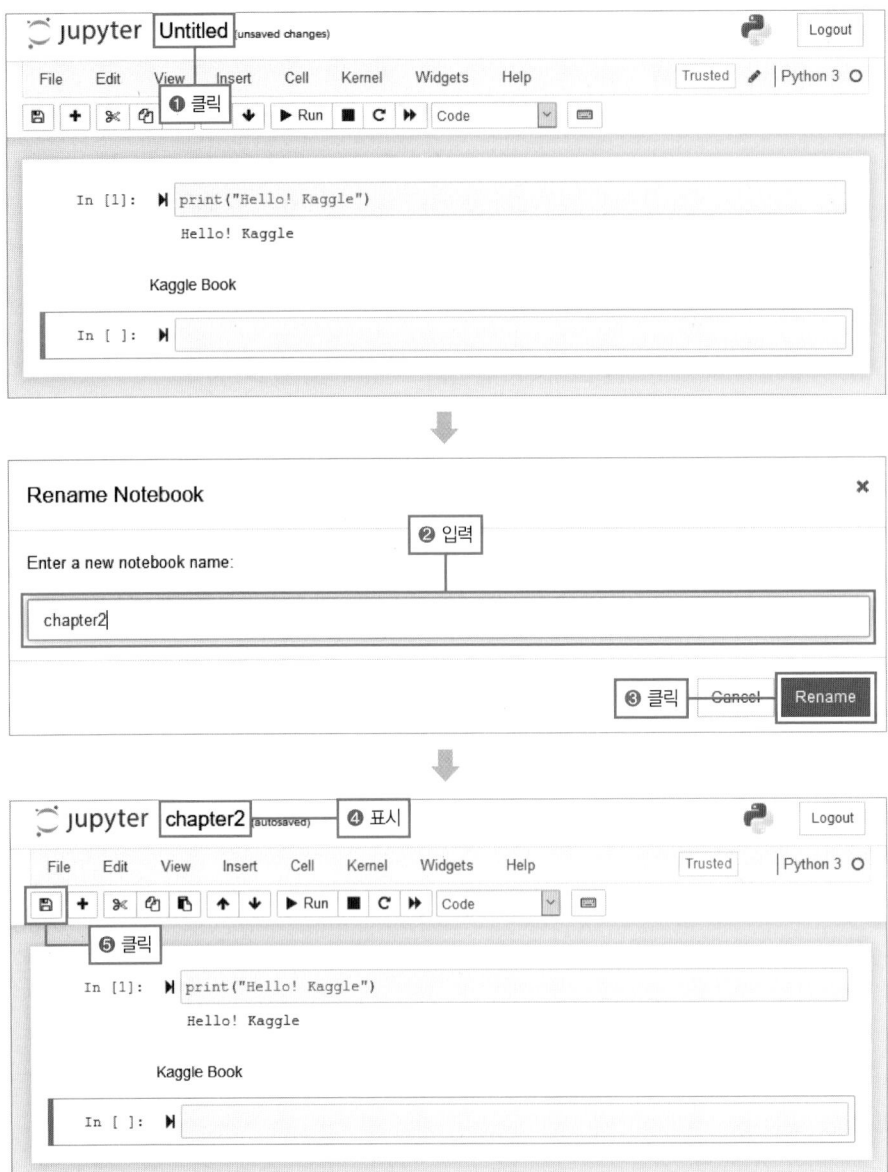

노트북 파일 종료하기

노트북 파일을 종료하려면 ❶ File 〉❷ Close and Halt를 선택합니다. ❸ 그러면 노트북 파일이
닫히고 파일 목록이 나타납니다.

그림 2-30 노트북 파일 종료

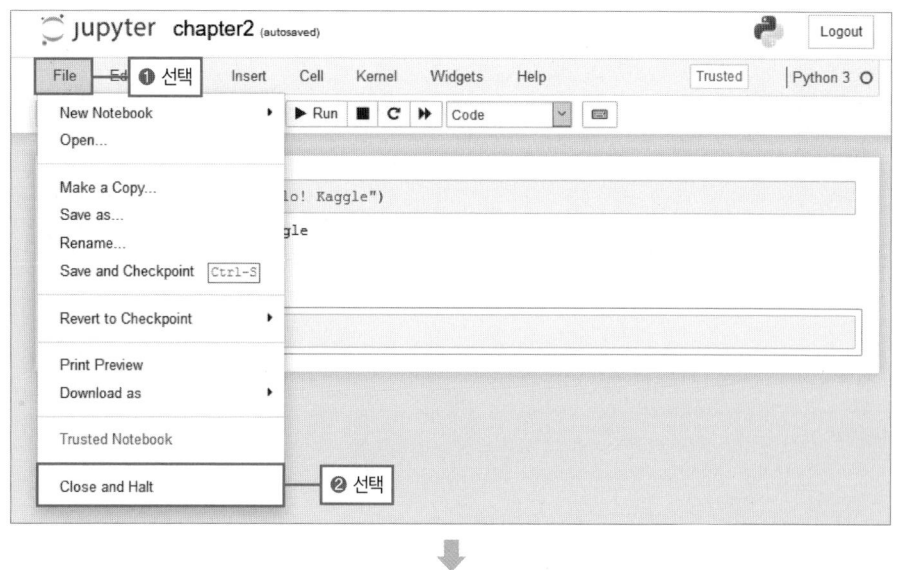

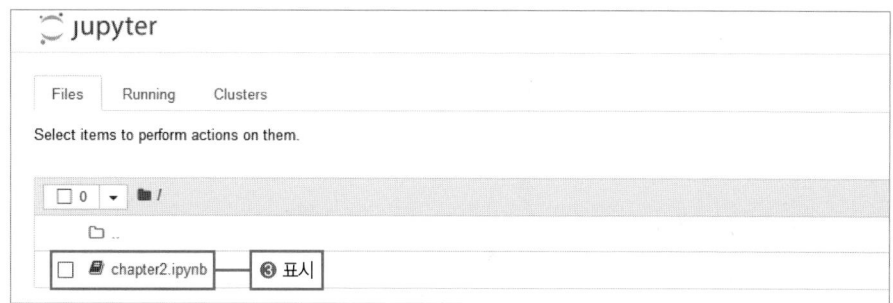

폴더 만들기

파일 외에 폴더도 만들 수 있습니다. ❶ New를 클릭하고, ❷ Folder를 선택하면 Untitled Folder 가 만들어집니다. ❸ Untitled Folder를 체크하고, ❹ Rename을 클릭하면 Rename directory 창이 열립니다. ❺ 원하는 폴더명을 입력한 후(여기서는 chapter2로 입력) ❻ Rename을 클릭하 면, ❼ 폴더명이 변경됩니다. 폴더 단위로 관리하고 싶을 때 편리하게 이용할 수 있습니다.

✔ 그림 2-31 폴더 만들기

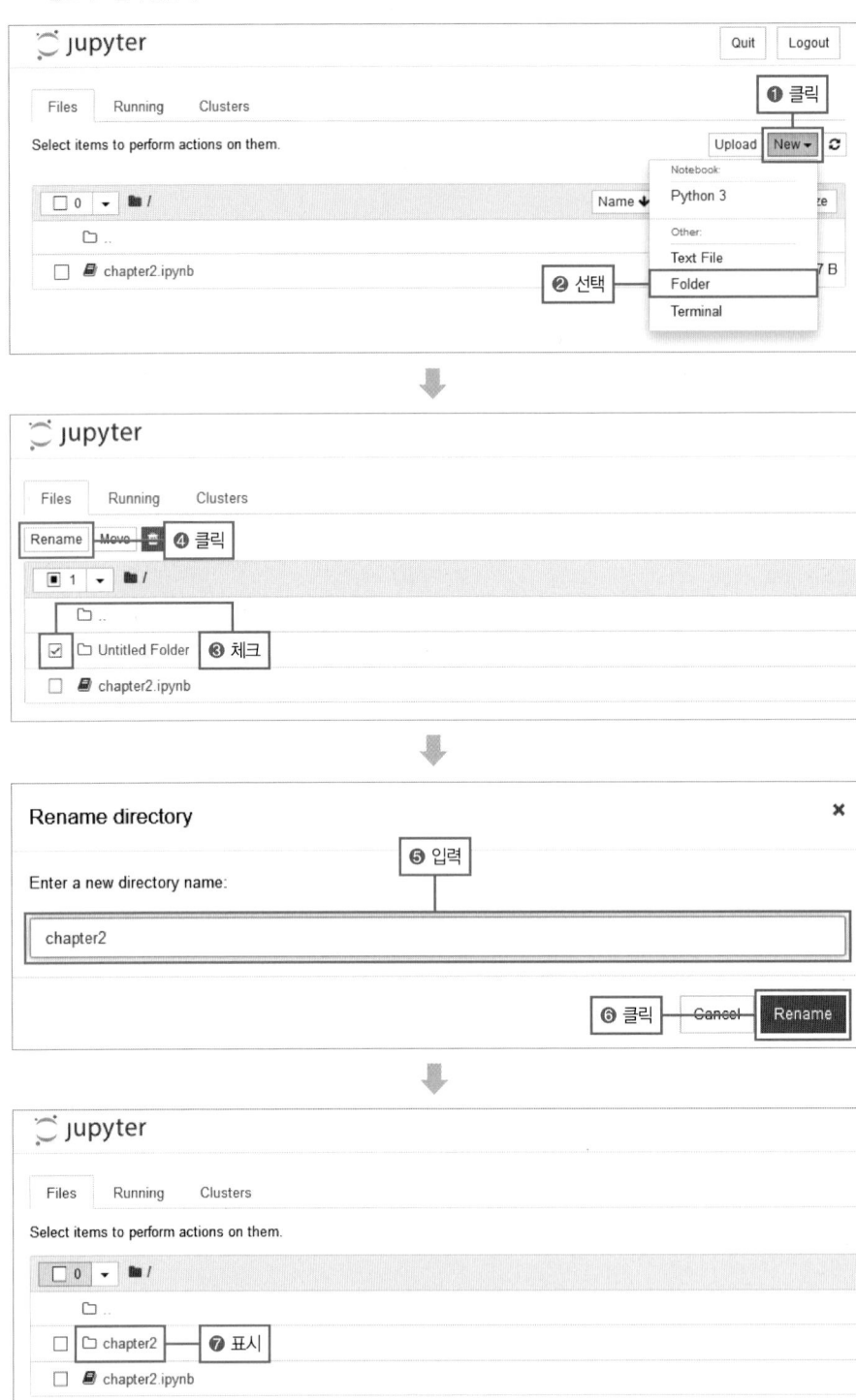

주피터 노트북 종료하기

❶ 주피터 노트북 자체를 종료하려면 Quit를 클릭합니다. ❷ Server stopped 창이 열리면, ❸ 웹 브라우저 탭의 x를 클릭하여 닫습니다.

▼ 그림 2-32 주피터 노트북 종료

KAGGLE

2.5 pyenv 환경 이용(맥)

pyenv는 파이썬의 버전 관리 도구입니다. 파이썬은 3.7, 3.8 등 버전이 다양한데, pyenv를 이용하면 관리 및 버전별로 라이브러리를 설치할 수 있고 언제든지 버전을 전환하거나 삭제할 수 있습니다. 파이썬의 분석 패키지를 한 번에 설치하고 관리할 수 있는 아나콘다를 pyenv를 경유해서 설치하면 아나콘다와 그 밖의 툴들을 구분해서 사용할 수 있습니다.

pyenv를 이용하는 방법을 설명하고자 도중에 vim(텍스트 편집기)을 사용할 것입니다. 이 단계가 어렵다면 앞 절의 아나콘다를 이용한 환경 구축 방법을 참고해서 진행합니다.

터미널 시작하기

맥에서 ❶ 이동 〉 ❷ 유틸리티 〉 ❸ 터미널을 선택합니다.

❤ 그림 2-33 터미널 시작

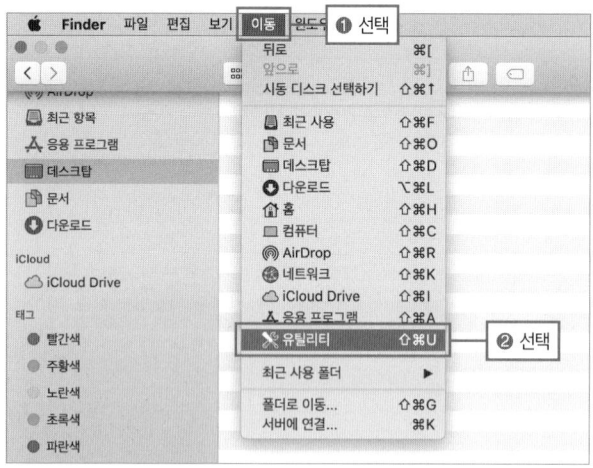

여러 가지 작업을 제어하고 명령을 내릴 수 있는 터미널 창이 열립니다.

❤ 그림 2-34 터미널 실행

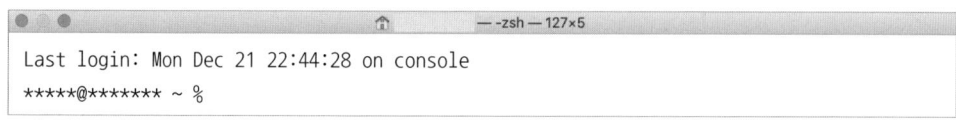

pyenv 설치하기

터미널이 실행되면 brew install pyenv 명령어를 입력하여 pyenv를 설치합니다.

❤ 터미널

```
$ brew install pyenv
```

Note ☰ | **오류가 표시되는 경우**

"brew가 설치되어 있지 않습니다"처럼 오류가 표시될 때는 깃허브(GitHub)에서 코드를 내려받아 설치해야 합니다.
다음 명령어를 입력하여 실행합니다.

❤ 터미널

```
$ git clone git://github.com/yyuu/pyenv.git ~/.pyenv
```

---

pyenv 경로 등록하기

이제 pyenv가 어디에 위치해 있는지 컴퓨터에 알려 주는 과정이 필요합니다. 다음 명령을 입력하여 실행합니다(vim 에디터를 조작하는 데 익숙하지 않더라도 일단 다음 순서를 따라 하기 바랍니다).

Note ☰ | vim은 여러 가지 기능을 수행할 수 있는 텍스트 기반 에디터입니다. 커맨드로 조작할 수 있습니다.

❤ 터미널

```
$ vim ~/.bash_profile
```

vim 에디터가 실행되고 .bash_profile을 편집할 수 있는 화면이 나옵니다. ⓘ를 눌러 텍스트 편집 모드로 전환한 후 다음 내용을 입력하세요.

❤ .bash_profile 편집

```
export PYENV_ROOT="$HOME/.pyenv"
export PATH="$PYENV_ROOT/bin:$PATH"
eval "$(pyenv init -)"
```

입력이 끝나면 [Esc]를 눌러 편집 모드를 끝낸 후 :wq(vim 명령어로 wq는 저장 및 종료를 의미)를 입력합니다. vim 화면에서 터미널 화면으로 돌아가면 이제 다음 명령어를 입력해서 조금 전 만든 변경 사항을 적용합니다.

❤ 터미널

```
$ source ~/.bash_profile
```

pyenv에서 설치 가능한 파이썬 버전 확인하기

다음 명령어를 입력하여 pyenv에서 설치할 수 있는 파이썬 버전을 알아보겠습니다.

❤ 터미널

```
$ pyenv install --list
```

파이썬 버전을 지정하여 설치하기

표시된 목록 중에서 임의의 파이썬 버전을 설치합니다. 이 책에서는 3.8.0 버전을 지정하기 때문에 다음 명령어를 입력하여 실행합니다. 완료하는 데 시간이 좀 걸립니다.

❤ 터미널

```
$ pyenv install 3.8.0
```

설치된 버전을 표시하려면 다음 명령어를 입력하여 실행합니다.

❤ 터미널

```
$ pyenv versions
```

파이썬 버전 바꾸어 보기

파이썬 버전을 전환하고자 할 때는 다음 명령어를 입력하여 실행합니다. 모든 디렉터리에서 바뀐 파이썬을 사용하려면 global을 지정하고, 현재 디렉터리만 바뀐 버전을 사용하려면 local을 지정합니다.

▼ 터미널

```
$ pyenv global 3.8.0
```

파이썬 버전을 바꾸었다면 다음 명령을 실행하여 버전이 현재 환경에 맞게 변경되었는지 확인합니다.[2]

▼ 터미널

```
$ python -V
```

주피터 노트북 설치하기

끝으로 주피터 노트북을 설치합니다(아나콘다를 설치했다면 이미 주피터 노트북이 설치되어 있으므로 실행할 필요가 없습니다).

▼ 터미널

```
$ pip install --upgrade pip
$ pip install jupyter
```

pyenv를 경유해서 아나콘다를 설치하는 방법은 다음 노트를 참고하세요. 이 책에서 필요한 각종 라이브러리는 해당 부분에서 설치 방법을 소개합니다.

> Note ≡ **pyenv를 경유해서 아나콘다 설치하기**
>
> pyenv를 경유해서 아나콘다를 설치하려면 파이썬 버전을 지정하여 설치할 때와 마찬가지로 pyenv install -l 을 사용하여 버전을 확인한 후 pyenv install 버전명을 입력해서 실행합니다(여기서는 'Anaconda3-2020.11'을 지정했습니다). 완료하는 데 시간이 좀 걸립니다.
>
> ▼ 터미널
>
> ```
> $ pyenv install -l
>  ( ...생략... )
> Anaconda3-2020.11
>  ( ...생략... )
> $ pyenv install Anaconda3-2020.11
> ```

---

2 파이썬 버전이 바뀌지 않는다면 홈 디렉터리에 .python-version 파일이 이미 있을 가능성이 있습니다. 이때는 해당 파일을 삭제하고 다시 버전 전환 명령을 수행하면 됩니다.

주피터 노트북 실행하기

주피터 노트북을 실행하려면 다음 명령어를 입력합니다.

❤ 터미널

```
$ jupyter notebook
```

2.6 캐글 분석 도구 사용

내 컴퓨터에 설치된 로컬 환경(2.4~2.5절) 및 GCP의 AI 플랫폼(5.3절) 같은 유료 클라우드 환경 외에도 캐글에서 제공하는 클라우드 환경을 이용할 수 있습니다. 특히 'Code 경진대회'라는 캐글 경진대회는 캐글에서 제공하는 분석 도구를 사용해야 합니다.

유료 클라우드 서비스와 비교해서 컴퓨터 사양이 더 뛰어나다고 할 수는 없습니다. 하지만 2.4~ 2.5절에서 소개한 로컬 컴퓨터에서 분석이 어렵다면 다음 내용을 참고하여 설치하길 추천합니다.

캐글 사이트 접속하기

캐글에서 분석하려면 캐글 사이트에 접속하여 **Code**를 클릭합니다.

❤ 그림 2-35 kaggle

URL https://www.kaggle.com

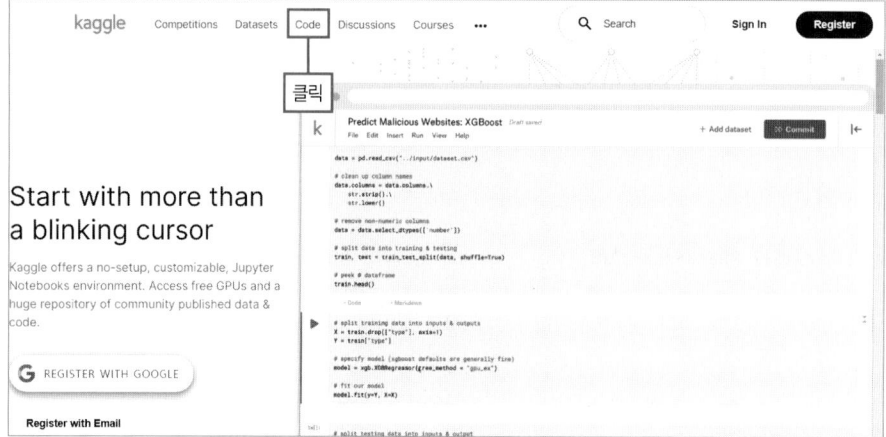

지금까지 캐글 이용자들이 업로드한 코드 파일의 목록이 나타납니다.

▼ 그림 2-36 캐글의 Code 목록 페이지

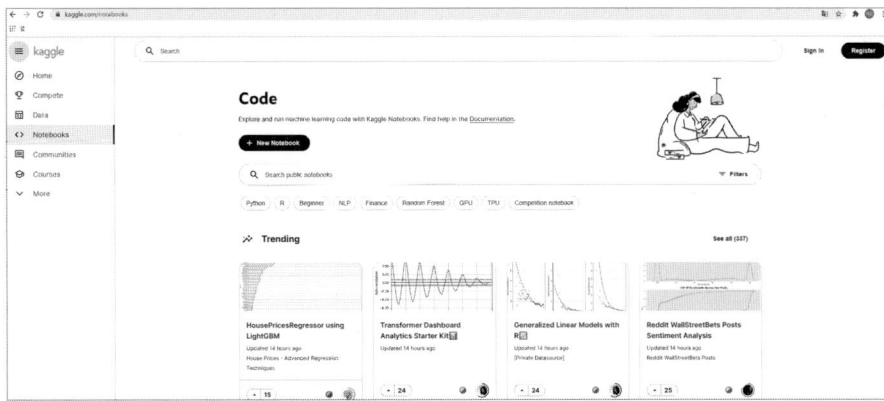

캐글 계정 만들기

캐글에서 노트북 기능을 제대로 이용하려면 캐글 계정을 만들어야 합니다.

먼저 Register를 클릭합니다.

▼ 그림 2-37 [Register] 클릭

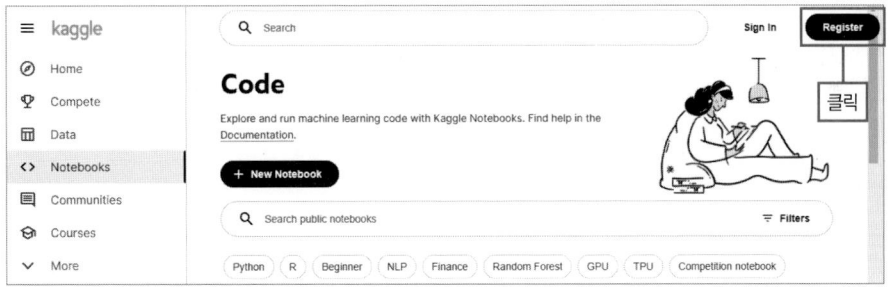

'Register with Google' 또는 'Register with your email'을 선택할 수 있습니다. 여기서는 Register with your email을 선택하겠습니다.

▼ 그림 2-38 [Register with your email] 선택

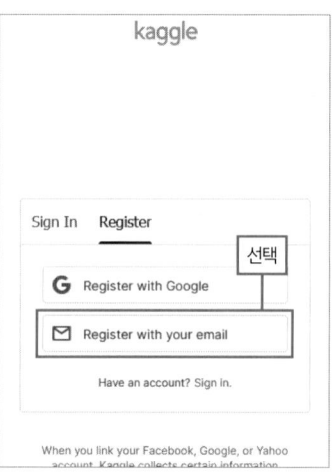

Register 화면이 표시되면 ❶ Email address, ❷ Password (최소 7글자), ❸ Full name을 입력하고 ❹ I'm not a robot에 체크한 후 ❺ Next를 클릭합니다.

프라이버시 정책 화면 Privacy and Terms에서 I agree를 클릭합니다.

▼ 그림 2-39 Register 화면

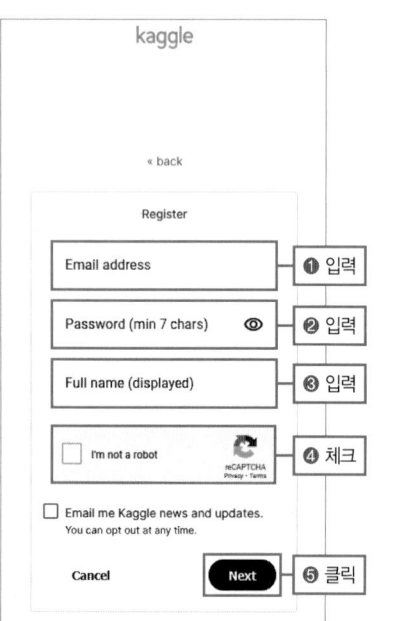

▼ 그림 2-40 Privacy and Terms 화면

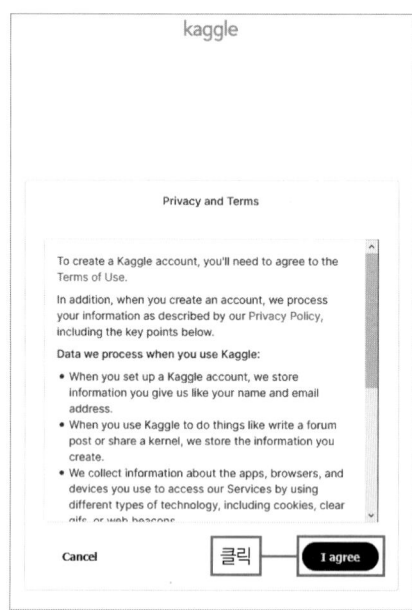

❶ 이제 Verify your email 화면이 나옵니다. ❷ Six-digit code를 입력해야 하므로 등록한 이메일을 확인하여 캐글에서 보낸 코드 여섯 개를 복사합니다. ❸ Verify your email 화면으로 돌아와 코드 여섯 개를 붙여 넣고, ❹ Next를 클릭합니다.

❤ 그림 2-41 Verify your email 화면

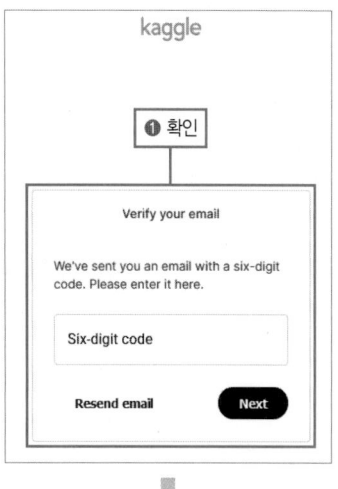

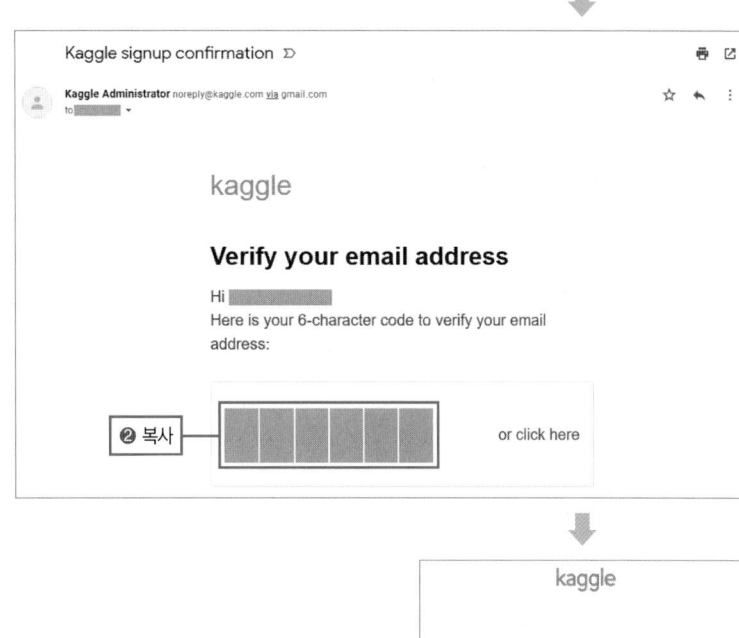

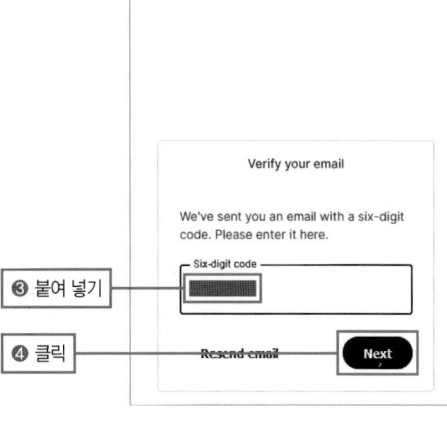

이제 캐글 페이지로 돌아오면 Register 아이콘 대신 로그인 상태가 표시됩니다.

▼ 그림 2-42 로그인 상태의 아이콘

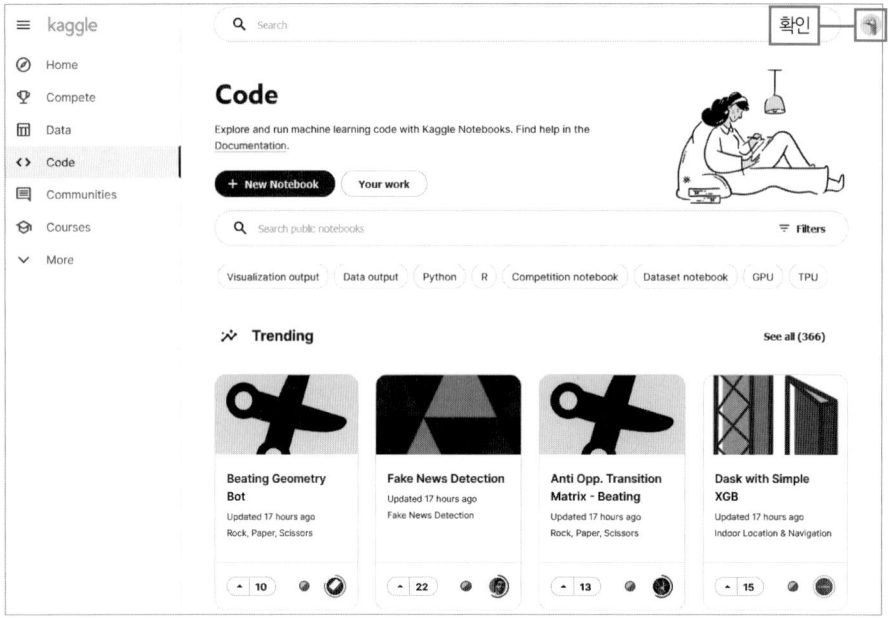

캐글에서 새로운 노트북 파일 만들기

❶ 새로 노트북 파일을 만들려면 페이지 왼쪽 메뉴에 있는 **Code**를 선택합니다. ❷ 화면 중간의 **+ New Notebook**을 클릭합니다.

▼ 그림 2-43 [+ New Notebook] 클릭

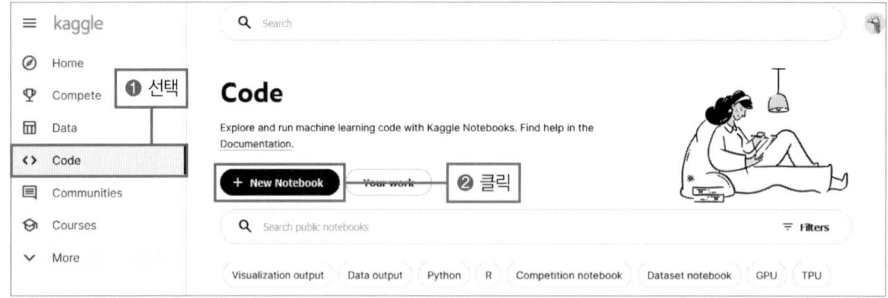

그러면 2.3~2.4절에서 소개한 Notebook과 같은 화면이 나타납니다.

▼ 그림 2-44 캐글에서 Notebook을 실행한 화면

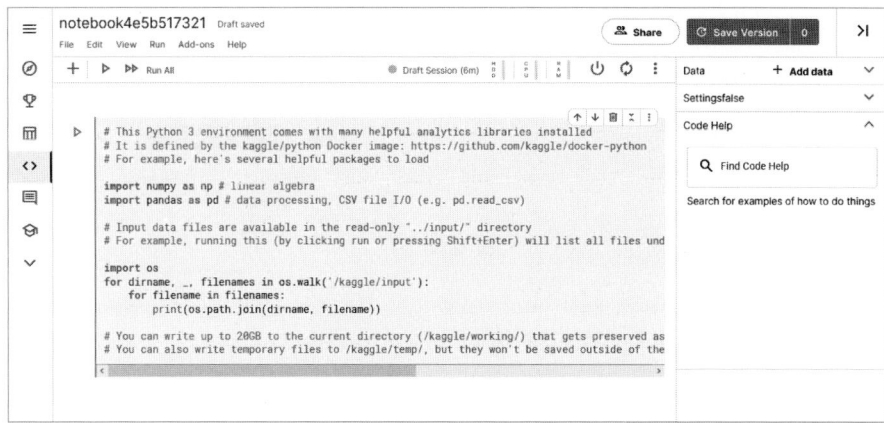

이 책에서 사용하는 파이썬이 Notebook의 기본 언어로 설정되어 있습니다. 사용하려는 프로그램 언어를 바꾸려면 ❶ File 〉 ❷ Language를 선택합니다.

▼ 그림 2-45 프로그램 언어 설정

캐글 노트북 파일에는 이 책에서 사용하는 라이브러리가 대부분 설치되어 있으나, 필요할 경우 그때마다 설치하는 방법을 소개하겠습니다.

작성한 노트북 파일 내려받기

캐글 사이트에서 작성하고 실행한 노트북 파일은 자신의 컴퓨터에 내려받을 수 있습니다. ❶ File 〉
❷ Download를 선택하면 ipynb 파일 확장자로 내려받습니다.

▼ 그림 2-46 실행한 Notebook 내려받기

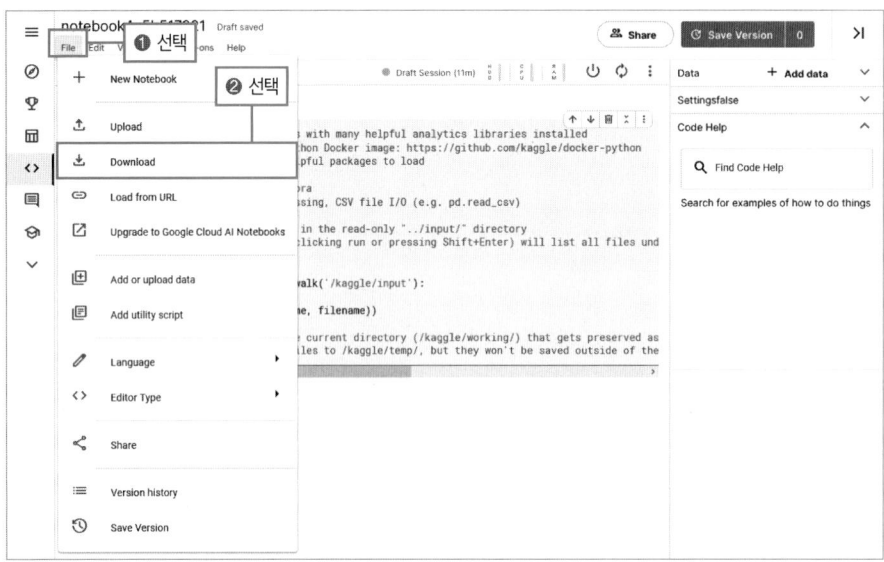

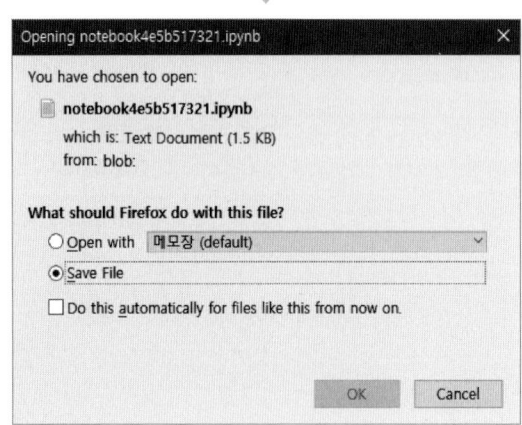

작성한 노트북 파일 업로드하기

로컬 컴퓨터나 클라우드에서 만든 노트북 파일을 업로드할 수도 있습니다. ❶ File 〉 ❷ Upload를 선택한 후 ❸ 업로드하려는 파일을 선택하고, ❹ **열기**를 클릭하면 업로드됩니다.

❤ 그림 2-47 노트북 파일 업로드

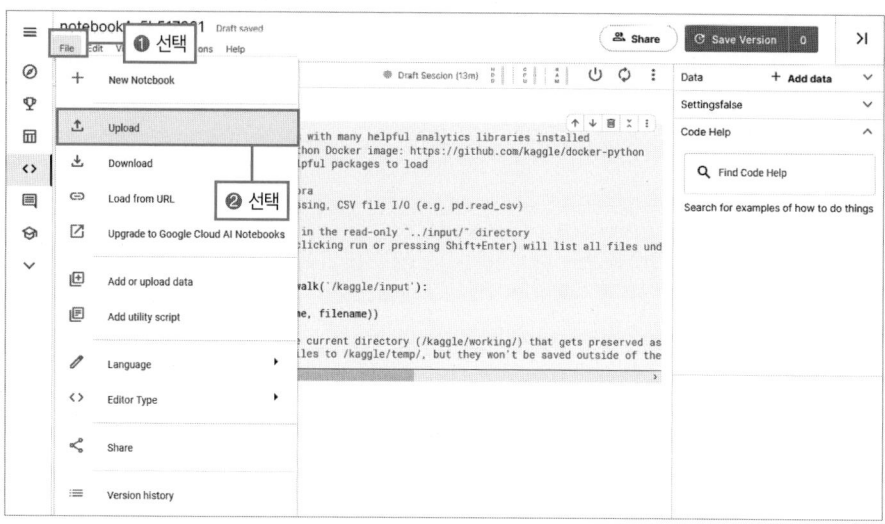

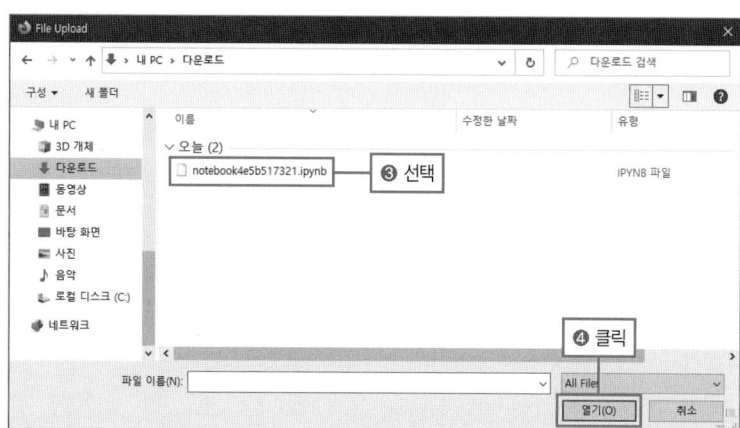

자신이 가지고 있는 컴퓨터 환경에 따라
나에게 맞는 분석 환경을 만들어 보아요!

memo

3^장

캐글 경진대회
도전 ①: 타이타닉
생존자 예측

이제 캐글의 실제 경진대회 데이터를 이용하여 구체적으로 분석해 보겠습니다. 많은 사람이 캐글의 튜토리얼로 여기며 기본적으로 참가하는 타이타닉 생존자 예측(Titanic: Machine Learning from Disaster) 경진대회를 다룰 것입니다. 이 경진대회는 연습용으로 제공하는 것이므로 상금, 메달 등은 받을 수 없습니다.

3.1 캐글을 이용하여 실제 데이터 분석

3.2 타이타닉 생존자 예측 경진대회란

3.3 데이터 내려받기

3.4 데이터 분석을 위한 준비 작업

3.5 데이터 개요 파악

3.6 데이터의 시각화

3.7 데이터 전처리와 특징 값 생성

3.8 머신 러닝 모델링

3.9 캐글에 결과 제출

3.10 정확도 이외의 여러 가지 분석

3.1 캐글을 이용하여 실제 데이터 분석

이 장에서는 어떤 데이터를 이용해서 어떻게 내용을 확인하는지, 거기서 무엇을 이끌어 내어 어떤 행동으로 연결할지 배울 것입니다.

구체적으로 살펴볼 사항은 다음과 같습니다.

이 장의 데이터 분석 흐름

- 데이터 분석을 위한 파이썬 코드 익히기

- **추가 분석 ❶**: 승객을 그룹별로 분류하기

- **추가 분석 ❷**: 특정 타깃에 주목하기

우선 이 장에서 배울
내용의 흐름을 파악하자!

3.2 타이타닉 생존자 예측 경진대회란

먼저 이 장에서 다룰 **타이타닉 생존자 예측 경진대회**(https://www.kaggle.com/c/titanic)를 알 아보겠습니다(그림 3-1).

▼ 그림 3-1 타이타닉 생존자 예측 경진대회(2021년 4월 현재 리더보드 참여사가 3만 3957팀에 이를 만큼 많은 인원이 참여하는 캐 글의 대표적인 경진대회. 주로 초보자가 학습이나 연습용으로 많이 활용)

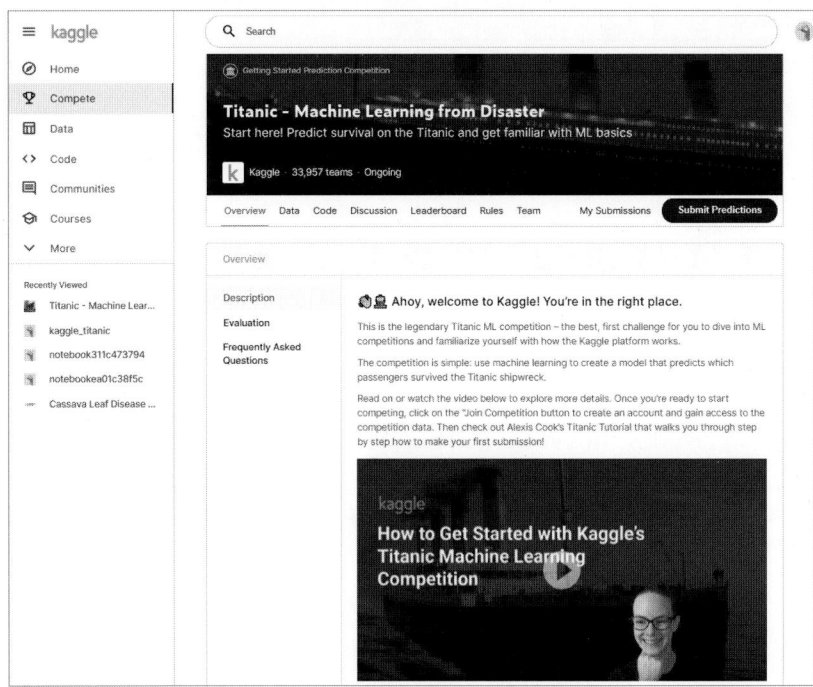

이 경진대회는 1912년에 일어난 **타이타닉호 침몰 사고를 소재**로 하고 있습니다.

타이타닉호 침몰 사고는 승객 2224명 중 1502명이 사망한 당시로서는 유례없는 해상 조난 사고 였습니다.

이 경진대회를 위한 데이터에는 승객의 성별과 연령, 승선 티켓 등급 등 여러 정보가 들어 있고, 이들의 생사 여부도 함께 주어집니다. 승객 정보를 보고 생사에 영향을 주는 속성이 무엇이며, 어떤 경향을 보이는지 파악한 후 생사 여부를 알 수 없는(생사 여부가 숨겨져 있는) 승객이 과연 생존했는지 사망했는지를 예측하는 것이 대회 목적입니다(그림 3-2).

▼ 그림 3-2 승객 정보에서 생사 결과 예측

생사 여부(1=생존)		성별	연령	티켓	승선장	
1		여	11	1등급	C	
0	예측모델	남	56	2등급	Q	학습 데이터
0		여	23	3등급	S	
1		여	72	2등급	C	
	1	여	68	2등급	Q	테스트 데이터
	0	남	35	1등급	S	

실제 값   예측 값

덧붙여 타이타닉호의 승객 데이터는 **데이터 분석의 벤치마크 데이터셋으로 유명합니다.** 따라서 여러 가지 해법이나 정답 데이터들이 이미 공개되어 있습니다. 예를 들어 캐글의 리더보드에는 예측 결과가 모두 맞았음을 의미하는 정확도가 1.0인 것들이 상위를 차지하고 있습니다. 따라서 어디까지나 학습용으로 준비된 것이며, 데이터 분석 흐름을 잡을 수 있는 경진대회라고 생각하기 바랍니다(그림 3-3, 그림 3-4).

▼ 그림 3-3 2021년 4월 타이타닉 생존자 예측 경진대회의 상위권 참가자들의 예측 정확도(완벽히 예측한 경우가 상위권을 차지)

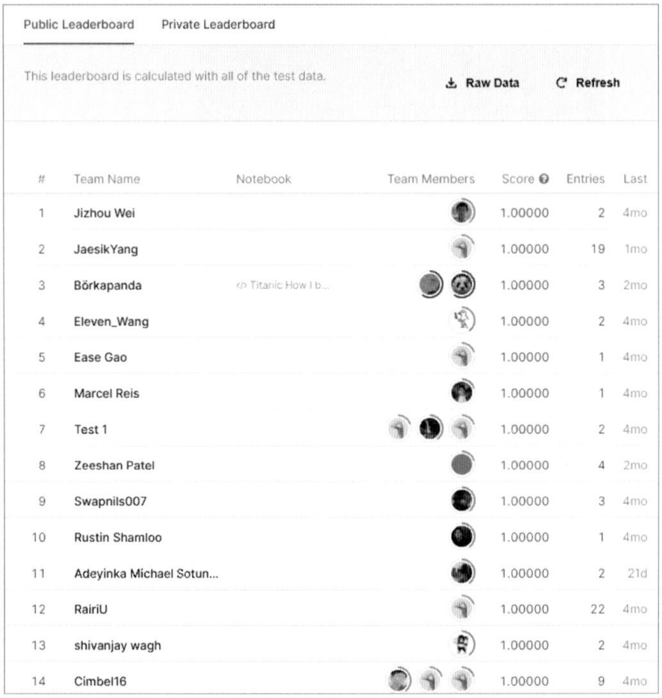

Public Leaderboard   Private Leaderboard

This leaderboard is calculated with all of the test data.   ⬇ Raw Data   ↻ Refresh

#	Team Name	Notebook	Team Members	Score ❓	Entries	Last
1	Jizhou Wei			1.00000	2	4mo
2	JaesikYang			1.00000	19	1mo
3	Börkapanda	</> Titanic How I b...		1.00000	3	2mo
4	Eleven_Wang			1.00000	2	4mo
5	Ease Gao			1.00000	1	4mo
6	Marcel Reis			1.00000	1	4mo
7	Test 1			1.00000	2	4mo
8	Zeeshan Patel			1.00000	4	2mo
9	Swapnils007			1.00000	3	4mo
10	Rustin Shamloo			1.00000	1	4mo
11	Adeyinka Michael Sotun...			1.00000	2	21d
12	RairiU			1.00000	22	4mo
13	shivanjay wagh			1.00000	2	4mo
14	Cimbel16			1.00000	9	4mo

▼ 그림 3-4 2021년 4월 타이타닉 생존자 예측 경진대회 참가자들의 리더보드상 예측 정확도 분포

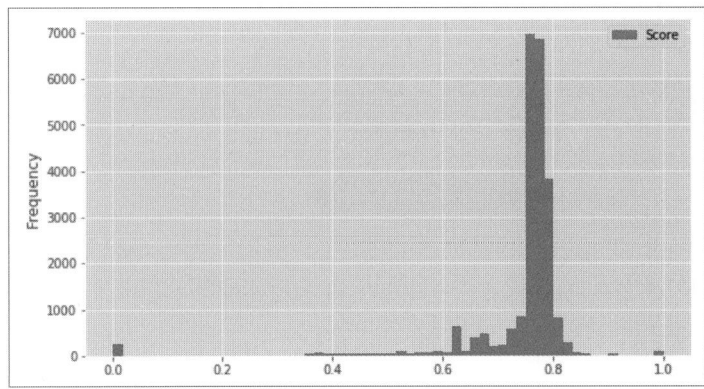

3.3 / 데이터 내려받기

우선은 데이터를 내려받겠습니다. 캐글에 올라온 데이터를 내려받고 결과를 제출하려면 해당 경진대회에 참가 신청을 해야 합니다.

먼저 캐글에 로그인하고(2.6절) Titanic – Machine Learning from Disaster 경진대회 페이지에 접속합니다. ❶ 개요를 잘 읽고 오른쪽 위의 **Join Competition**을 클릭합니다. ❷ Please read the competition rules 화면이 표시되면 I **Understand and Accept**를 클릭합니다(그림 3-5).

▼ 그림 3-5 경진대회 참가

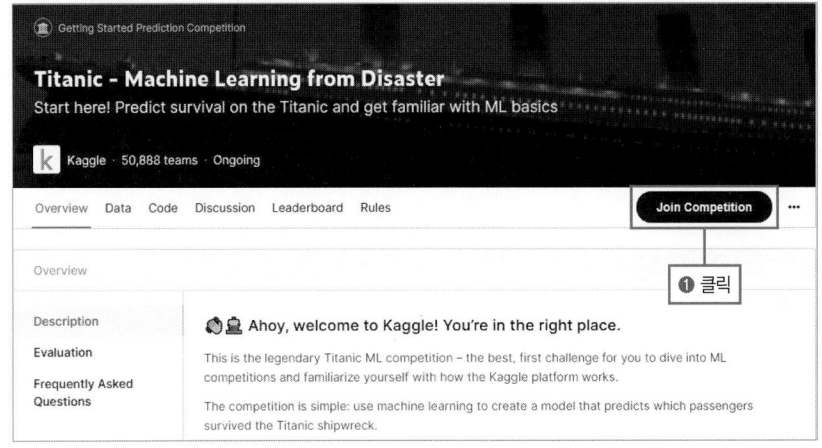

Please read the competition rules

Titanic - Machine Learning from Disaster Rules

By clicking on the "I Understand and Accept" button below, you agree to be bound by the competition rules.

❷ 클릭   **I Understand and Accept**

❶ 경진대회 참가 신청을 마치면 이제 **Data** 탭을 클릭합니다. ❷ 왼쪽에 다음과 같이 세 가지 데이터가 보입니다. 로컬 환경에서 분석한다면 이 파일들을 내 컴퓨터에 내려받아 사용합니다. 캐글에 로그인한 후 캐글에서 제공하는 노트북 파일을 사용할 예정이라면 내려받을 필요 없습니다.

- gender_submission.csv(제출용 데이터)
- train.csv(학습 데이터)
- test.csv(테스트 데이터)

❸ Download All을 클릭하여 내려받습니다. titanic.zip이라는 이름으로 내려받으면 압축을 풉니다(그림 3-6).

▼ 그림 3-6 Data 페이지에서 [Download All]을 클릭하여 데이터(titanic.zip) 내려받기

titanic.zip에는 gender_submission.csv, train.csv, test.csv 세 파일이 포함되어 있는데, 이는 보통 캐글 경진대회에서 주어지는 형태의 데이터셋입니다.

먼저 train.csv 파일에는 Sex(성별), Age(연령) 등 여러 설명 변수(속성)와 함께 예측해야 할 목적 변수(클래스)인 Survived(생존 여부)가 포함되어 있습니다.

함께 포함된 test.csv 파일에는 train.csv 파일과 형식이 같은 설명 변수들이 있지만, 목적 변수인 Survived는 없습니다(그림 3-7).

❤ 그림 3-7 train.csv, test.csv의 내부(파이썬을 이용하여 DataFrame 형식으로 출력한 모습. 3.5절에서 출력할 예정)

train_df

	PassengerId	Survived	Pclass	Name	Sex	Age	SibSp	Parch	Ticket	Fare	Cabin	Embarked
0	1	0	3	Braund, Mr. Owen Harris	male	22.0	1	0	A/5 21171	7.2500	NaN	S
1	2	1	1	Cumings, Mrs. John Bradley (Florence Briggs Th...	female	38.0	1	0	PC 17599	71.2833	C85	C
2	3	1	3	Heikkinen, Miss. Laina	female	26.0	0	0	STON/O2. 3101282	7.9250	NaN	S
3	4	1	1	Futrelle, Mrs. Jacques Heath (Lily May Peel)	female	35.0	1	0	113803	53.1000	C123	S
4	5	0	3	Allen, Mr. William Henry	male	35.0	0	0	373450	8.0500	NaN	S
...	...	...	...	...	...	...	...	...	...	...	...	...
886	887	0	2	Montvila, Rev. Juozas	male	27.0	0	0	211536	13.0000	NaN	S
887	888	1	1	Graham, Miss. Margaret Edith	female	19.0	0	0	112053	30.0000	B42	S
888	889	0	3	Johnston, Miss. Catherine Helen "Carrie"	female	NaN	1	2	W./C. 6607	23.4500	NaN	S
889	890	1	1	Behr, Mr. Karl Howell	male	26.0	0	0	111369	30.0000	C148	C
890	891	0	3	Dooley, Mr. Patrick	male	32.0	0	0	370376	7.7500	NaN	Q

891 rows × 12 columns

test_df

	PassengerId	Pclass	Name	Sex	Age	SibSp	Parch	Ticket	Fare	Cabin	Embarked
0	892	3	Kelly, Mr. James	male	34.5	0	0	330911	7.8292	NaN	Q
1	893	3	Wilkes, Mrs. James (Ellen Needs)	female	47.0	1	0	363272	7.0000	NaN	S
2	894	2	Myles, Mr. Thomas Francis	male	62.0	0	0	240276	9.6875	NaN	Q
3	895	3	Wirz, Mr. Albert	male	27.0	0	0	315154	8.6625	NaN	S
4	896	3	Hirvonen, Mrs. Alexander (Helga E Lindqvist)	female	22.0	1	1	3101298	12.2875	NaN	S
...	...	...	...	...	...	...	...	...	...	...	...
413	1305	3	Spector, Mr. Woolf	male	NaN	0	0	A.5. 3236	8.0500	NaN	S
414	1306	1	Oliva y Ocana, Dona. Fermina	female	39.0	0	0	PC 17758	108.9000	C105	C
415	1307	3	Saether, Mr. Simon Sivertsen	male	38.5	0	0	SOTON/O.Q. 3101262	7.2500	NaN	S
416	1308	3	Ware, Mr. Frederick	male	NaN	0	0	359309	8.0500	NaN	S
417	1309	3	Peter, Master. Michael J	male	NaN	1	1	2668	22.3583	NaN	C

418 rows × 11 columns

캐글 경진대회의 데이터셋에는 학습 데이터, 테스트 데이터 외에 **sample submission 파일**이 함께 포함되어 있습니다. 이는 캐글에 제출할 때 사용하는 데이터입니다.

타이타닉 생존자 예측 경진대회에서는 gender_submission.csv 파일이 sample submission에 해당합니다. 이 파일은 승객 아이디(PassengerId)별로 Survived가 입력되게끔 합니다. 아직 예측된 바가 없기 때문에 처음 내려받은 gender_submission.csv 파일의 Survived란에는 단순히 남자일 경우 0, 여자일 경우 1이 채워져 있습니다(그림 3-8).

❤ 그림 3-8 gender_submission 데이터 내용

submission		
	PassengerId	Survived
0	892	0
1	893	1
2	894	0
3	895	0
4	896	1
...	...	...
413	1305	0
414	1306	1
415	1307	0
416	1308	0
417	1309	0

418 rows × 2 columns

데이터를 직접 내려받아 살펴보면 많은 것을 알 수 있어요.

3.4 데이터 분석을 위한 준비 작업

이제 데이터 분석을 위한 준비를 시작해 보겠습니다.

3.4.1 순서1 데이터 분석 환경 준비

로컬 환경에서 분석할 때는 우선 분석할 폴더를 정하고 거기에 3.3절에서 내려받은 데이터를 옮겨 놓습니다.

아나콘다(윈도)에서 환경 설정

아나콘다는 윈도 환경에서 ❶ 시작 〉 ❷ Anaconda3 (64-bit) 〉 ❸ Anaconda Navigater (anaconda3)를 선택해서 시작합니다(그림 3-9).

❹ Environments를 선택하고, ❺ 2.4절에서 작성한 가상 환경 이름 kaggle_book의 오른쪽 ▶를 클릭하여 ❻ Open with Jupyter Notebook을 선택합니다.

▼ 그림 3-9 Anaconda Navigator에서 주피터 노트북 실행

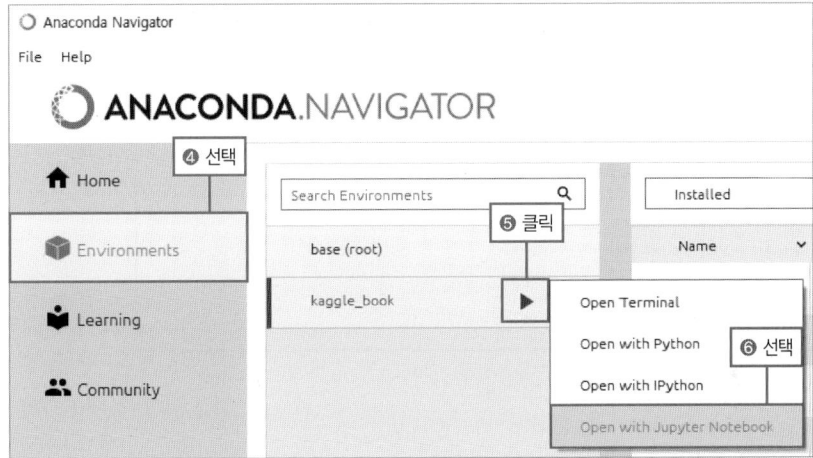

맥에서 환경 설정하기

맥은 터미널에서 cd 명령어로 해당 폴더로 이동한 후(cd Documents/(디렉터리명)을 수행) jupyter notebook을 입력하여(그림 3-10) 주피터 노트북을 실행합니다.

▼ 그림 3-10 터미널에서 주피터 노트북 실행(cd 명령어 이후에는 각자 환경에서 분석을 실행할 폴더명 입력)

캐글의 타이타닉 생존자 예측 경진대회 노트북 파일을 사용할 경우

❶ 캐글에서는 앞서 설명한 Titanic – Machine Learning from Disaster(https://www.kaggle.com/c/titanic)에 접속하여 로그인하고(그림 3-11), ❷ Join Competition을 클릭한 후 다음 절의 내용을 진행합니다.

▼ 그림 3-11 캐글의 Titanic – Machine Learning from Disaster 사이트에 접속하여 로그인한 후 [Join Competition] 클릭
`URL` https://www.kaggle.com/c/titanic

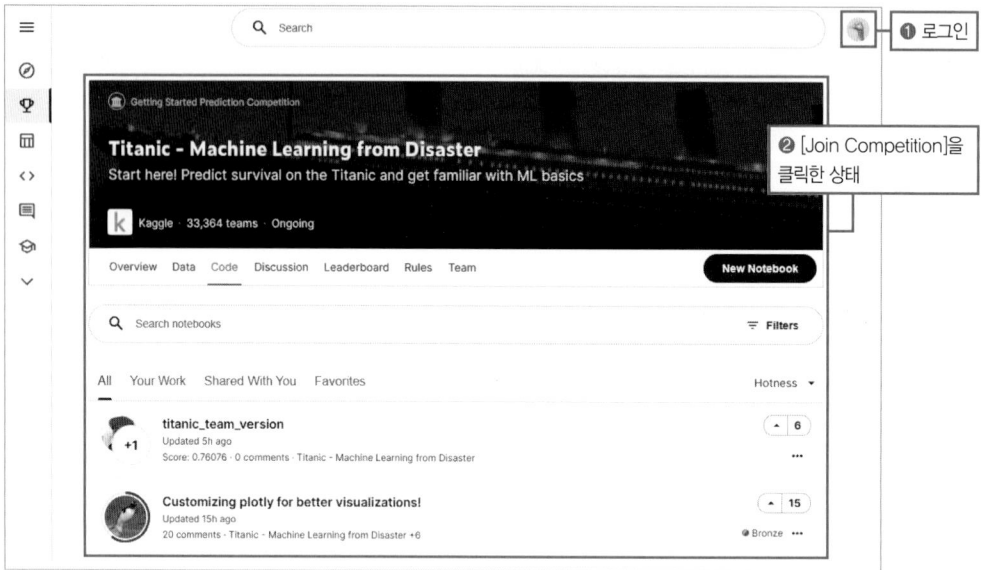

3.4.2 순서 2 새로운 파일 작성

신규 파일 작성하기(아나콘다(윈도), 맥)

❶ 주피터 노트북 화면이 나오면 오른쪽 위의 New에서 ❷ Python 3를 선택합니다(그림 3-12). 그러면 웹 브라우저가 시작되면서 주피터 노트북이 실행됩니다(노트 참고).

> Note ≡ | **주피터 노트북을 실행하는 웹 브라우저에 대해**
>
> 보통 기본으로 설정된 웹 브라우저가 실행되며(윈도는 Microsoft Edge, 맥은 Safari가 디폴트로 설정되어 있는 경우가 많음), 웹 브라우저가 열려 있으면 새로운 탭에서 시작됩니다. 자동으로 실행되지 않는다면 아나콘다의 프롬프트 또는 터미널에 표시되는 URL을 복사하여 웹 브라우저의 URL에 붙여 넣어 실행합니다.

▼ 그림 3-12 신규 노트북 파일 만들기

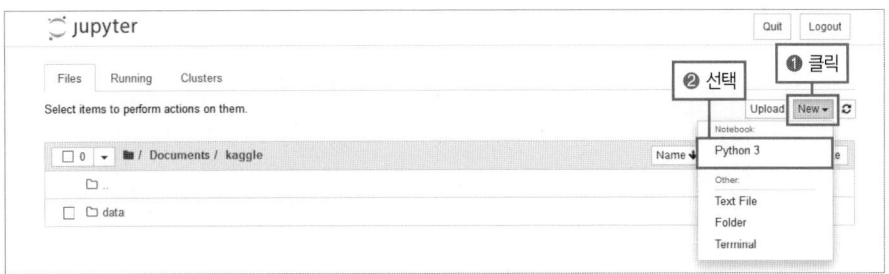

노트북 파일의 기본 이름은 Untitled로 되어 있습니다. ❶ 노트북 파일명인 **Untitled**를 클릭하고, ❷ kaggle_titanic처럼 알기 쉬운 이름으로 변경한 후 ❸ **Rename**을 클릭해서 저장합니다(그림 3-13).

▼ 그림 3-13 노트북 파일명 정하기(왼쪽 위 주피터 로고 옆의 제목을 클릭하면 노트북 파일의 새로운 이름을 정할 수 있다)

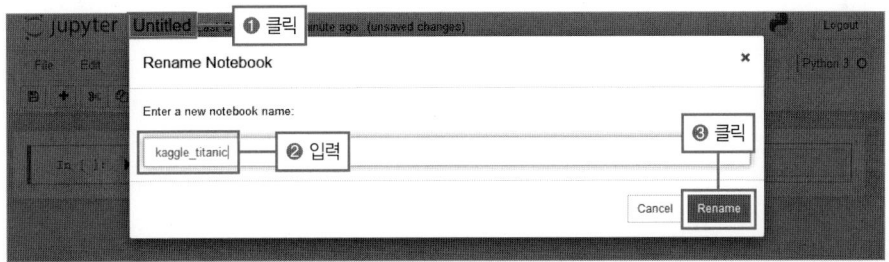

신규 파일 작성하기(캐글)

❶ 캐글에서 새롭게 노트북 파일을 작성하고자 할 때는 페이지 오른쪽 위의 **New Notebook**을 클릭합니다. 잠시 기다리면 실행 준비가 됩니다. ❷ 왼쪽 위의 파일명을 클릭해서 kaggle_titanic처럼 알기 쉬운 이름으로 변경합니다(그림 3-14).

▼ 그림 3-14 캐글에서 신규 파일 만들기

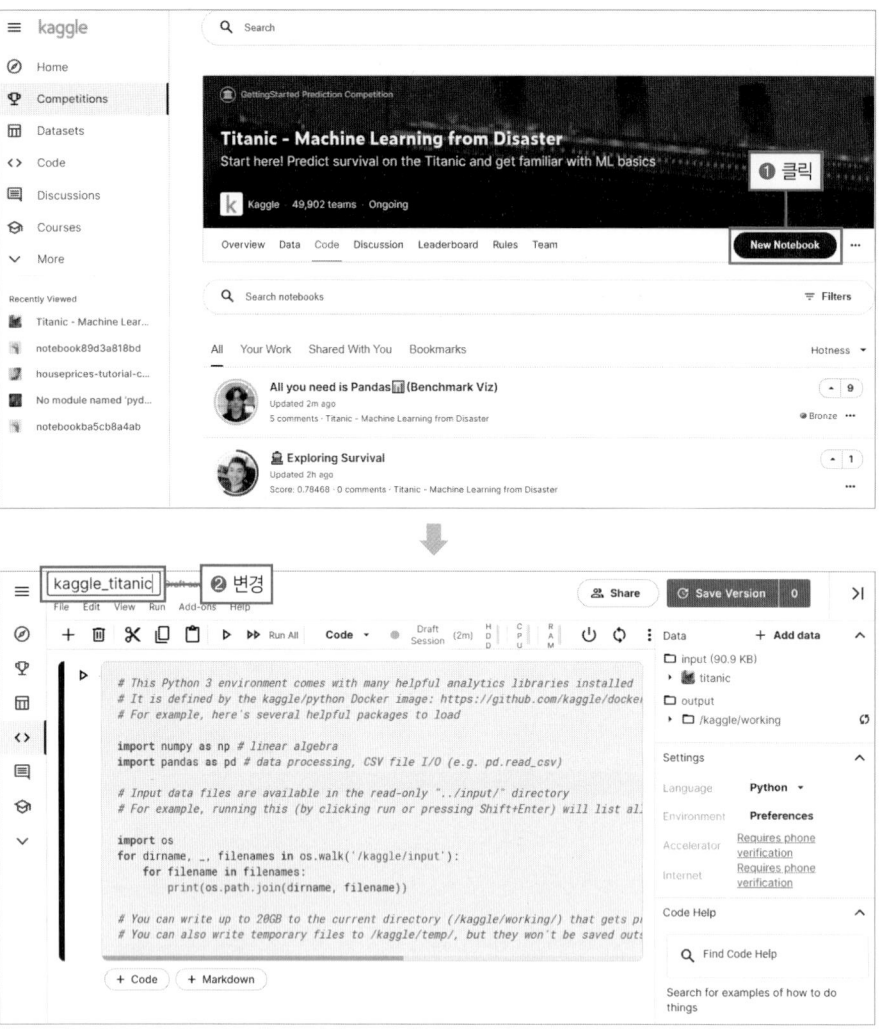

3.4.3 순서 3 디렉터리 구성 확인

아나콘다(윈도), 맥의 디렉터리 구성

titanic.zip에 포함된 파일들을 저장하기 위해 원하는 위치에 kaggle 폴더를 만들고, 그림 3-15(윈도), 3-16(맥)과 같이 디렉터리를 구성해 보겠습니다. 먼저 titanic 폴더를 만들어 data와

submit이라는 폴더를 생성하고 내려받은 CSV 파일들을 data 폴더에 저장합니다. 3.8절에서 캐글에 제출할 파일을 만들면 submit 폴더에 넣습니다. 자신의 컴퓨터에 다음과 같이 폴더와 데이터가 배치되어 있는지 확인합니다.

▼ 그림 3-15 아나콘다(윈도) 가상 환경

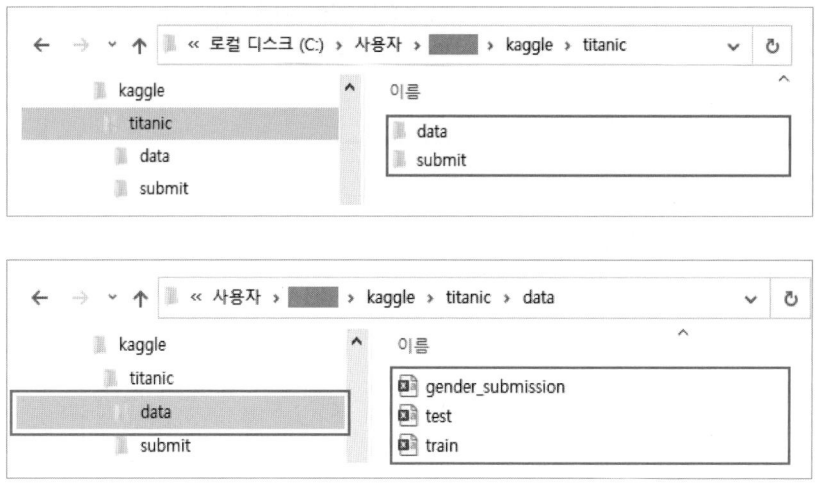

▼ 그림 3-16 맥 환경

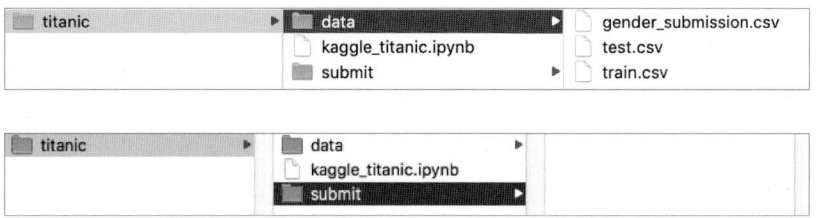

캐글에서 디렉터리 구성

캐글은 타이타닉 생존자 예측 경진대회에서 Join Competition을 클릭한 후 새로운 노트북 파일을 생성하면 이미 각종 데이터가 업로드되어 있는 것을 볼 수 있습니다(그림 3-17). 디렉터리 구성은 캐글의 기본값 그대로 사용하겠습니다.

3.4.4 순서 4 라이브러리를 설치하고 가져오기

아나콘다(윈도), 맥

주피터 노트북을 실행하고 새 노트북 파일을 만들면 필요한 파이썬의 라이브러리를 설치해서 프로그램 내로 가져옵니다. 이후 필요에 따라서 라이브러리를 추가합니다. 먼저 판다스(pandas)와 넘파이(NumPy) 두 가지 라이브러리를 설치해 보겠습니다.

판다스는 데이터프레임(DataFrame)이라는 테이블 형태의 데이터 구조를 다루는 라이브러리고, 넘파이는 수리 계산을 위한 라이브러리입니다.

Anaconda Navigator에서 커맨드 프롬프트(윈도) 혹은 터미널(맥)을 열어 다음 pip 커맨드를 실행하고 판다스와 넘파이 라이브러리를 설치합니다.

▼ 명령 프롬프트/터미널[1]

```
pip install numpy==1.19.0
pip install pandas==1.0.5
```

---

1   명령 프롬프트/터미널에서 스크립트를 표기할 때 명령어 프롬프트의 > 및 터미널의 $ 표시는 생략하겠습니다.

> Note ≡ | **버전을 지정하여 설치하는 경우**
>
> pip 명령어로 버전을 지정하여 설치할 경우 pip install(라이브러리명)==(버전명)이라는 명령어로 설치할 수 있습니다.

> Note ≡ | **Notebook상에서 pip 명령어를 실행하는 경우**
>
> 명령 프롬프트/터미널로 이동하지 않고 Notebook상에서 직접 pip 명령어로 실행할 수도 있습니다. 이때는 첫머리에 !를 붙입니다(예를 들어 !pip install pandas). 단 설치 수행 중 yes/no의 입력이 필요한 패키지 등도 있으므로 명령 프롬프트/터미널에서 실행하길 권장합니다.

라이브러리를 설치하면 코드 3-1과 같이 실행하여 프로그램으로 가져옵니다. as는 간단히 줄여서 불러올 수 있는 생략어를 지정해 줍니다. 예를 들어 코드 3-1과 같이 실행하면 이후 판다스를 불러와 처리해야 할 때 **pandas.명령어**라고 쓰지 않고 **pd.명령어**라고 써도 됩니다.

▼ 코드 3-1 라이브러리 가져오기(import)

In
```
import pandas as pd
import numpy as np
```

캐글

캐글에는 판다스, 넘파이 라이브러리가 이미 설치되어 있으므로 추가로 설치할 필요가 없습니다. 또 캐글의 노트북 파일은 기본적으로 첫 번째 셀에 코드 3-1의 내용이 포함되어 있기 때문에 판다스, 넘파이를 가져오려면 첫 번째 셀을 실행하기만 하면 됩니다(자세한 내용은 그림 3-20 참고).

3.4.5 순서 5 데이터 읽어 보기

아나콘다(윈도), 맥

라이브러리를 설치하고 해당 라이브러리를 불러왔으면 이제 데이터를 가져올 차례입니다.

설치된 판다스를 이용하여 CSV 파일을 가져오려면 pd.read_csv(**파일명**)이라고 입력해야 합니다. 파일명은 주피터 노트북이 실행되는 경로에서 상대 경로를 이용해서 입력합니다.

예를 들어 train.csv 파일을 읽고 싶을 때 현재 주피터 노트북을 실행하고 있는 경로 안의 data 폴더에 train.csv가 있기 때문에 ./data/train.csv라고 입력하면 됩니다. 불러온 결과는 train_df 등 임의의 데이터명을 정해서 보관합니다(코드 3-2).

▼ 코드 3-2 데이터 읽기

```
In  train_df = pd.read_csv("./data/train.csv")
    test_df = pd.read_csv("./data/test.csv")
    submission = pd.read_csv("./data/gender_submission.csv")
```

문제없이 데이터를 불러왔을 경우 Notebook에서 다음과 같이 각 데이터명을 입력하면(코드 3-3~코드 3-5) 데이터 개요가 출력됩니다. 판다스에서 가져온 데이터는 '데이터프레임 형식'이라 고 불리는데, 행(index)과 열(column)을 가진 테이블 형식입니다.

▼ 코드 3-3 train.csv의 데이터 개요 표시하기

```
In  train_df
```

Out		PassengerId	Survived	Pclass	Name	Sex	Age	SibSp	Parch	Ticket	Fare	Cabin	Embarked
	0	1	0	3	Braund, Mr. Owen Harris	male	22.0	1	0	A/5 21171	7.2500	NaN	S
	1	2	1	1	Cumings, Mrs. John Bradley (Florence Briggs Th...	female	38.0	1	0	PC 17599	71.2833	C85	C
	2	3	1	3	Heikkinen, Miss. Laina	female	26.0	0	0	STON/O2. 3101282	7.9250	NaN	S
	3	4	1	1	Futrelle, Mrs. Jacques Heath (Lily May Peel)	female	35.0	1	0	113803	53.1000	C123	S
	4	5	0	3	Allen, Mr. William Henry	male	35.0	0	0	373450	8.0500	NaN	S
	...	...	...	...	...	...	...	...	...	...	...	...	...
	886	887	0	2	Montvila, Rev. Juozas	male	27.0	0	0	211536	13.0000	NaN	S

🔾 계속

887	888	1	1	Graham, Miss. Margaret Edith	female	19.0	0	0	112053	30.0000	B42	S
888	889	0	3	Johnston, Miss. Catherine Helen "Carrie"	female	NaN	1	2	W./C. 6607	23.4500	NaN	S
889	890	1	1	Behr, Mr. Karl Howell	male	26.0	0	0	111369	30.0000	C148	C
890	891	0	3	Dooley, Mr.Patrick	male	32.0	0	0	370376	7.7500	NaN	Q

891 rows × 12 columns

▼ 코드 3-4 test.csv의 데이터 개요 표시하기

In   `test_df`

Out

	PassengerId	Pclass	Name	Sex	Age	SibSp	Parch	Ticket	Fare	Cabin	Embarked
0	892	3	Kelly, Mr. James	male	34.5	0	0	330911	7.8292	NaN	Q
1	893	3	Wilkes, Mrs. James (Ellen Needs)	female	47.0	1	0	363272	7.0000	NaN	S
2	894	2	Myles, Mr. Thomas Francis	male	62.0	0	0	240276	9.6875	NaN	Q
3	895	3	Wirz, Mr. Albert	male	27.0	0	0	315154	8.6625	NaN	S
4	896	3	Hirvonen, Mrs. Alexander (Helga E Lindqvist)	female	22.0	1	1	3101298	12.2875	NaN	S
...	...	...	...	...	...	...	...	...	...	...	...
413	1305	3	Spector, Mr. Woolf	male	NaN	0	0	A.5. 3236	8.0500	NaN	S
414	1306	1	Oliva y Ocana, Dona. Fermina	female	39.0	0	0	PC 17758	108.9000	C105	C
415	1307	3	Saether, Mr. Simon Sivertsen	male	38.5	0	0	SOTON/ O.Q. 3101262	7.2500	NaN	S
416	1308	3	Ware, Mr. Frederick	male	NaN	0	0	359309	8.0500	NaN	S
417	1309	3	Peter, Master. Michael J	male	NaN	1	1	2668	22.3583	NaN	C

418 rows × 11 columns

♥ 코드 3-5 gender_submission.csv의 데이터 개요 표시하기

In	submission

Out

	PassengerId	Survived
0	892	0
1	893	1
2	894	0
3	895	0
4	896	1
...	...	...
413	1305	0
414	1306	1
415	1307	0
416	1308	0
417	1309	0

418 rows × 2 columns

캐글의 기본 노트북 파일을 사용하는 경우

타이타닉 생존자 예측 경진대회 이외의 페이지에서 노트북 파일을 만든 후 타이타닉 데이터를 불러올 수도 있습니다. 캐글에서 로그인하여 노트북 파일을 새로 시작한 후 화면 오른쪽 위 **Data** 탭의 **+ Add data**를 클릭합니다(그림 3-18).

♥ 그림 3-18 [Data] 탭의 [+ Add data] 클릭

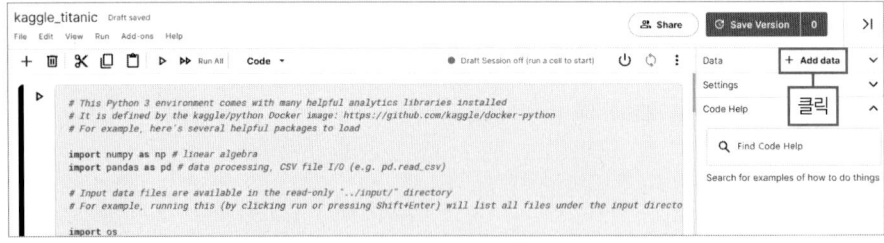

그러면 사용자 데이터를 업로드할지 경진대회 데이터를 이용할지 선택할 수 있습니다. 여기서는 ❶ **Competition Data**를 선택하고, ❷ Titanic – Machine Learning from Disaster의 **Add**를 클릭합니다(그림 3-19).

▼ 그림 3-19 Titanic – Machine Learning from Disaster의 [Add] 클릭

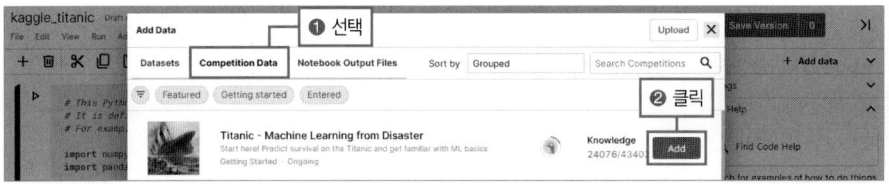

❶ 언뜻 보기에는 화면에 아무런 변화가 없지만 화면 오른쪽 위 **Data** 탭을 선택하면, input 폴더에 titanic이라는 새 폴더가 생성된 것을 볼 수 있습니다. ❷ 왼쪽의 ▼를 클릭하면 ❸ 폴더에 필요한 데이터가 들어 있는 것을 확인할 수 있습니다(그림 3-20).

또 캐글에서 판다스, 넘파이(및 os) 라이브러리를 가져와 사용하려면 ❹ 첫 번째 셀을 선택하고 ❺ [Shift]+[Enter] 혹은 화면 위의 ▷를 클릭합니다. 그러면 첫 번째 셀 코드가 실행되고 판다스, 넘파이 및 os 라이브러리를 가져와 사용할 수 있는 상태가 됩니다.

▼ 그림 3-20 titanic 폴더 데이터 확인 및 첫 번째 셀 실행

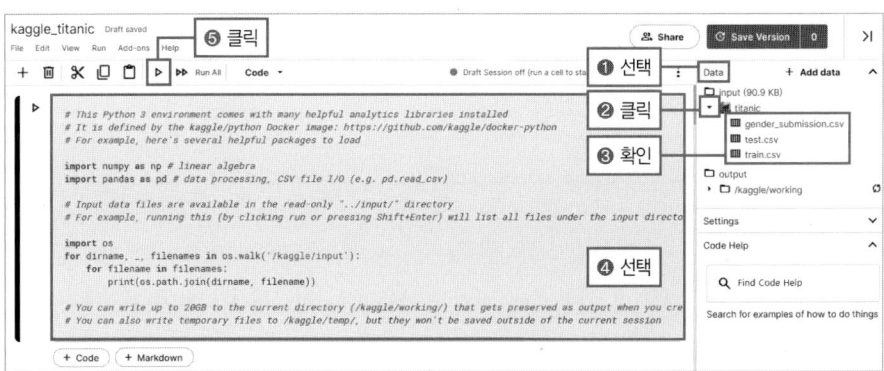

그러면 이제 데이터를 읽어 보겠습니다. 코드 3-6과 같이 캐글의 폴더 경로를 지정하고 데이터를 가져옵니다. 이후 앞서 설명한 코드 3-3과 똑같은 코드를 실행합니다.

▼ 코드 3-6 캐글의 폴더 경로를 지정하여 데이터 가져오기

```
In    train_df = pd.read_csv("../input/titanic/train.csv")
      test_df = pd.read_csv("../input/titanic/test.csv")
      submission = pd.read_csv("../input/titanic/gender_submission.csv")
```

코드 3-3을 실행하면 그림 3-21에 나온 것처럼 데이터를 읽을 수 있습니다. 앞서 설명된 코드 3-4와 코드 3-5도 실행하면서 데이터 내용을 확인하기 바랍니다.

▼ 그림 3-21 캐글에서 데이터 읽기

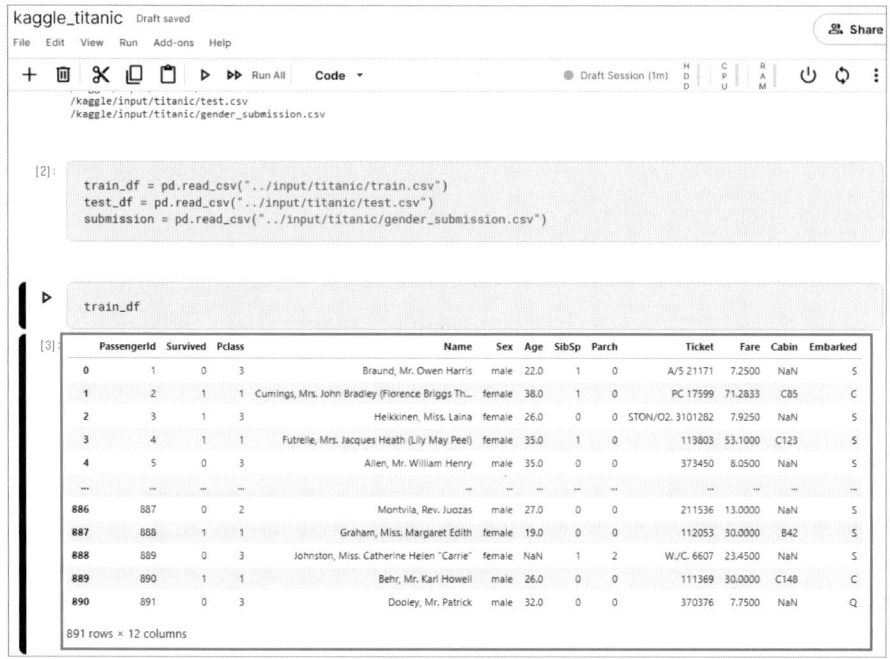

앞으로 소개할 데이터 분석은 로컬 환경의 아나콘다(윈도)나 맥, 캐글(웹 브라우저)의 어느 환경에서도 공통입니다. 다만 결과 제출을 위한 CSV 파일을 만들 때는 경로명을 다르게 지정해야 하므로 코드 3-73, 코드 3-74를 참고하기 바랍니다.

3.4.6 순서 6 랜덤 시드 설정

다음을 진행하기 전에 랜덤 시드(random seed)를 설정합니다. 랜덤 시드는 난수를 생성하는 것으로, 이를 설정하면 고정된 난수를 사용할 수 있습니다. 비교적 적은 데이터를 사용하는 지금은 난수 값에 따라 결과가 크게 달라질 수 있으므로 코드 3-7과 같이 난수 생성을 위한 값을 고정할 필요가 있습니다. 랜덤 시드 설정에 사용되는 숫자에는 특별한 의미가 없으므로 임의 값을 이용하여 설정하면 됩니다.

▼ 코드 3-7 랜덤 시드 설정하기

In
```
import random
np.random.seed(1234)
random.seed(1234)
```

Note ≡ | **필자가 준비한 캐글 환경**

이 책에서 소개하는 모든 코드를 정리한 노트북 파일을 다음 깃허브에 올려 두었으니 참고하기 바랍니다(그림 3-22).

URL https://github.com/taehojo

▼ 그림 3-22 타이타닉 튜토리얼 코드

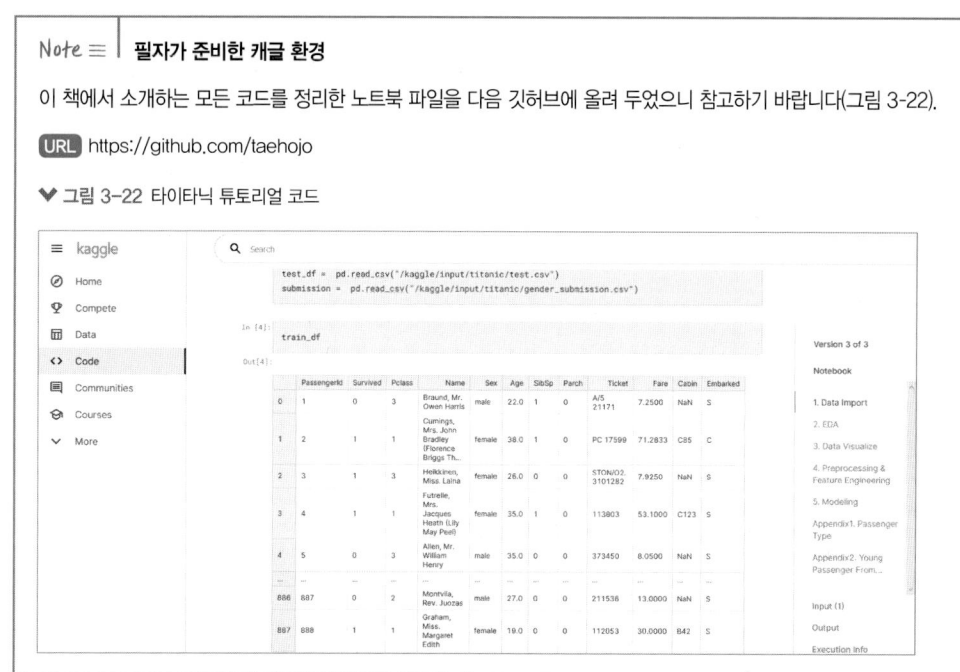

KAGGLE

3.5 데이터 개요 파악

이 절에서는 불러온 데이터를 다양한 관점으로 파악하는 연습을 해 보겠습니다. 이 절 및 다음 3.6절과 같은 접근을 **탐색적 데이터 해석**(Exploratory Data Analysis, EDA)이라고 합니다. 캐글의 노트북 파일에서 EDA를 포함한 제목을 만나면 데이터 개요를 시각화하여 분석한 노트북 파일임을 예상할 수 있습니다.

데이터의 행과 열 확인하기

우선 데이터의 행과 열 개수를 확인합니다. 데이터프레임명.shape를 입력하면 불러온 데이터의 행과 열 개수가 표시됩니다(코드 3-8).

▼ 코드 3-8 행과 열 개수 표시하기

In
```
print(train_df.shape)
print(test_df.shape)
```

Out
```
(891, 12)
(418, 11)
```

앞의 결과로 학습 데이터는 행 891개와 열 12개로 구성되어 있고, 테스트 데이터는 행 418개와 목적 변수(Survived)를 제외한 열 11개로 구성되어 있음을 알 수 있습니다.

데이터 내용 미리보기

이어서 데이터 내용을 확인해 보겠습니다. 학습 데이터와 테스트 데이터의 처음 행들을 표시해 봅시다. 데이터프레임명.head()라는 명령어를 이용하여 맨 앞쪽의 몇 행을 표시할 수 있습니다(코드 3-9). head의 괄호 안에 숫자를 지정해서 몇 행을 출력할지 정합니다. 데이터프레임명.head(10)이면 10행까지 표시됩니다. 단 판다스는 표시할 수 있는 행 개수를 제한하고 있어서 이를 넘는 숫자는 무시됩니다. 표시할 수 있는 행과 열 개수를 변경하고 싶다면 pd.set_option()의 display.max_columns와 display.max_rows에서 각각 희망하는 숫자를 넣으면 됩니다.

▼ 코드 3-9 데이터 내용 확인하기

In
```
pd.set_option("display.max_columns", 50)
pd.set_option("display.max_rows", 50)
```

In
```
train_df.head()
```

	PassengerId	Survived	Pclass	Name	Sex	Age	SibSp	Parch	Ticket	Fare	Cabin	Embarked
0	1	0	3	Braund, Mr. Owen Harris	male	22.0	1	0	A/5 21171	7.2500	NaN	S
1	2	1	1	Cumings, Mrs. John Bradley (Florence Briggs Th...	female	38.0	1	0	PC 17599	71.2833	C85	C
2	3	1	3	Heikkinen, Miss. Laina	female	26.0	0	0	STON/O2. 3101282	7.9250	NaN	S
3	4	1	1	Futrelle, Mrs. Jacques Heath (Lily May Peel)	female	35.0	1	0	113803	53.1000	C123	S
4	5	0	3	Allen, Mr. William Henry	male	35.0	0	0	373450	8.0500	NaN	S

In `test_df.head()`

Out

	PassengerId	Pclass	Name	Sex	Age	SibSp	Parch	Ticket	Fare	Cabin	Embarked
0	892	3	Kelly, Mr. James	male	34.5	0	0	330911	7.8292	NaN	Q
1	893	3	Wilkes, Mrs. James (Ellen Needs)	female	47.0	1	0	363272	7.0000	NaN	S
2	894	2	Myles, Mr. Thomas Francis	male	62.0	0	0	240276	9.6875	NaN	Q
3	895	3	Wirz, Mr. Albert	male	27.0	0	0	315154	8.6625	NaN	S
4	896	3	Hirvonen, Mrs. Alexander (Helga E Lindqvist)	female	22.0	1	1	3101298	12.2875	NaN	S

각 열의 값이 무엇을 의미하는지는 타이타닉 생존자 예측 경진대회 사이트의 Data 카테고리를 누르면 나오는 데이터 설명(Data Description)에서 확인할 수 있습니다(표 3-1).

❤ 표 3-1 각 열 의미

변수명(variable)	정의(definition)	의미(key)
Survived	생존 여부	0 = No(사망), 1 = Yes(생존)
Pclass	티켓 등급	1 = 1st(1등석), 2 = 2nd(2등석), 3 = 3rd(3등석)
Sex	성별	
Age	연령	
SibSp	승선 중인 형제나 배우자의 수	
Parch	승선 중인 부모나 자녀의 수	
Ticket	티켓 번호	
Fare	티켓 요금	
Cabin	방 번호	
Embarked	승선한 항구의 이름	C = Cherbourg, Q = Queenstown, S = Southampton

데이터 속성 확인하기

데이터 속성도 확인하겠습니다. 속성이란 그 데이터가 수치인지 문자열인지 등을 나타내는 것입니다. 수치에는 정수인 int형이나 소수인 float형이 있습니다. int나 float 뒤의 숫자는 비트(bit) 수를 나타내며, 수가 클수록 표현할 수 있는 수의 범위가 커집니다. 데이터프레임명.dtypes 명령으로 데이터 내 각 열 값의 속성을 조회할 수 있습니다(코드 3-10).

❤ 코드 3-10 데이터 내 각 열 값의 속성 조회하기

In
```
train_df.dtypes
```

Out
```
PassengerId    int64
Survived       int64
Pclass         int64
Name           object
Sex            object
Age            float64
SibSp          int64
Parch          int64
Ticket         object
```

○ 계속

```
Fare            float64
Cabin            object
Embarked          object
dtype: object
```

결과를 보면 Name, Sex, Ticket, Cabin, Embarked는 object형(문자열)이고, 그 외에는 int형이나 float형 등 수치 데이터입니다.

여기서 수치 데이터에 대해서는 주의가 필요합니다. 일반적으로 수치 데이터는 **질적 변수, 양적 변수** 두 종류가 있습니다(표 3-2).

질적 변수란 분류를 위한 수치로 수치 사이의 간격에 큰 의미가 없는 경우입니다. 예를 들어 Pclass(티켓 등급)가 바로 질적 변수입니다. 질적 변수는 다시 명목 척도와 순서 척도로 분류되는데, 먼저 명목 척도는 '단지 분류를 위한 것'으로 방 번호나 티켓 번호 같은 것이 해당됩니다(단 이번 데이터의 방 번호나 티켓 번호에는 숫자뿐 아니라 알파벳도 조합되어 있으므로 문자열에 속합니다). 그리고 순서 척도는 질적 변수 중에서도 특히 '순서에 의미가 있는 것'을 의미합니다. 예를 들어 Pclass는 **질적 변수 중에서도 순서 척도**로 분류되는 예입니다.

한편 **양적 변수**는 Age(연령), Fare(티켓 요금)와 같으며 '간격에 의미가 있는 수치'입니다. 양적 변수는 다시 **간격 척도**와 **비례 척도**로 분류할 수 있습니다. 간격 척도란 '같은 간격의 눈금으로 측정하는 것'을 의미하고, 비례 척도는 간격 척도의 조건을 만족시키는 것 중 '원점이 있어서 데이터 비율에 의미를 갖게 되는 것'을 의미합니다. Fare는 비례 척도입니다. 3달러짜리 티켓은 '1달러짜리 티켓보다 세 배 비싸다'고 할 수 있기 때문입니다.

▼ 표 3-2 질적 변수, 양적 변수의 구분

		개요	예
질적 변수	명목 척도	분류를 위한 것	생존 여부(방 번호, 티켓 번호 등도 원래는 명목 척도에 해당되지만, 지금 데이터에는 알파벳이 포함되어 있어서 문자열로 취급)
	순서 척도	순서에 의미가 있는 것	티켓 등급
양적 변수	간격 척도	간격을 측정하는 것	눈금이 곧 간격인 것(이번 데이터에는 없지만 온도 등이 해당)
	비례 척도	비율에 의미가 있는 것	연령, 티켓 요금, 가족 구성원의 수

데이터의 통계량 확인하기

주어진 데이터 중 먼저 수치 데이터 개요를 파악해 보겠습니다. 데이터프레임명.describe() 함수로 수치 데이터의 평균이나 분산 등 여러 가지 통계 정보를 파악할 수 있습니다(코드 3-11~코드 3-12). 위부터 count(데이터 개수), mean(평균), std(표준 편차), min(최솟값), 25%(1/4값), 50%(중앙값), 75%(3/4값), max(최댓값)를 의미합니다.

❤ 코드 3-11 train.csv에 포함된 수치 데이터의 개요 확인하기

In `train_df.describe()`

Out

	PassengerId	Survived	Pclass	Age	SibSp	Parch	Fare
count	891.000000	891.000000	891.000000	714.000000	891.000000	891.000000	891.000000
mean	446.000000	0.383838	2.308642	29.699118	0.523008	0.381594	32.204208
std	257.353842	0.486592	0.836071	14.526497	1.102743	0.806057	49.693429
min	1.000000	0.000000	1.000000	0.420000	0.000000	0.000000	0.000000
25%	223.500000	0.000000	2.000000	20.125000	0.000000	0.000000	7.910400
50%	446.000000	0.000000	3.000000	28.000000	0.000000	0.000000	14.454200
75%	668.500000	1.000000	3.000000	38.000000	1.000000	0.000000	31.000000
max	891.000000	1.000000	3.000000	80.000000	8.000000	6.000000	512.329200

❤ 코드 3-12 test.csv에 포함된 수치 데이터의 개요 확인하기

In `test_df.describe()`

Out

	PassengerId	Pclass	Age	SibSp	Parch	Fare
count	418.000000	418.000000	332.000000	418.000000	418.000000	417.000000
mean	1100.500000	2.265550	30.272590	0.447368	0.392344	35.627188
std	120.810458	0.841838	14.181209	0.896760	0.981429	55.907576
min	892.000000	1.000000	0.170000	0.000000	0.000000	0.000000
25%	996.250000	1.000000	21.000000	0.000000	0.000000	7.895800
50%	1100.500000	3.000000	27.000000	0.000000	0.000000	14.454200
75%	1204.750000	3.000000	39.000000	1.000000	0.000000	31.500000
max	1309.000000	3.000000	76.000000	8.000000	9.000000	512.329200

대체로 학습 데이터와 테스트 데이터 간 데이터 분포에는 큰 차이가 없어 보입니다. 각 항목의 분포는 3.6절에서 시각화하여 자세히 확인해 보겠습니다.

카테고리 변수 확인하기

이번에는 성별이나 승선 항구 등 카테고리로 된 변수도 알아보겠습니다. 데이터프레임명["열명"] 형태로 개별 열에서 원하는 데이터를 추출할 수 있습니다. 데이터프레임에서 특정 열을 뽑아낸 데이터를 **시리즈**(series)라고 합니다.

데이터프레임명["열명"].value_counts()라는 코드로 지정된 열(Series)에 포함된 값들과 중복 횟수 등을 확인할 수 있습니다(코드 3-13).

▼ 코드 3-13 카테고리 변수 확인하기

In
```
train_df["Sex"].value_counts()
```

Out
```
male      577
female    314
Name: Sex, dtype: int64
```

In
```
train_df["Embarked"].value_counts()
```

Out
```
S    644 ─── S는 Southampton
C    168 ─── C는 Cherbourg
Q     77 ─── Q는 Queenstown
Name: Embarked, dtype: int64
```

In
```
train_df["Cabin"].value_counts()
```

Out
```
C23 C25 C27    4
G6             4
B96 B98        4
F2             3
D              3
...
B82 B84        1
C70            1
C7             1
B4             1
D46            1
Name: Cabin, Length: 147, dtype: int64
```

Southampton에서 승선한 고객이 가장 많고, 이때 승선한 남성이 여성의 두 배 정도라는 것을 알 수 있습니다. 한편 Cabin(방 번호)은 복수의 방 번호가 기재되어 있는 경우가 있으니 분석에 사용할 때는 주의해야 할 것 같습니다.

코드 3-13의 결과들은 (다음 절에서 설명할) 시각화를 거치면 좀 더 이해하기 쉬울 것입니다. 숫자를 확인함과 동시에 시각화를 함께 진행하는 편이 좋다는 것을 염두에 두기 바랍니다.

결측치 확인하기

다음으로 각 변수에 결측치(아무 값도 들어 있지 않은 것, null)가 있는지 확인해 보겠습니다.

데이터프레임명.isnull()을 사용하면 행과 열별로 결측치의 존재 여부를 판정할 수 있고, 데이터프레임명.sum()으로 각 행의 값을 합칠 수도 있습니다. 데이터프레임명.isnull().sum()을 사용해서 각 변수의 결측치 수를 확인할 수 있습니다(코드 3-14).

❤ 코드 3-14 각 변수의 결측치 확인하기

In   train_df.isnull().sum()

Out   PassengerId   0
       Survived   0
       Pclass   0
       Name   0
       Sex   0
       Age   177
       SibSp   0
       Parch   0
       Ticket   0
       Fare   0
       Cabin   687
       Embarked   2
       dtype: int64

In   test_df.isnull().sum()

```
Out   PassengerId      0
      Pclass           0
      Name             0
      Sex              0
      Age             86
      SibSp            0
      Parch            0
      Ticket           0
      Fare             1
      Cabin          327
      Embarked         0
      dtype: int64
```

학습 및 테스트 데이터 모두 Age 및 Cabin의 속성에 결측치가 많음을 확인할 수 있습니다. 그 밖에 테스트 데이터의 Fare열에는 결측치가 한 개 있습니다. 이 결측치들을 어떻게 처리할지는 3.7절에서 다루겠습니다.

K A G G L E

3.6 / 데이터의 시각화

이 절부터는 데이터 내용을 좀 더 자세히 확인하기 위해 데이터를 시각화하는 방법을 알아보겠습니다.

시각화용 라이브러리 설치하고 불러오기

아나콘다(윈도)의 커맨드 프롬프트 혹은 맥의 터미널에서 시각화용 라이브러리인 **맷플롯립**(matplotlib)과 **씨본**(seaborn)을 설치합니다(최신 맷플롯립 버전은 코드 3-24에서 오류를 발생할 수도 있으므로 pip install matplotlib==3.2.2(또는 3.1.2)로 버전을 지정하여 설치하길 권합니다).

```
pip install matplotlib==3.2.2
pip install seaborn==0.10.0
```

다음으로 Notebook에서 시각화 결과를 표시하는 데 필요한 라이브러리를 불러옵니다(코드 3-15).

맷플롯립은 그래프용 라이브러리고, 첫 번째 줄의 %matplotlib inline은 주피터 노트북 안에서 그래프를 표시하려고 넣습니다. 씨본은 좀 더 다양한 데이터 시각화를 위한 라이브러리입니다.

❤ 코드 3-15 데이터를 시각화하는 라이브러리 불러오기

In
```
%matplotlib inline
import matplotlib.pyplot as plt
import seaborn as sns
```

표시 스타일 지정하기

표시 결과를 깨끗하게 하고자 스타일을 지정합니다. 여기서는 널리 사용하는 ggplot으로 스타일을 정하겠습니다(코드 3-16). 취향에 따라 여러 가지 스타일을 시도해 보기 바랍니다.

❤ 코드 3-16 ggplot 지정하기

In
```
plt.style.use("ggplot")
```

3.6.1 목적 변수 관련 데이터의 시각화

이제 목적 변수인 Survived에 관한 데이터 시각화를 진행해 보겠습니다.

데이터프레임에서 임의의 열 추출하기

Survived의 값(생존: 1, 사망: 0)별로 각 값에 차이가 있는지 확인합니다.

먼저 Embarked와 Survived의 관계를 확인하겠습니다. 학습 데이터에서 Embarked와 Survived, PassengerId를 추출합니다. 데이터프레임에서 임의의 열만 추출하려면 데이터프레임명[["임의의 열"]]이라고 명령하면 됩니다(코드 3-17).

```
In    train_df[["Embarked","Survived","PassengerId"]]
```

Out		Embarked	Survived	PassengerId
	0	S	0	1
	1	C	1	2
	2	S	1	3
	3	S	1	4
	4	S	0	5
	...	...	...	...
	886	S	0	887
	887	S	1	888
	888	S	0	889
	889	C	1	890
	890	Q	0	891

891 rows × 3 columns

시각화하고 싶은 데이터에서 결측치 제외하기

먼저 개요를 파악하고자 결측치를 포함한 행을 제거해 보겠습니다. 데이터프레임명.dropna()를 실행합니다(코드 3-18).

▼ 코드 3-18 시각화하고 싶은 데이터에서 결측치 제외하기

```
In    train_df[["Embarked","Survived","PassengerId"]].dropna()
```

Out		Embarked	Survived	PassengerId
	0	S	0	1
	1	C	1	2
	2	S	1	3
	3	S	1	4
	4	S	0	5
	...	...	...	...
	886	S	0	887
	887	S	1	888
	888	S	0	889
	889	C	1	890
	890	Q	0	891

889 rows × 3 columns

Embarked와 Survived로만 집계하기

이어서 각 행을 Embarked와 Survived의 값으로 집계해 보겠습니다. 집계는 데이터프레임명.groupby(["집계하고 싶은 열명"]).집계 함수 형태로 실행합니다. 여기서는 Embarked, Survived별로 집계하고 싶기 때문에 그 변수들을 groupby 안에 작성한 후 count()로 실행하겠습니다(코드 3-19).

▼ 코드 3-19 Embarked와 Survived의 값으로 집계하기

```
In    train_df[["Embarked","Survived","PassengerId"]].dropna().groupby(["Embarked",
      "Survived"]).count()
```

```
Out
                              PassengerId
      Embarked    Survived
             C           0          75
                         1          93
             Q           0          47
                         1          30
             S           0         427
                         1         217
```

데이터를 수평으로 변환하기

코드 3-19에서 집계한 데이터프레임을 시각화하기 쉽게 바꾸어 보겠습니다.

이때 데이터를 정렬하는 방법에는 **수직 정렬**과 **수평 정렬**이 있습니다. 수직 정렬은 코드 3-19와 같이 Embarked, Survived, PassengerId(의 수)의 값이 세로로 나열되어 있는 것입니다. 위부터 순서대로 Embarked가 C, Survived가 0인 PassengerId의 수는 75고, Embarked가 C, Survived가 1인 PassengerId의 수는 93임을 알 수 있습니다.

수평 정렬은 특정 데이터를 가로로 정렬합니다. unstack()으로 수직 데이터를 수평 데이터 형태로 변환할 수 있습니다. 이를 .(마침표)로 연결하면 한 번에 실행할 수 있습니다(코드 3-20).

▼ 코드 3-20 데이터의 가로세로로 변환하기

```
In    embarked_df = train_df[["Embarked","Survived","PassengerId"]].dropna().
      groupby(["Embarked","Survived"]).count().unstack()
```

```
In    embarked_df
```

Out	PassengerId	
Survived	0	1
Embarked		
C	75	93
Q	47	30
S	427	217

코드 3-20의 결과는 수평으로 정렬되어 있습니다. 위부터 순서대로 Embarked 값이 C, Q, S 이렇게 나열되고, Survived 값이 가로로 0, 1 이렇게 나열되어 있습니다. Embarked의 세로 값과 Survived 의 값이 교차하는 부분에 PassengerId의 수가 들어 있습니다.

Embarked 및 Survived별 인원수를 집계할 수 있었습니다.

누적 막대 그래프로 시각화하기

코드 3-20의 결과를 누적 막대 그래프로 그려 보겠습니다. 판다스의 데이터프레임을 그리려면 데이터프레임명.plot.그래프 형태로 실행하면 됩니다. 여기서는 누적 막대 그래프를 이용하므로 embarked_df.plot.bar(stacked=True)라고 지정하겠습니다(코드 3-21).

❤ 코드 3-21 누적 막대 그래프로 시각화하기

```
In    embarked_df.plot.bar(stacked=True)
```

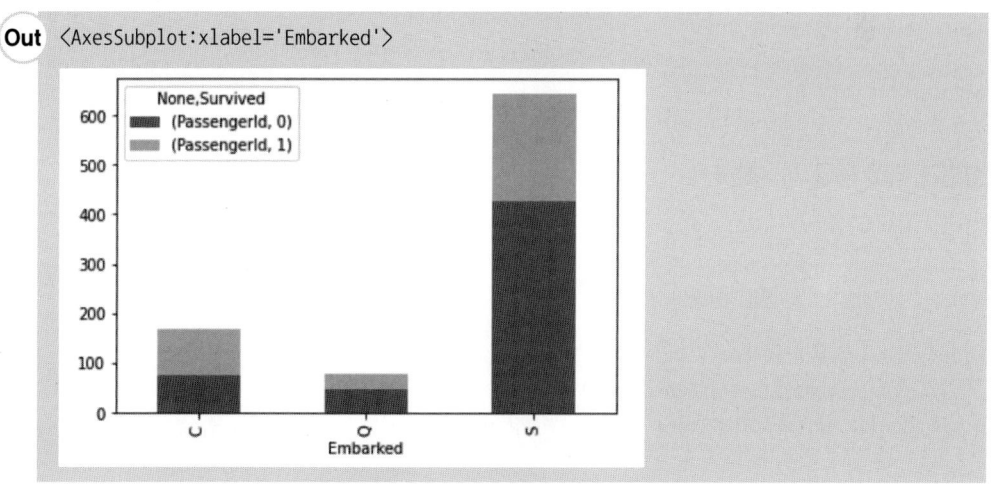

```
Out  <AxesSubplot:xlabel='Embarked'>
```

승선 항구가 C(Cherbourg)일 때는 절반 정도 사망했지만 Q(Queenstown), S(Southampton)일 때는 절반 이상이 사망한 것으로 보입니다. 어쩌면 승선 항구에 따라 승객 유형이나 상태에 차이가 있었을지도 모릅니다.

수치로 확인하기

이 결과를 수치로 파악해 봅시다. 데이터프레임명.iloc[행 번호, 열 번호]로 임의의 행과 열을 추출할 수 있습니다. 번호를 정하지 않으면 모든 행, 열이 대상이 됩니다. 예를 들어 0번째 열의 모든 줄은 .iloc[:,0]이 됩니다. 0번째 열(사망 수)을 0번째(사망 수) 열과 1번째(생존 수) 열의 합으로 나눈 후 이를 새롭게 survived_rate 변수로 만드는 코드는 다음과 같습니다.

❤ 코드 3-22 survived_rate 변수로 수치 확인하기

```
In    embarked_df["survived_rate"] = embarked_df.iloc[:,0] / (embarked_df.iloc[:,0] +
                                     embarked_df.iloc[:,1])
```

```
In    embarked_df
```

```
Out            PassengerId        survived_rate
      Survived       0      1
      Embarked
             C      75     93        0.446429
             Q      47     30        0.610390
             S     427    217        0.663043
```

성별과 티켓 등급 시각화하기

성별과 티켓의 등급도 마찬가지로 확인해 봅시다(코드 3-23).

❤ 코드 3-23 성별과 티켓 등급 시각화하기

```
In    sex_df = train_df[["Sex","Survived","PassengerId"]].dropna().
              groupby(["Sex","Survived"]).count().unstack()
      sex_df.plot.bar(stacked=True)
```

Out <AxesSubplot:xlabel='Sex'>

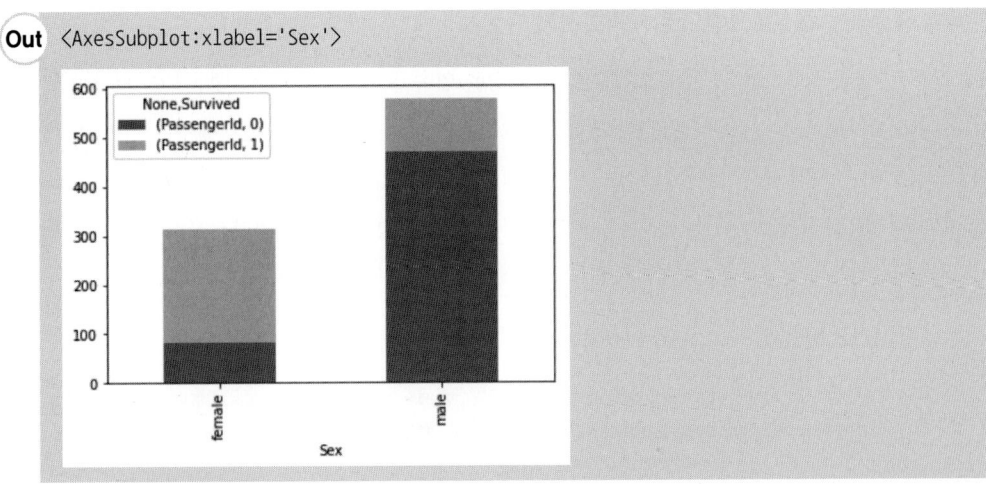

In
```
ticket_df = train_df[["Pclass","Survived","PassengerId"]].dropna().
            groupby(["Pclass","Survived"]).count().unstack()
ticket_df.plot.bar(stacked=True)
```

Out <AxesSubplot:xlabel='Pclass'>

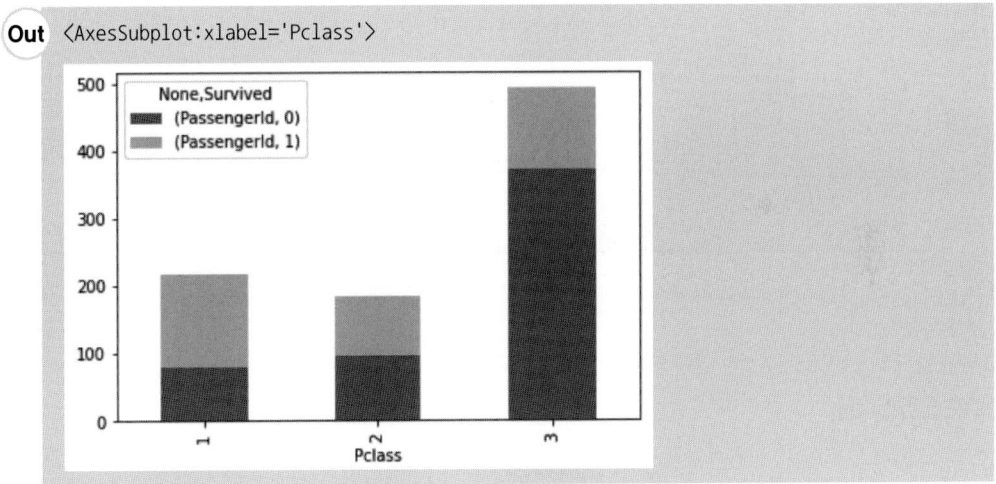

여성이 남성보다 생존율이 높고, 티켓 등급이 높을수록(1등석) 생존율이 높습니다. 먼저 구조되었기 때문일까요?

연령별 생존율을 히스토그램으로 시각화하기

다음으로 연령별 생존율을 확인해 보겠습니다. 연령은 연속 값이므로 **히스토그램**을 만들어 확인합니다. 히스토그램을 그리려면 데이터프레임명.hist() 혹은 plt.hist()라고 실행해야 합니다. 여러 히스토그램이 동시에 보이게 하려면 인수의 histtype을 barstacked로 지정합니다. 그 외 인수로는 히스토그램 빈 개수를 나타내는 bins, 라벨을 지정하는 label 등이 있습니다. 라벨을 지정하면 plt.legend()를 써서 그래프 내부에 라벨을 표시할 수도 있습니다(코드 3-24).

▼ 코드 3-24 연령별 생존율을 히스토그램으로 시각화하기

In
```
plt.hist(x=[train_df.Age[train_df.Survived==0], train_df.Age[train_df.Survived==1]],
        bins=8, histtype='barstacked', label=["Death","Survived"])
plt.legend()
```

Out `<matplotlib.legend.Legend at 0x2391d976708>`

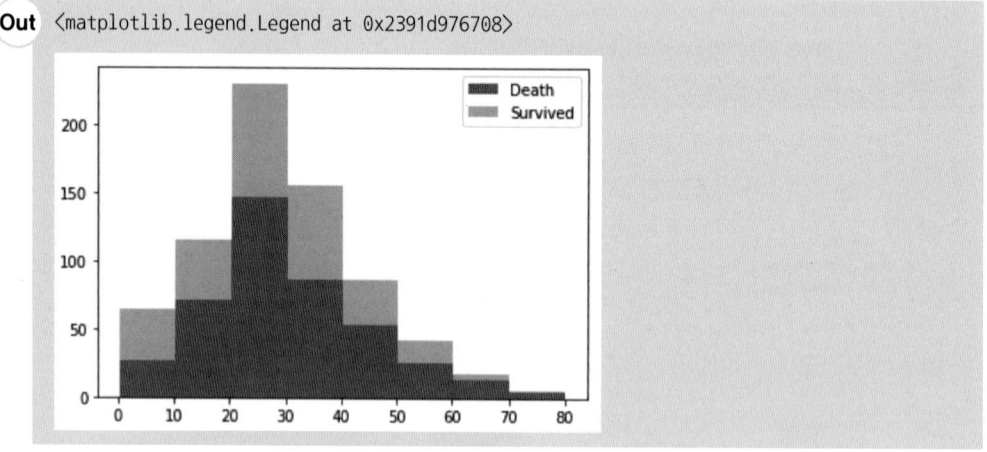

10세 이하의 아이들이 다른 연령층에 비해 생존율이 높았습니다. 어쩌면 더 빨리 구조된 것일지도 모르겠습니다.

카테고리 변수를 더미 변수화하기

이제 각 변수와 Survived 변수 간 상관성을 분석해 보고 싶습니다. 그런데 상관관계의 계산이나 머신 러닝 등 처리는 수치 데이터에서만 실행할 수 있습니다. 지금까지는 불러온 데이터를 그대로 사용했지만, 이 단계에서는 수치 데이터가 아니라면 수치로 변환해 주어야 합니다. 여기서는 우선 Sex와 Embarked만 변환해 보겠습니다.

카테고리 변수를 수치 데이터로 변환하려면 **원-핫 인코딩**(one-hot encoding)을 사용해야 합니다.

원-핫 인코딩이란 **어떤 카테고리 변수에 대하여 그 값인지 여부를 1, 0으로 나타내는 방법**입니다. 1, 0 으로 나타내는 것을 **더미**(dummy) **변수화한다**고도 합니다. 예를 들어 Sex를 더미 변수화하면 male 과 female이라는 더미 변수가 두 개 생성되고, 원래 값이 male이라면 male열 값은 1, female열 값은 0이 됩니다(그림 3-23).

✔ 그림 3-23 원-핫 인코딩을 이용한 문자열의 더미 변수화

문자열 변수		더미 변수화	
그대로 분석이나 머신 러닝에 사용할 수 없다.		선택한 변수에 따라 수치로 변환된다.	

sex		sex_male	sex_female
female		0	1
male	➡	1	0
female		0	1
female		0	1

중복 열은 일반적으로 삭제한다
(예를 들어 sex_female 값을
sex_male에서 판정할 수 있기 때문에
중복 열이 되어 불필요하다).

파이썬에서 pd.get_dummies(데이터프레임명, columns=["변수화하고 싶은 열명"])을 수행하면 원-핫 인코딩으로 더미 변수화할 수 있습니다(코드 3-25). 여기서 열(columns)은 columns =["Sex","Embarked"]처럼 복수 열을 동시에 지정할 수 있습니다.

Sex열을 더미 변수화하면 male, female 두 더미 변수로 된 열을 생성하지만, male이 1이라면 반드시 female은 0이기 때문에 열 하나로도 충분합니다. 인수를 drop_first=True로 설정하면 첫 번째 열을 제외할 수 있습니다. 모델링에서 보통 중복된 열은 제거하지만, 시각화할 때는 상황에 따라 더 잘 이해되는 쪽으로 결정하면 됩니다.

✔ 코드 3-25 카테고리 변수를 더미 변수화하기

```
In   train_df_corr = pd.get_dummies(train_df, columns=["Sex"], drop_first=True)
     train_df_corr = pd.get_dummies(train_df_corr, columns=["Embarked"])
```

```
In   train_df_corr.head()
```

Out

	PassengerId	Survived	Pclass	Name	Age	SibSp	Parch	Ticket	Fare	Cabin	Sex_male	Embarked_C	Embarked_Q	Embarked_S
0	1	0	3	Braund, Mr. Owen Harris	22.0	1	0	A/5 21171	7.2500	NaN	1	0	0	1
1	2	1	1	Cumings, Mrs. John Bradley (Florence Briggs Th...	38.0	1	0	PC 17599	71.2833	C85	0	1	0	0
2	3	1	3	Heikkinen, Miss. Laina	26.0	0	0	STON/O2. 3101282	7.9250	NaN	0	0	0	1
3	4	1	1	Futrelle, Mrs. Jacques Heath (Lily May Peel)	35.0	1	0	113803	53.1000	C123	0	0	0	1
4	5	0	3	Allen, Mr. William Henry	35.0	0	0	373450	8.0500	NaN	1	0	0	1

성별, 승선한 항구를 수치화해서 더 쉽게 분석할 수 있었습니다.

상관 행렬 작성하기

이제 각 값의 상관 행렬(상관 계수를 나열하여 −1~1의 수치로 확인하는 것)을 계산해 보겠습니다.[2] 데이터프레임명.corr( ) 형태로 각 변수 간 상관 계수를 계산할 수 있습니다(코드 3-26).

▼ 코드 3-26 상관 행렬 작성하기

In
```
train_corr = train_df_corr.corr()
```

In
```
train_corr
```

Out

	PassengerId	Survived	Pclass	Age	SibSp	Parch	Fare	Sex_male	Embarked_C	Embarked_Q	Embarked_S
PassengerId	1.000000	-0.005007	-0.035144	0.036847	-0.057527	-0.001652	0.012658	0.042939	-0.001205	-0.033606	0.022148
Survived	-0.005007	1.000000	-0.338481	-0.077221	-0.035322	0.081629	0.257307	-0.543351	0.168240	0.003650	-0.155660
Pclass	-0.035144	-0.338481	1.000000	-0.369226	0.083081	0.018443	-0.549500	0.131900	-0.243292	0.221009	0.081720
Age	0.036847	-0.077221	-0.369226	1.000000	-0.308247	-0.189119	0.096067	0.093254	0.036261	-0.022405	-0.032523
SibSp	-0.057527	-0.035322	0.083081	-0.308247	1.000000	0.414838	0.159651	-0.114631	-0.059528	-0.026354	0.070941
Parch	-0.001652	0.081629	0.018443	-0.189119	0.414838	1.000000	0.216225	-0.245489	-0.011069	-0.081228	0.063036
Fare	0.012658	0.257307	-0.549500	0.096067	0.159651	0.216225	1.000000	-0.182333	0.269335	-0.117216	-0.166603
Sex_male	0.042939	-0.543351	0.131900	0.093254	-0.114631	-0.245489	-0.182333	1.000000	-0.082853	-0.074115	0.125722
Embarked_C	-0.001205	0.168240	-0.243292	0.036261	-0.059528	-0.011069	0.269335	-0.082853	1.000000	-0.148258	-0.778359
Embarked_Q	-0.033606	0.003650	0.221009	-0.022405	-0.026354	-0.081228	-0.117216	-0.074115	-0.148258	1.000000	-0.496624
Embarked_S	0.022148	-0.155660	0.081720	-0.032523	0.070941	0.063036	-0.166603	0.125722	-0.778359	-0.496624	1.000000

2 역주 상관 행렬은 상관 계수를 나열하여 보여 주는 행렬입니다. 상관 계수란 각 변수들의 쌍이 각각 어느 정도의 선형 관계를 가지고 있는지 측정한 것으로, −1과 +1 사이의 값을 갖습니다. 두 변수가 함께 증가하거나 감소하면 상관 계수 값은 양수가 되고, 한쪽 변수가 감소할 때 다른 변수는 반대로 증가한다면 상관 계수는 음수가 됩니다.

히트맵으로 시각화하기

시각화 라이브러리 씨본의 히트맵(heatmap) 기능을 이용하면 코드 3-26에서 구한 상관 행렬을 히트맵으로 그릴 수 있습니다. 인수 annot을 True로 설정하면 상관 행렬 중 상관 계수가 각 칸에 숫자로 나타납니다(코드 3-27).

▼ 코드 3-27 히트맵으로 시각화하기

```
In   plt.figure(figsize=(9, 9))
     sns.heatmap(train_corr, vmax=1, vmin=-1, center=0, annot=True)
```

Out ⟨AxesSubplot:⟩

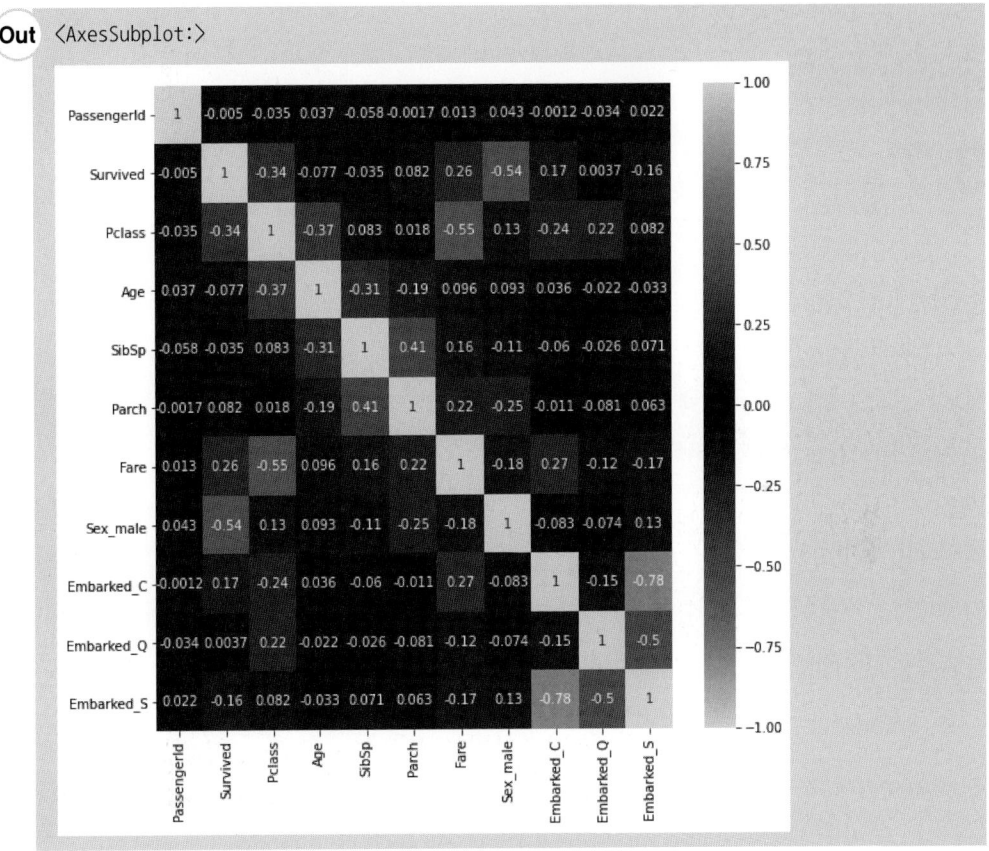

Survived와 가장 상관관계가 높은 것은 Sex_male로, -0.54입니다. 남성(male)을 1로 놓았기 때문에 여성은 -1이 되므로, 상관 계수가 '마이너스' 0.54라는 것은 남성 생존율은 낮고 여성 생존율은 높았음을 보여 줍니다. 이어서 Pclass가 -0.34입니다. 티켓 등급이 높은 쪽의 생존율이 높았음을 나타냅니다. 그리고 Fare 역시 Survived와 상관관계가 0.26이므로 생존 확률에 영향이 있었습니다. 한편 앞서 시각화로 확인한 Age는 전체적으로 -0.077이므로 Survived와 상관없는 것 같아 보입니다. 하지만 이것만으로 상관관계가 없다고 단정할 수 없습니다. 상관 계수는 두 변수 사이에서 한쪽 변수 값이 오름에 따라 다른 쪽 값도 올라가는(혹은 내려가는) 경향이 있는지 나타냅니다. 10세 이하가 다른 연령대보다 생존율이 높은 경향이 있더라도 다른 연령대의 생존율이 반대라면 평균은 다시 낮아질 것입니다. 상관 계수는 어디까지나 참고만 하는 편이 좋습니다. 예측에서 각 변수의 중요도는 앞으로 나올 절에서 실제로 모델링을 하며 확인해 보겠습니다.

이상 데이터 개요를 살펴보았습니다. 지금까지 진행한 것을 바탕으로 다음 절부터 데이터를 전처리해 보겠습니다.

3.7 데이터 전처리와 특징 값 생성

3.6절에서 살펴본 바와 같이, 데이터에는 변환 없이 그대로 머신 러닝에서 사용하기 어려운 형태가 포함되어 있습니다. 또 일단 모델이 읽어 들일 수는 있지만, 더 좋은 형태로 변형시키는 편이 정확도가 좋아지는 것들도 있습니다. 결측치도 있었기 때문에 그것을 처리하는 것도 생각해야 합니다. 이런 과정을 데이터의 전처리 과정이라고 합니다.

전처리할 데이터

이 절에서는 머신 러닝을 실행하기 전에 먼저 데이터를 변형하는 것부터 알아볼 것입니다.

특히 다음 데이터에 주목하여 전처리를 연습해 보겠습니다.

- Fare(티켓 요금)
- Name(성씨, 호칭, 이름)
- Parch(승선 중인 부모나 자녀의 수), SibSp(승선 중인 형제나 배우자의 수)

학습 데이터와 테스트 데이터의 통합

전처리하기 전에 먼저 학습 데이터와 테스트 데이터를 통합한 데이터를 생성합니다. 이것은 학습 데이터, 테스트 데이터를 모두 이용하여 전체 집계나 통계 정보를 얻기 위해서입니다.

판다스의 데이터프레임을 결합하려면 pd.concat([결합하고 싶은 데이터프레임 1, 결합하고 싶은 데이터프레임 2])를 실행합니다. 여기서는 train_df와 test_df를 결합할 예정입니다. sort=False로 설정하면 결합 후 행 순서가 바뀌지 않습니다. 그 후 reset_index()로 결합한 후 데이터에 행 번호를 다시 매깁니다. reset_index(drop=True)를 써서 원래 행 번호를 삭제할 수도 있습니다(코드 3-28).

▼ 코드 3-28 학습 데이터와 테스트 데이터 통합하기

In

```python
all_df = pd.concat([train_df,test_df], sort=False).reset_index(drop=True)
```

In

```python
all_df
```

Out

	PassengerId	Survived	Pclass	Name	Sex	Age	SibSp	Parch	Ticket	Fare	Cabin	Embarked
0	1	0.0	3	Braund, Mr. Owen Harris	male	22.0	1	0	A/5 21171	7.2500	NaN	S
1	2	1.0	1	Cumings, Mrs. John Bradley (Florence Briggs Th...	female	38.0	1	0	PC 17599	71.2833	C85	C
2	3	1.0	3	Heikkinen, Miss. Laina	female	26.0	0	0	STON/O2.3101282	7.9250	NaN	S
3	4	1.0	1	Futrelle, Mrs. Jacques Heath (Lily May Peel)	female	35.0	1	0	113803	53.1000	C123	S
4	5	0.0	3	Allen, Mr. William Henry	male	35.0	0	0	373450	8.0500	NaN	S
...	...	...	...	...	...	...	...	...	...	...	...	...
1304	1305	NaN	3	Spector, Mr. Woolf	male	NaN	0	0	A.5. 3236	8.0500	NaN	S
1305	1306	NaN	1	Oliva y Ocana, Dona. Fermina	female	39.0	0	0	PC 17758	108.9000	C105	C
1306	1307	NaN	3	Saether, Mr. Simon Sivertsen	male	38.5	0	0	SOTON/O.Q. 3101262	7.2500	NaN	S
1307	1308	NaN	3	Ware, Mr. Frederick	male	NaN	0	0	359309	8.0500	NaN	S
1308	1309	NaN	3	Peter, Master. Michael J	male	NaN	1	1	2668	22.3583	NaN	C

1309 rows × 12 columns

전체 데이터로 결측치 수 확인하기

전체 데이터를 이용하여 결측치 수를 다시 확인하겠습니다(코드 3-29).

♥ 코드 3-29 전체 데이터에서 결측치 수 확인하기

```
In   all_df.isnull().sum()
```

```
Out  PassengerId      0
     Survived       418
     Pclass           0
     Name             0
     Sex              0
     Age            263
     SibSp            0
     Parch            0
     Ticket           0
     Fare             1
     Cabin         1014
     Embarked         2
     dtype: int64
```

결측치 메우기(Fare)

결측치를 확인한 결과, 테스트 데이터 중 Fare 값에 결측치가 하나 있었습니다.

이 값을 채우기 위해 먼저 Pclass별 Fare의 평균을 구한 후 Pclass의 평균값으로 해당 결측치를 채우는 방법을 쓰도록 하겠습니다. 먼저 Pclass별 Fare의 평균값을 계산하고(코드 3-30), 열명을 코드 3-31과 같이 변경해 두겠습니다.

♥ 코드 3-30 Pclass별 Fare 평균값 계산하기

```
In   Fare_mean = all_df[["Pclass","Fare"]].groupby("Pclass").mean().reset_index()
```

♥ 코드 3-31 열명 변경하기

```
In   Fare_mean.columns = ["Pclass","Fare_mean"]
```

```
In   Fare_mean
```

116

	Pclass	Fare_mean
0	1	87.508992
1	2	21.179196
2	3	13.302889

Out

이제 코드 3-32의 첫 번째 줄에서 Fare_mean을 all_df와 Pclass로 연결한 후 두 번째 줄에서 Fare의 결측치를 isnull()로 판정합니다. 만일 null이라면 Fare를 Fare_mean 값으로 바꿉니다. 여기에 loc이 사용되고 있습니다. 이것은 앞서 행 번호와 열 번호로 데이터 범위를 지정했던 iloc과 달리 데이터프레임명.loc[행명, 열명] 형태로 데이터 범위를 지정합니다.

두 번째 줄의 all_df["Fare"].isnull()은 행을 지정하고 Fare는 열을 지정하게 되는 것입니다.

세 번째 줄의 원래 데이터에서 온 Fare_mean은 이제 불필요하므로 삭제합니다. 이 데이터는 결측치가 하나뿐이기 때문에 fillna(결측치를 메우고 싶은 값) 형태로 직접 간단히 채울 수도 있지만, 코드 3-32와 같은 방법을 사용하면 여러 결측치를 Pclass별 평균값으로 한 번에 채워 넣을 수 있습니다.

▼ 코드 3-32 결측치 채워 넣기

In
```
all_df = pd.merge(all_df, Fare_mean, on="Pclass", how="left")
all_df.loc[(all_df["Fare"].isnull()),"Fare"] = all_df["Fare_mean"]
all_df = all_df.drop("Fare_mean", axis=1)
```

Name 호칭에 주목하기

다음으로 Name의 데이터를 확인합니다. Name은 코드 3-33과 같습니다.

▼ 코드 3-33 Name의 결측치 알아보기

In
```
all_df["Name"].head(5)
```

Out
```
0                         Braund, Mr. Owen Harris
1      Cumings, Mrs. John Bradley (Florence Briggs Th...
2                          Heikkinen, Miss. Laina
3      Futrelle, Mrs. Jacques Heath (Lily May Peel)
4                        Allen, Mr. William Henry
Name: Name, dtype: object
```

코드 3-33과 같이 성씨, 호칭, 이름 순서로 기재되어 있습니다.

여기서 특히 호칭에 주목합니다. 호칭은 Master, Mr, Miss, Mrs 등이 있지만, 일반적으로 연령이나 성별과 관계가 있습니다(표 3-3).

▼ 표 3-3 호칭

호칭	비고
Master	주로 남자 아이에게 사용
Mr	일반 남성에게 사용
Miss	미혼 여성(Mrs보다 연령이 낮을 가능성)
Mrs	기혼 여성(Miss보다 연령이 높을 가능성)

호칭을 변수로 추가하기

호칭을 변수로 추가해 보겠습니다. Name을 str을 써서 문자열로 취득한 후 split()를 사용하여 ,(쉼표)나 .(마침표)로 구분하면 0부터 세기 시작해서 2번째에 나오는 요소(즉, 1번째)가 호칭이 됩니다(코드 3-34).

▼ 코드 3-34 호칭을 변수로 추가하기

```
In   name_df = all_df["Name"].str.split("[,.]", 2, expand=True)
```

이것으로 name_df에 성씨, 호칭, 이름이 각각 들어갔습니다. 열의 기본 이름이 [0,1,2]로 지정되기 때문에 코드 3-35와 같이 이름을 변경하겠습니다.

▼ 코드 3-35 열명 변경하기

```
In   name_df.columns = ["family_name","honorific","name"]
```

```
In   name_df
```

	family_name	honorific	name
0	Braund	Mr	Owen Harris
1	Cumings	Mrs	John Bradley (Florence Briggs Thayer)
2	Heikkinen	Miss	Laina
3	Futrelle	Mrs	Jacques Heath (Lily May Peel)
4	Allen	Mr	William Henry
...	...	...	...
1304	Spector	Mr	Woolf
1305	Oliva y Ocana	Dona	Fermina
1306	Saether	Mr	Simon Sivertsen
1307	Ware	Mr	Frederick
1308	Peter	Master	Michael J

1309 rows × 3 columns

다음으로 각 열에 strip( )을 사용하면 선두와 말미의 공백 문자가 삭제됩니다. 만약을 위해 각 열에 적용합니다(코드 3-36).

▼ 코드 3-36 선두와 말미 공백 문자 삭제하기

```
name_df["family_name"] = name_df["family_name"].str.strip()
name_df["honorific"] = name_df["honorific"].str.strip()
name_df["name"] = name_df["name"].str.strip()
```

호칭마다 인원수 세기

이제 호칭(honorific)별 인원수를 세어 보겠습니다(코드 3-37).

▼ 코드 3-37 호칭별 인원수 세기

```
name_df["honorific"].value_counts()
```

```
Mr        757
Miss      260
Mrs       197
Master     61
Dr          8
Rev         8
```

○ 계속

```
Col             4
Ms              2
Major           2
Mlle            2
Don             1
Dona            1
Mme             1
Sir             1
the Countess    1
Lady            1
Capt            1
Jonkheer        1
Name: honorific, dtype: int64
```

특히 Mr, Miss, Mrs, Master의 수가 많지만, 이외에도 호칭이 다양합니다.

호칭별 연령 분포 확인하기

호칭별 연령 분포를 확인해 봅시다. 먼저 all_df와 name_df를 결합합니다. 코드 3-28과 마찬가지로 pd.concat( )을 사용하는데, 여기서는 세로로 결합하지 않고 가로로 결합해야 합니다. axis=1로 설정하면 두 데이터프레임이 가로로 결합합니다(그림 3-24, 코드 3-38).

❤ 그림 3-24 데이터프레임 결합 방향

pd.concat(axis=0)
두 데이터프레임을 세로로 결합(기본 설정)

생존	성별	연령	티켓
1	여	11	1등급
0	남	56	2등급
0	여	23	3등급
1	여	72	2등급
0	여	28	1등급
1	남	33	3등급
1	남	35	3등급
1	남	51	2등급

pd.concat(axis=1)
두 데이터프레임을 가로로 결합

생존	성별	연령	티켓	호칭
1	여	11	1등급	Miss
0	남	56	2등급	Mr
0	여	23	3등급	Mrs
1	여	72	2등급	Mrs

▼ 코드 3-38 두 데이터프레임을 가로로 결합하기

In `all_df = pd.concat([all_df,name_df], axis=1)`

In `all_df`

Out

	PassengerId	Survived	Pclass	Name	Sex	Age	SibSp
0	1	0.0	3	Braund, Mr. Owen Harris	male	22.0	1
1	2	1.0	1	Cumings, Mrs. John Bradley (Florence Briggs Th...	female	38.0	1
2	3	1.0	3	Heikkinen, Miss. Laina	female	26.0	0
3	4	1.0	1	Futrelle, Mrs. Jacques Heath (Lily May Peel)	female	35.0	1
4	5	0.0	3	Allen, Mr. William Henry	male	35.0	0
...	...	...	...	...	...	...	...
1304	1305	NaN	3	Spector, Mr. Woolf	male	NaN	0
1305	1306	NaN	1	Oliva y Ocana, Dona. Fermina	female	39.0	0
1306	1307	NaN	3	Saether, Mr. Simon Sivertsen	male	38.5	0
1307	1308	NaN	3	Ware, Mr. Frederick	male	NaN	0
1308	1309	NaN	3	Peter, Master. Michael J	male	NaN	1

Parch	Ticket	Fare	Cabin	Embarked	family_name	honorific	name
0	A/5 21171	7.2500	NaN	S	Braund	Mr	Owen Harris
0	PC 17599	71.2833	C85	C	Cumings	Mrs	John Bradley (Florence Briggs Thayer)
0	STON/O2. 3101282	7.9250	NaN	S	Heikkinen	Miss	Laina
0	113803	53.1000	C123	S	Futrelle	Mrs	Jacques Heath (Lily May Peel)
0	373450	8.0500	NaN	S	Allen	Mr	William Henry
...	...	...	...	...	...	...	...
0	A.5. 3236	8.0500	NaN	S	Spector	Mr	Woolf
0	PC 17758	108.9000	C105	C	Oliva y Ocana	Dona	Fermina
0	SOTON/O.Q. 3101262	7.2500	NaN	S	Saether	Mr	Simon Sivertsen
0	359309	8.0500	NaN	S	Ware	Mr	Frederick
1	2668	22.3583	NaN	C	Peter	Master	Michael J

1309 rows × 15 columns

그럼 박스 플롯을 이용하여 all_df의 호칭별 연령 분포를 확인해 보겠습니다. 박스 플롯은 sns.

boxplot(x="x축으로 하고 싶은 값", y="y축으로 하고 싶은 값", data=시각화에 이용하는 데이터) 형태
로 작성합니다(코드 3-39).

❤️ 코드 3-39 호칭별 연령 분포 확인하기

```
In   plt.figure(figsize=(18, 5))
     sns.boxplot(x="honorific", y="Age", data=all_df)
```

```
Out  <AxesSubplot:xlabel='honorific', ylabel='Age'>
```

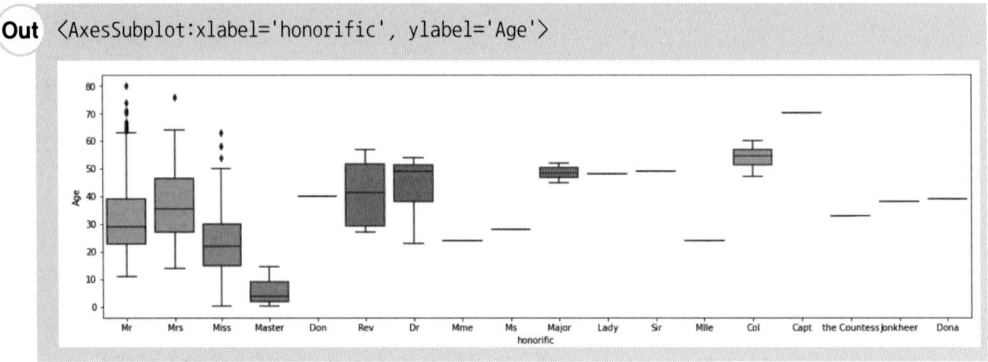

호칭별 연령 평균값 확인하기

아울러 각 호칭의 연령 평균값도 확인해 보겠습니다(코드 3-40).

❤️ 코드 3-40 호칭별 연령 평균값 확인하기

```
In   all_df[["Age","honorific"]].groupby("honorific").mean()
```

```
Out
```

	Age
honorific	
Capt	70.000000
Col	54.000000
Don	40.000000
Dona	39.000000
Dr	43.571429
Jonkheer	38.000000

◑ 계속

Lady	48.000000
Major	48.500000
Master	5.482642
Miss	21.774238
Mlle	24.000000
Mme	24.000000
Mr	32.252151
Mrs	36.994118
Ms	28.000000
Rev	41.250000
Sir	49.000000
the Countess	33.000000

호칭별 생존율 차이 확인하기

호칭에 따라 평균 연령에 차이가 있음이 확인되었습니다. 이제 호칭에 따라 생존율에도 차이가 있는지 확인해 봅시다. 우선 원래 데이터프레임에 이름을 각각 따로 구분해 놓은 데이터프레임을 결합합니다(코드 3-41).

▼ 코드 3-41 원래 데이터프레임에 이름으로 만든 데이터프레임 결합하기

```
In   train_df = pd.concat([train_df,name_df[0:len(train_df)].reset_index(drop=True)], axis=1)
     test_df = pd.concat([test_df,name_df[len(train_df):].reset_index(drop=True)], axis=1)
```

다음으로 train_df에서 honorific, Survived, PassengerId를 빼낸 후 결측치를 포함한 행을 삭제하고 honorific, Survived별로 인원수를 집계합니다.

▼ 코드 3-42 호칭별로 생존 여부 집계하기

```
In   honorific_df = train_df[["honorific","Survived","PassengerId"]].dropna().
                    groupby(["honorific","Survived"]).count().unstack()
     honorific_df.plot.bar(stacked=True)
```

`<AxesSubplot:xlabel='honorific'>`

여성에게 사용되는 Miss나 Mrs는 생존율이 높은 반면, 남성에게 사용되는 Mr는 사망률이 높은 것으로 나타납니다. 또 남성 중에서도 젊은 남성에게 사용되는 Master는 Mr와 비교할 때 생존율이 높습니다. 앞서 서술한 연령, 성별 생존율과 같은 경향을 띱니다. 연령은 결측치가 많은 데이터이므로 여기서 구한 호칭 데이터가 연령을 보완하는 효과적인 변수가 될 가능성이 있습니다.

연령의 결측치를 호칭별 평균 연령으로 보완하기

이제 원래 데이터에 호칭별 평균 연령을 추가하고, 그 후에 연령이 결손된 곳을 호칭의 평균 연령으로 보충해 보겠습니다. 보충 후 honorific_Age는 불필요하므로 삭제합니다(코드 3-43).

▼ 코드 3-43 호칭별 평균 연령으로 연령의 결측치 보완하기

In
```
honorific_age_mean = all_df[["honorific","Age"]].groupby("honorific").mean().
                        reset_index()
honorific_age_mean.columns = ["honorific","honorific_Age"]
all_df = pd.merge(all_df, honorific_age_mean, on="honorific", how="left")
all_df.loc[(all_df["Age"].isnull()),"Age"] = all_df["honorific_Age"]
all_df = all_df.drop(["honorific_Age"], axis=1)
```

가족 인원수 추가하기

이 데이터에서는 Parch(승선 중인 부모나 자녀의 수)와 SibSp(승선 중인 형제나 배우자의 수)라는 가족과 관련한 변수가 두 개 포함되어 있습니다. 따라서 우선 이들 변수를 더해 family_num(가족

인원수)을 만들어 보겠습니다(코드 3-44).

❤ 코드 3-44 가족과 관련한 변수 두 개를 더해 가족 인원수 변수 생성하기

```
In   all_df["family_num"] = all_df["Parch"] + all_df["SibSp"]
     all_df["family_num"].value_counts()
```

```
Out  0     790
     1     235
     2     159
     3      43
     5      25
     4      22
     6      16
     10     11
     7       8
     Name: family_num, dtype: int64
```

홀로 승선했는지 여부를 새로운 변수로 추가하기

코드 3-44의 가족 인원수를 확인하면 함께 배에 탄 가족 수가 0명, 즉 1명이 승선한 경우가 절반 이상입니다. 타이타닉호의 조난과 같은 상황이라면 가족이 함께 행동했을 가능성이 있습니다. 따라서 1명인지 아니면 같은 승선 가족이 있는지가 생존에 영향을 줄 수 있으므로 alone(1이면 1명, 그렇지 않으면 0)이라는 변수를 추가하겠습니다(코드 3-45).

❤ 코드 3-45 홀로 탑승했는지, 동반 가족이 있는지 여부를 변수에 추가하기

```
In   all_df.loc[all_df["family_num"]==0,"alone"] = 1
     all_df["alone"].fillna(0, inplace=True)
```

불필요한 변수 삭제하기

지금까지 여러 가지 변수를 만들어 추가해 보았습니다. 이제 불필요한 변수를 삭제하는 과정을 함께해 보겠습니다. 먼저 PassengerId는 단순히 승객의 ID이므로 예측에 불필요합니다(데이터에 규칙성이 있으면 PassengerId 같은 변수도 중요하지만, 여기서는 제거하겠습니다).

원래 있던 Name은 family_name, honorific, name으로 분할했으니 제거하겠습니다. 그리고 분할된 변수 중 하나인 name은 고유 명사고 생존과 관계없어 보이므로 역시 제거하겠습니다. family_name은 가족을 나타내기 때문에 언뜻 쓸모가 있을 것 같지만 데이터 수에 비해 가족 수가 많고 혼

자 가는 승객도 많아 가족 단위 분석은 어렵습니다. 역시 family_name도 삭제하겠습니다.

Ticket도 생존 규칙성을 찾기 어렵기 때문에 제거하겠습니다. Cabin은 결손이 많기 때문에 역시 삭제하겠습니다(코드 3-46).

▼ 코드 3-46 불필요한 변수 삭제하기

```
In  all_df = all_df.drop(["PassengerId","Name","family_name","name","Ticket","Cabin"],
    axis=1)
```

```
In  all_df.head()
```

Out		Survived	Pclass	Sex	Age	SibSp	Parch	Fare	Embarked	honorific	family_num	alone
	0	0.0	3	male	22.0	1	0	7.2500	S	Mr	1	0.0
	1	1.0	1	female	38.0	1	0	71.2833	C	Mrs	1	0.0
	2	1.0	3	female	26.0	0	0	7.9250	S	Miss	0	1.0
	3	1.0	1	female	35.0	1	0	53.1000	S	Mrs	1	0.0
	4	0.0	3	male	35.0	0	0	8.0500	S	Mr	0	1.0

카테고리 변수를 수치로 변환하기

또 여러 카테고리 변수 중 문자열은 수치로 변환합니다. 우선은 변수 형태가 object인 것(여기서는 Embarked, Sex, honorific이 해당)을 카테고리 변수로 관리합니다(코드 3-47).

▼ 코드 3-47 변수 형태가 object인 것을 카테고리 변수로 관리하기

```
In  categories = all_df.columns[all_df.dtypes=="object"]
    print(categories)
```

```
Out  Index(['Sex', 'Embarked', 'honorific'], dtype='object')
```

Mr, Miss, Mrs, Master 이외는 other로 통합하기

앞서 보았듯이 호칭은 Mr, Miss, Mrs, Master 외에는 수가 적습니다. 따라서 학습이 잘 안 될 수 있으므로 Mr, Miss, Mrs, Master 이외의 호칭은 other로 통합하겠습니다.

코드 3-48에서는 all_df의 honorific에서 Mr, Miss, Mrs, Master를 |(or 조건)으로 연결한 후 ~로 부정하고 있습니다. 따라서 honorific이 Mr, Miss, Mrs, Master 중 어느 것도 아닌 경우라는 조건이 성립되며, 이때는 other를 대입하도록 했습니다.

✔ 코드 3-48 호칭은 Mr, Miss, Mrs, Master 외에는 수가 적기 때문에 other로 통합하기

```
In   all_df.loc[~((all_df["honorific"]=="Mr") | (all_df["honorific"]=="Miss") | (all_
     df["honorific"]=="Mrs") | (all_df["honorific"]=="Master")),"honorific"] = "other"
```

```
In   all_df.honorific.value_counts()
```

```
Out  Mr       757
     Miss     260
     Mrs      197
     Master   61
     Other    34
     Name: honorific, dtype: int64
```

이렇게 다섯 가지로 호칭을 정리할 수 있었습니다. 그럼 이것을 수치로 변환해 보겠습니다.

문자열을 수치로 변환하기: 라벨 인코딩

문자열을 수치로 변환할 때는 코드 3-25의 pd.get_dummies()를 사용한 원-핫 인코딩(문자열 종류만큼 0 또는 1의 이진형 벡터로 표시한 후 해당하는 항목은 1, 해당하지 않는 모든 항목은 0으로 표시하는 더미 변수화 방법) 외에 **라벨 인코딩**(label encoding) 기법을 사용할 수 있습니다. 이것은 각 카테고리명을 임의의 숫자로 대체하는 방법입니다. pd.get_dummies()에서는 카테고리 수에 따라 변수가 증가하지만, 라벨 인코딩에서는 변수의 수는 그대로 유지하면서 수치화할 수 있습니다(그림 3-25).

✔ 그림 3-25 원-핫 인코딩과 라벨 인코딩의 차이

문자열 변수			원-핫 인코딩			라벨 인코딩
분석이나 머신 러닝에 활용하기 어렵다.			해당하는 항목은 1, 해당하지 않는 모든 항목은 0으로 표시한다. 중복 열이 있을 수 있다.			변수 선택을 숫자로 변환한다. 숫자의 대소는 의미가 없다.

Embarked	S	C	Q	Embarked
S	1	0	0	0
C	0	1	0	1
Q	0	0	1	2
C	0	1	0	1

머신 러닝용 라이브러리를 설치하고 불러오기

라벨 인코딩을 하려면 아나콘다(윈도)의 커맨드 프롬프트 혹은 맥의 터미널에서 머신 러닝용 라이브러리 사이킷런(scikit-learn)을 설치합니다.

▼ 명령 프롬프트/터미널

```
pip install scikit-learn==0.23.2
```

파이썬에서 라벨 인코딩하려면 sklearn에서 LabelEncoder를 가져옵니다(코드 3-49).

▼ 코드 3-49 LabelEncoder 불러오기

```
In  from sklearn.preprocessing import LabelEncoder
```

LabelEncoder()로 초기화한 후 해당 판다스의 열을 학습(fit)시켜 카테고리별 라벨을 생성합니다. 이후 transform() 함수로 원래 열에 다시 적용하면 라벨 인코딩이 되는 것입니다. 다만 LabelEncoder()는 결측치가 있으면 작동하지 않기 때문에 Embarked에 포함된 결측치는 missing 등 임의의 문자열로 미리 치환해야 합니다(코드 3-50).

▼ 코드 3-50 라벨 인코딩 실행하기 1

```
In  all_df["Embarked"].fillna("missing", inplace=True)
```

```
In  all_df.head()
```

```
Out
```

	Survived	Pclass	Sex	Age	SibSp	Parch	Fare	Embarked	honorific	family_num	alone
0	0.0	3	male	22.0	1	0	7.2500	S	Mr	1	0.0
1	1.0	1	female	38.0	1	0	71.2833	C	Mrs	1	0.0
2	1.0	3	female	26.0	0	0	7.9250	S	Miss	0	1.0
3	1.0	1	female	35.0	1	0	53.1000	S	Mrs	1	0.0
4	0.0	3	male	35.0	0	0	8.0500	S	Mr	0	1.0

```
In  le = LabelEncoder()
    le = le.fit(all_df["Sex"])
    all_df["Sex"] = le.transform(all_df["Sex"])
```

나머지 열도 라벨 인코딩하겠습니다. 코드 3-51을 실행하고 Embarked를 포함하여 categories 내의 모든 열을 라벨 인코딩합니다.

▼ 코드 3-51 라벨 인코딩 실행하기 2

```
for cat in categories:
    le = LabelEncoder()
    print(cat)
    if all_df[cat].dtypes == "object":
        le = le.fit(all_df[cat])
        all_df[cat] = le.transform(all_df[cat])
```

Out
```
Sex
Embarked
Honorific
```

In `all_df.head()`

Out

	Survived	Pclass	Sex	Age	SibSp	Parch	Fare	Embarked	honorific	family_num	alone
0	0.0	3	1	22.0	1	0	7.2500	2	2	1	0.0
1	1.0	1	0	38.0	1	0	71.2833	0	3	1	0.0
2	1.0	3	0	26.0	0	0	7.9250	2	1	0	1.0
3	1.0	1	0	35.0	1	0	53.1000	2	3	1	0.0
4	0.0	3	1	35.0	0	0	8.0500	2	2	0	1.0

모든 데이터를 학습 데이터와 테스트 데이터로 되돌리기

이제 모든 열을 수치 데이터로 만들었습니다. 마지막으로 모든 데이터를 다시 학습 데이터와 테스트 데이터로 되돌려 놓겠습니다. Survived 값이 null이 아닐 때는 학습 데이터로 하고, null일 때는 테스트 데이터로 합니다. Survived 이외의 변수를 설명 변수(train_X, test_X)로 하고, Survived 값을 목적 변수(train_Y)로 하겠습니다(코드 3-52).

▼ 코드 3-52 데이터를 학습 데이터셋과 테스트 데이터셋으로 되돌리기

```
train_X = all_df[~all_df["Survived"].isnull()].drop("Survived", axis=1).
        reset_index(drop=True)
train_Y = train_df["Survived"]

test_X = all_df[all_df["Survived"].isnull()].drop("Survived", axis=1).
        reset_index(drop=True)
```

이제 이 데이터를 이용해서 드디어 머신 러닝을 할 차례입니다.

3.8 머신 러닝 모델링

여기서는 캐글 경진대회에서 자주 사용하는 **LightGBM** 머신 러닝 기법을 사용하겠습니다. LightGBM은 결정 트리(decision tree)계의 대표적인 알고리즘입니다. 우선은 결정 트리 알고리즘의 발전과 LightGBM을 간단히 설명하겠습니다.

결정 트리

결정 트리란 역치 조건에 따라 데이터 분기를 반복하는 것으로, 회귀 및 분류에 사용하는 방법입니다. 그림 3-26은 '연령이 30세 이상인가', '남성인가' 등 조건을 반복하여 최종적으로 각 조건의 조합에 따른 생존 및 사망 수를 나타내는 예입니다.

역치 조건은 '원래 데이터가 어떤 조건에 따라 다른 성질을 가지는 두 데이터로 잘 나뉘었는가'로 자동으로 결정됩니다. 데이터 분석자는 어느 정도까지 분기를 나눌지(최대 깊이를 얼마로 할지), 데이터를 나누었을 때 각 그룹의 최저 데이터 수는 얼마로 할지 등을 조정하면서 분류나 예측의 정확도를 향상시킵니다.

▼ 그림 3-26 결정 트리의 개요와 출력 예(수치나 조건은 가상으로 지정)

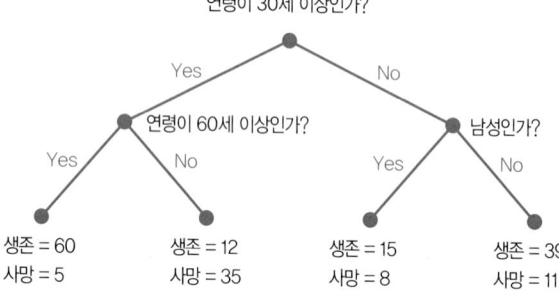

랜덤 포레스트

결정 트리는 출력될 때까지 과정을 비교적 파악하기 쉽고, 얻은 모델을 수월하게 응용할 수 있어 유용하지만, 이상치(극단적인 값)에 약하고 처음 분기가 한쪽으로 잘못 치우쳐 버리면 이후 분기들 모두 정확도가 나빠진다는 단점이 있습니다. 따라서 결정 트리를 여러 개 만들어 합하는(이를 앙상블 기법이라고 함) **랜덤 포레스트** 방법이 제안되었습니다(그림 3-27).

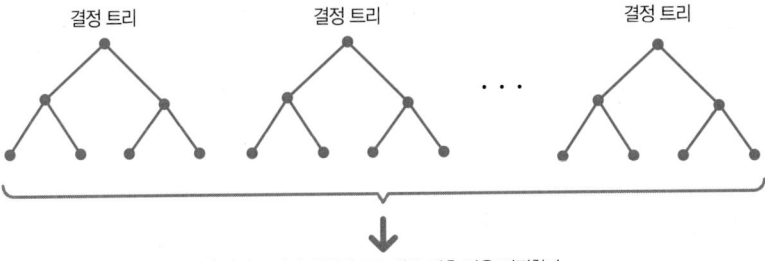

▼ 그림 3-27 결정 트리의 앙상블에 의한 랜덤 포레스트

랜덤하게 선택된 일부 데이터, 일부 변수에 대해 복수의 결정 트리를 생성한다.

각 결정 트리의 평균값으로 최종 예측 값을 결정한다.

LightGBM

최근에는 병렬로 앙상블하는 것이 아니라 결정 트리를 순서대로 갱신해 나가는 **그레이디언트 부스팅 결정 트리**(gradient boosting decision tree) 기법이 제안되었는데, 이것을 구현하는 방법 중 하나가 바로 LightGBM입니다(그림 3-28). 참고로 그레이디언트 부스팅 결정 트리의 구현 방법에는 LightGBM과 XGBoost가 있습니다.

▼ 그림 3-28 그레이디언트 부스팅 결정 트리의 구현 방법인 LightGBM

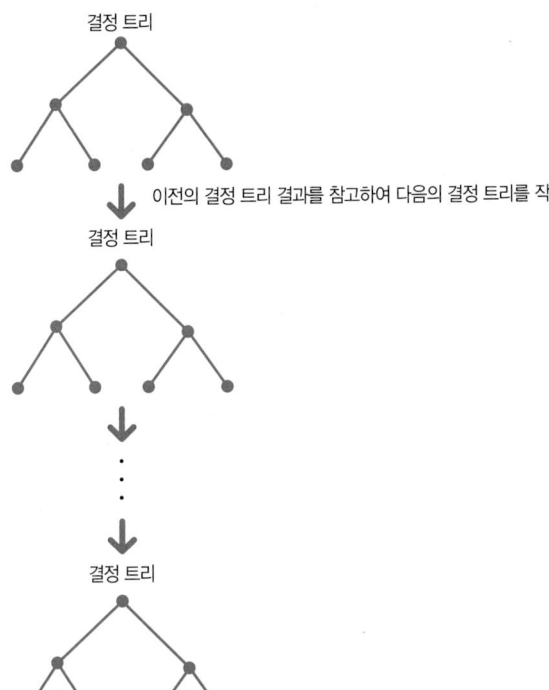

캐글에서 LightGBM은 매우 자주 사용하는 기법 중 하나로, 주요 장점은 다음과 같습니다.

- 실행 속도가 다른 기법들(같은 그레이디언트 부스팅 결정 트리인 XGBoost나 뉴럴 네트워크 계통의 기법 등)보다 빠릅니다.
- 결측치나 카테고리 변수가 포함된 상태에서도 모델을 학습시킬 수 있습니다.

LightGBM 라이브러리를 설치하고 불러오기

아나콘다(윈도)의 커맨드 프롬프트 혹은 맥의 터미널에서 LightGBM의 라이브러리를 설치합니다.

▼ 명령 프롬프트/터미널

```
pip install lightgbm==2.3.1
```

LightGBM 라이브러리를 불러옵니다(코드 3-53, 맥 환경에서 임포트(import)할 때 오류가 발생한다면 터미널에서 brew install libomp를 실행해 보세요).

▼ 코드 3-53 LightGBM 라이브러리 불러오기

```
In    import lightgbm as lgb
```

과적합과 과소적합

이제 LightGBM으로 앞서 만든 데이터를 학습시킬 차례이지만, 그전에 먼저 일반적인 머신 러닝에서 중요한 사항 몇 가지를 짚고 넘어가도록 하겠습니다.

학습 데이터의 목적 변수(예를 들어 생존 여부)를 예측하고자 여러 가지 설명 변수(예를 들어 연령, 성별, 티켓 등급 등)를 사용하여 모델을 만들고 테스트 데이터에 적용하는 것이 일반적인 머신 러닝 흐름입니다. 그런데 테스트 데이터에는 목적 변수가 빠져 있으므로 테스트 세트만으로는 얼마나 정확하게 예측되었는지 검증할 수 없습니다. 학습 데이터는 모델 작성에 이미 사용되었으므로 학습 데이터로 예측 정확도를 검증하는 것 역시 적절하지 않습니다. 모델 학습에 사용된 데이터는 모델이 이미 알고 있는 데이터일 뿐 미지의 데이터가 아니기 때문입니다.

학습 데이터를 너무 과하게 학습하여 학습 데이터에만 지나치게 적절한 모델도 마찬가지입니다. 이미 알고 있는 데이터에만 최적화되어 있을 뿐 미지의 데이터는 정확하게 예측하지 못합니다. 이렇게 학습이 과하게 진행된 것을 **과적합**(overfitting)이라고 합니다. 학습이 불충분하게 진행되는 **과소적합**(underfitting)을 피하면서 과하게 학습되는 과적합이 발생하지 않도록 튜닝하는 것이 머신 러닝에서는 중요합니다(그림 3-29).

▼ 그림 3-29 과적합과 과소적합

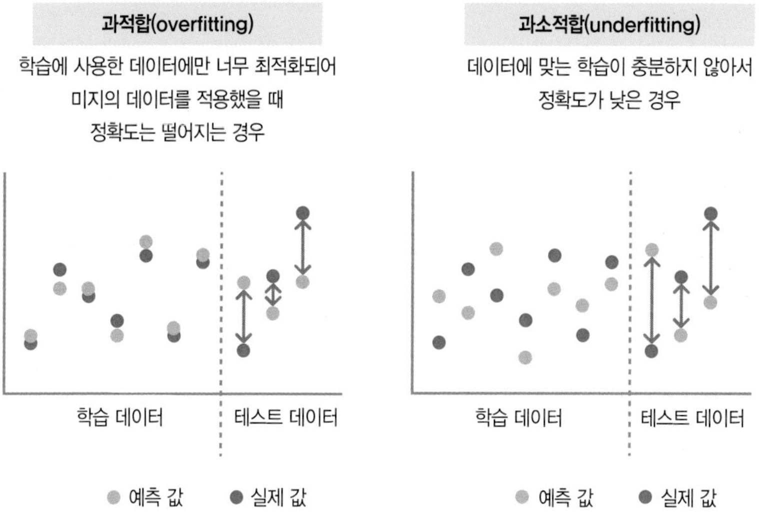

과적합(overfitting)	과소적합(underfitting)
학습에 사용한 데이터에만 너무 최적화되어 미지의 데이터를 적용했을 때 정확도는 떨어지는 경우	데이터에 맞는 학습이 충분하지 않아서 정확도가 낮은 경우

학습 데이터   테스트 데이터   학습 데이터   테스트 데이터

● 예측 값   ● 실제 값   ● 예측 값   ● 실제 값

그래서 과적합을 피하려면 학습 데이터에서 검증 데이터를 분리하는 과정이 필요합니다. 학습 데이터로 작성한 모델을 검증 데이터로 검증하는 것입니다. 검증 데이터는 다음과 같이 다양한 방법으로 작성할 수 있습니다.

- 홀드 아웃(hold out)
- 교차 검증(cross validation)
- 잭나이프법(leave-one-out)

이 방법들은 그림으로 보는 편이 이해하기 쉽기 때문에 그림 3-30~그림 3-32를 바탕으로 설명하겠습니다.

▼ 그림 3-30 홀드 아웃

학습 데이터

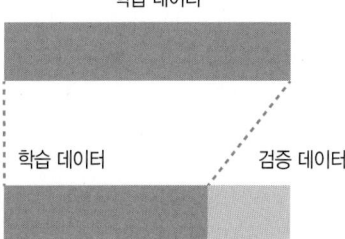

학습 데이터   검증 데이터

홀드 아웃은 데이터를 어떤 일정 비율(예를 들어 8:2 등)로 학습 데이터와 검증 데이터로 분할하는 방법입니다. 다만 검증 데이터에 대한 정확도를 보면서 모델 학습을 진행하면 검증 데이터 예측에만 과도하게 적합해져 역시 과적합이 될 가능성이 있습니다(그림 3-30).

교차 검증은 데이터 전체를 임의 수의 블록으로 분할해서 그중 블록 한 개는 검증 데이터로 만들고, 나머지는 학습 데이터로 만드는 방법입니다. 이 과정을 분할된 데이터 수만큼 반복합니다. 홀드 아웃과 비교하면 좀 더 많은 데이터로 미지의 데이터에 대한 정확도를 검증할 수 있어 더욱 좋은 모델을 만들 수 있습니다(그림 3-31).

잭나이프법은 전체 테스트 중 하나를 검증 데이터로, 나머지를 학습 데이터로 하는 과정을 전체 데이터 수만큼 반복하는 방법입니다. 데이터 수가 적을 때 이용하는 검증 방법입니다(그림 3-32).

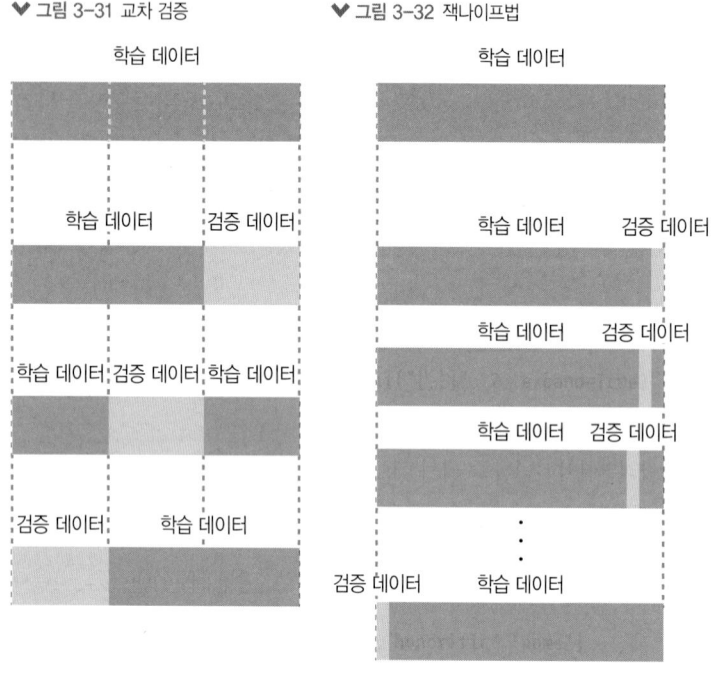

❤ 그림 3-31 교차 검증   ❤ 그림 3-32 잭나이프법

일반적으로 데이터가 어느 정도 있을 때는 교차 검증을 이용하는 것이 좋지 않을까 생각합니다. 데이터 크기가 매우 커서 학습에 시간이 걸릴 때는 홀드 아웃을 사용하기도 합니다. 여기서는 홀드 아웃, 교차 검증을 이용하는 방법을 설명하겠습니다.

홀드 아웃, 교차 검증 실습을 위한 라이브러리 불러오기

우선 홀드 아웃, 교차 검증을 실습할 수 있는 라이브러리를 불러옵니다(코드 3-54).

▼ 코드 3-54 홀드 아웃, 교차 검증을 위한 라이브러리 불러오기

```
from sklearn.model_selection import train_test_split
from sklearn.model_selection import KFold
```

학습 데이터의 20%를 검증 데이터로 분할하기

학습 데이터 중 20%를 검증 데이터로 나누려면 코드 3-55와 같이 실행합니다.

▼ 코드 3-55 학습 데이터의 20%를 검증 데이터로 분할하기

```
X_train, X_valid, y_train, y_valid = train_test_split(train_X, train_Y, test_size=0.2)
```

LightGBM용 데이터셋 작성하기

코드 3-55의 X_train, y_train 데이터로 모델을 학습하고 X_valid의 예측 정확도를 확인하겠습니다.

먼저 카테고리 변수를 지정한 후 LightGBM용 데이터셋을 작성합니다(코드 3-56).

▼ 코드 3-56 카테고리 변수를 지정하여 LightGBM용 데이터셋 생성하기

```
categories = ["Embarked","Pclass","Sex","honorific","alone"]
```

```
lgb_train = lgb.Dataset(X_train, y_train, categorical_feature=categories)
lgb_eval = lgb.Dataset(X_valid, y_valid, categorical_feature=categories,
          reference=lgb_train)
```

하이퍼파라미터 설정하기

다음으로 LightGBM 실행을 정의하는 **하이퍼파라미터**를 설정합니다. 이 하이퍼파라미터는 나중에(139쪽) 해설하기 때문에 일단 코드 3-57만 설정해 둡시다. objective는 목적에 따라 binary(2차 분류), regression(회귀), multiclass(다클래스 분류) 중에서 하나를 선택합니다. 여기서는 생존 값과 사망 값 두 개로 분류하므로 binary로 설정합니다.

▼ 코드 3-57 하이퍼파라미터 설정하기

```
In   lgbm_params = {
         "objective":"binary",
         "random_seed":1234
     }
```

LightGBM으로 머신 러닝 모델 학습시키기

이제 머신 러닝을 실행할 모든 준비가 되었습니다. 데이터셋과 하이퍼파라미터를 설정하여
LightGBM을 이용한 머신 러닝 모델을 학습시켜 보겠습니다. 코드 3-58에서 num_boost_round에
학습 횟수, early_stopping_rounds에는 학습할 때 몇 번 연속으로 결과가 개선되지 않으면 학습
을 중지할지, verbose_eval에는 학습 결과의 표시 빈도를 지정합니다.

▼ 코드 3-58 머신 러닝 모델 학습하기

```
In   model_lgb = lgb.train(lgbm_params,
                           lgb_train,
                           valid_sets=lgb_eval,
                           num_boost_round=100,
                           early_stopping_rounds=20,
                           verbose_eval=10)
```

```
Out  Training until validation scores don't improve for 20 rounds
     [10] valid_0's binary_logloss: 0.46732
     [20] valid_0's binary_logloss: 0.420001
     [30] valid_0's binary_logloss: 0.411059
     [40] valid_0's binary_logloss: 0.417168
     Early stopping, best iteration is:
     [27] valid_0's binary_logloss: 0.407037 ——— 최고 점수
```

각 변수의 중요도 조사하기

코드 3-58의 결과를 보면 27번째 학습이 최고 점수를 만들었습니다. 이제 이 모델에 사용된 학습
데이터 중 어떤 설명 변수가 얼마나 중요한 역할을 했는지 알아보겠습니다. 중요도를 표시하려면
feature_importance()를 사용해야 합니다(코드 3-59).

▼ 코드 3-59 각 변수의 중요도 확인하기

In | `model_lgb.feature_importance()`

Out | `array([ 47, 25, 257, 11, 17, 302, 33, 2, 29, 2])`

코드 3-59로 몇 번째 열이 중요했는지 알 수 있습니다. 각 열명을 표시하려면 index=X_train. columns를 사용합니다(코드 3-60).

▼ 코드 3-60 데이터의 열명 표시하기

In
```
importance = pd.DataFrame(model_lgb.feature_importance(), index=X_train.columns,
            columns=["importance"]).sort_values(by="importance", ascending=True)
importance.plot.barh()
```

Out | `<AxesSubplot:>`

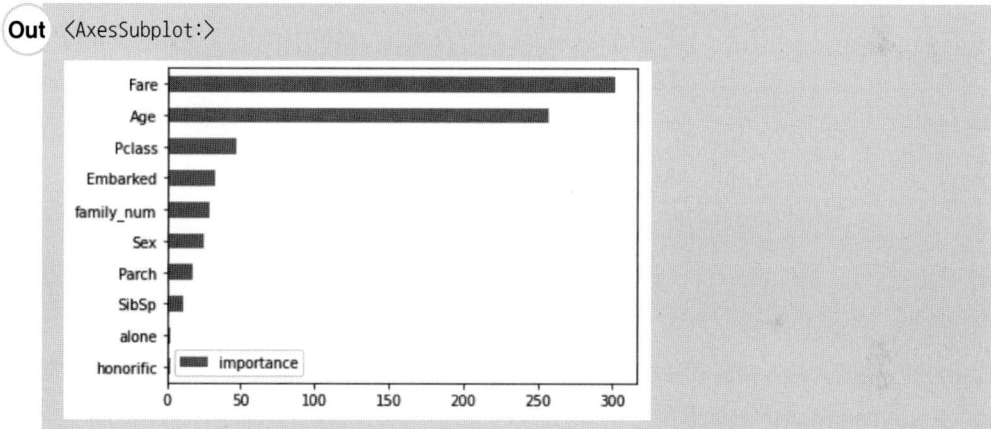

Fare, Age에 이어 Pclass 등이 중요한 변수로 파악되었습니다. '3.6절 데이터의 시각화'에서 확인한 바와 같이 어린아이들이 우선적으로 구조되었을 가능성이 있고, 상위 클래스 고객(Pclass나 Fare가 더 높은 승객)이 우선적으로 구조되었을 가능성을 엿볼 수 있습니다.

3.8.1 검증 데이터로 예측 정확도 확인

모델을 검증 데이터에 적용하기

그럼 이 모델을 검증 데이터에 적용해 봅시다(코드 3-61). predict(예측하고 싶은 데이터) 명령어로 예측을 실행합니다. predict()에 num_iteration 인수를 넣고, 모델명.best_iteration이라고 지정하면 정확도가 가장 높을 때의 학습 모델을 사용하여 예측합니다.

▼ 코드 3-61 모델을 검증 데이터에 적용하기

In `y_pred = model_lgb.predict(X_valid, num_iteration=model_lgb.best_iteration)`

예측 정확도 출력하기

이제 예측 정확도를 출력해 봅시다. 타이타닉 생존자 예측 경진대회의 평가 지표는 정확도(accuracy)입니다. 정확도란 '모든 예측 중 정확하게 예측한 비율'을 의미합니다. 타이타닉 생존자 예측 경진대회처럼 값 두 개로 분류하는 경우(생존=1, 사망=0)의 정확도를 설명하겠습니다. 예측 값과 실제 값의 분류 결과는 표 3-4와 같이 정리할 수 있습니다.

▼ 표 3-4 예측 값과 실제 값의 분류

		예측 값	
		양성(Positive, 1)	음성(Negative, 0)
실제 값	양성(Positive, 1)	진양성(True Positive, TP)	위음성(False Negative, FN)
	음성(Negative, 0)	위양성(False Positive, FP)	진음성(True Negative, TN)

실제 값이 1이고 예측 값도 1인 것을 **진양성**(True Positive, TP), 실제 값은 1이지만 예측이 0인 것을 **위음성**(False Negative, FN), 실제 값은 0이지만 예측이 1인 것을 **위양성**(False Positive, FP), 실제 값이 0이고 예측도 0인 것을 **진음성**(True Negative, TN)이라고 합니다. 이 값 네 개를 사용하여 정확도는 다음과 같이 계산합니다.

$$accuracy = (TP + TN)/(TP + TN + FP + FN)$$

정확도를 계산하는 라이브러리 불러오기

파이썬에서는 정확도를 계산하는 라이브러리가 있습니다. 이를 가져오고 실제로 정확도를 계산해 보겠습니다(코드 3-62).

▼ 코드 3-62 정확도를 계산하는 라이브러리 가져오기

In `from sklearn.metrics import accuracy_score`

```
In    accuracy_score(y_valid, np.round(y_pred))
```

```
Out   0.8435754189944135
```

검증 데이터로 현재 모델이 0.8435754189944135의 정확도를 보이고 있음을 확인했습니다. 이를 기준으로 개선해 봅시다.

하이퍼파라미터 변경하기

LightGBM에는 표 3-5와 같이 하이퍼파라미터라고 하는 모델 실행을 위한 값들이 있습니다. 이들을 변경하면 어떻게 결과가 변하는지 확인해 보겠습니다(표 3-5는 조정 가능한 하이퍼파라미터 일부입니다).

▼ 표 3-5 조정 가능한 하이퍼파라미터 일부

하이퍼파라미터	기본값	설명
learning_rate	0.1	학습 속도입니다. 각 과정의 학습을 어느 정도 반영할지 결정합니다.
max_bin	255	분기 한 개에 들어가는 데이터의 최댓값입니다. 작으면 잘게 나누어 학습을 진행합니다. 크면 범용성이 높아집니다.
num_leaves	31	하나의 결정 트리에 포함된 최대 노드 개수입니다. 결정 트리의 복잡성을 제어합니다.
min_data_in_leaf	20	결정 트리 중 하나의 가지당 할당되는 데이터 수입니다. 과도한 학습을 제어하기 위해 설정합니다. 데이터 수에 따라 조정합니다.

각 하이퍼파라미터 값을 바꾸려면 코드 3-57에서 설정한 lgbm_params 값을 변경합니다. 여기서는 코드 3-63과 같이 변경해 봅시다.

▼ 코드 3-63 하이퍼파라미터의 값 변경하기

```
In    lgbm_params = {
          "objective":"binary",
          "max_bin":331,
          "num_leaves":20,
          "min_data_in_leaf":57,
          "andom_seed":1234
      }
```

LightGBM의 하이퍼파라미터를 재설정한 후 LightGBM의 데이터셋을 다시 지정하고 학습을 재실행합니다(코드 3-64).

▼ 코드 3-64 LightGBM의 데이터셋을 다시 지정하고 학습 재실행하기

```
In    lgb_train = lgb.Dataset(X_train, y_train, categorical_feature=categories)
      lgb_eval = lgb.Dataset(X_valid, y_valid, categorical_feature=categories,
                  reference=lgb_train)
```

```
In    model_lgb = lgb.train(lgbm_params,
                         lgb_train,
                         valid_sets=lgb_eval,
                         num_boost_round=100,
                         early_stopping_rounds=20,
                         verbose_eval=10)
```

```
Out   (...생략...)
```

이제 새로운 모델로 검증 데이터에 대한 예측 결과를 다시 한 번 구합니다(코드 3-65).

▼ 코드 3-65 검증 데이터에 대한 예측 결과 산출하기

```
In    y_pred = model_lgb.predict(X_valid, num_iteration=model_lgb.best_iteration)
```

코드 3-66을 실행해서 정확도를 계산하니 예측 결과가 0.8547486033519553까지 올랐습니다.

▼ 코드 3-66 정확도 계산하기

```
In    accuracy_score(y_valid, np.round(y_pred))
```

```
Out   0.8547486033519553
```

값 하나를 바꾸는 것만으로는 정확도가 올라가지 않는 경우도 많습니다. 따라서 요소 여러 개를 조합해야 할 때가 있습니다. 일단 계속해서 진행하고, 다음 장에서 하이퍼파라미터 조정의 세부 사항을 설명하겠습니다.

3.8.2 교차 검증을 이용한 학습

다음으로 교차 검증을 이용한 학습 방법을 알아봅시다. 여기서는 세 개로 분할하는 **3-fold 교차 검증**을 해 보겠습니다(코드 3-67).

▼ 코드 3-67 3-fold 교차 검증하기

```
folds = 3
kf = KFold(n_splits=folds)
```

코드 3-68은 언뜻 보기에 복잡해 보이지만, 하나씩 차례로 설명하겠습니다.

먼저 빈 리스트 models를 만듭니다. 세 개로 나뉜 데이터로 학습하므로 모델도 세 개가 만들어지는데, 이 모델들이 차례로 models 리스트에 들어갈 예정입니다.

학습은 for 문을 사용하여 분할된 데이터 수만큼 반복합니다. kf.split(train_X) 함수는 kf만큼 train_X를 분할하라는 명령인데, kf에는 코드 3-67을 거치며 세 개로 분할하라는 정보가 담겼으므로 학습 데이터와 테스트 데이터가 각각 세 개씩 만들어집니다.

각각 데이터의 인덱스(행 번호)는 train_index, val_index로 저장됩니다. for 문을 요약하면 이렇습니다. 우선 각각 세 종류의 학습 데이터와 테스트 데이터를 만들어 train_X.iloc[train_index]로는 학습 데이터의 설명 변수를 취하고, train_Y.iloc[train_index]로는 학습 데이터의 목적 변수를 취하라는 것입니다. 마찬가지로 val_index로 테스트 데이터에서도 설명 변수, 목적 변수를 가지고 오게 됩니다.

이후 코드 3-64와 같이 LightGBM용 데이터를 생성한 후 하이퍼파라미터를 사용하여 학습하게 됩니다. 이것으로 예측 정확도를 산출하면 append()로 처음에 만든 models 리스트에 학습이 끝난 모델들을 저장합니다.

▼ 코드 3-68 교차 검증을 이용한 학습하기

```
models = []
for train_index, val_index in kf.split(train_X):
    X_train = train_X.iloc[train_index]
    X_valid = train_X.iloc[val_index]
    y_train = train_Y.iloc[train_index]
    y_valid = train_Y.iloc[val_index]

    lgb_train = lgb.Dataset(X_train, y_train, categorical_feature=categories)
```

◑ 계속

```
    lgb_eval = lgb.Dataset(X_valid, y_valid, categorical_feature=categories,
               reference=lgb_train)

    model_lgb = lgb.train(lgbm_params,
                          lgb_train,
                          valid_sets=lgb_eval,
                          num_boost_round=100,
                          early_stopping_rounds=20,
                          verbose_eval=10,
                          )
    y_pred = model_lgb.predict(X_valid, num_iteration=model_lgb.best_iteration)
    print(accuracy_score(y_valid, np.round(y_pred)))
    models.append(model_lgb)
```

Out Training until validation scores don't improve for 20 rounds
[10] valid_0's binary_logloss: 0.503031
[20] valid_0's binary_logloss: 0.465863
[30] valid_0's binary_logloss: 0.454056
[40] valid_0's binary_logloss: 0.451228
[50] valid_0's binary_logloss: 0.44724
[60] valid_0's binary_logloss: 0.447342
[70] valid_0's binary_logloss: 0.450126
Early stopping, best iteration is:
[54] valid_0's binary_logloss: 0.445648
0.8249158249158249
Training until validation scores don't improve for 20 rounds
[10] valid_0's binary_logloss: 0.482264
[20] valid_0's binary_logloss: 0.440853
[30] valid_0's binary_logloss: 0.435016
[40] valid_0's binary_logloss: 0.433286
[50] valid_0's binary_logloss: 0.432128
[60] valid_0's binary_logloss: 0.430387
[70] valid_0's binary_logloss: 0.431241
[80] valid_0's binary_logloss: 0.438053
Early stopping, best iteration is:
[62] valid_0's binary_logloss: 0.429561
0.8181818181818182
Training until validation scores don't improve for 20 rounds
[10] valid_0's binary_logloss: 0.471854
[20] valid_0's binary_logloss: 0.412579
[30] valid_0's binary_logloss: 0.393023
[40] valid_0's binary_logloss: 0.385434

◐ 계속

```
[50]  valid_0's binary_logloss: 0.38159
[60]  valid_0's binary_logloss: 0.378753
[70]  valid_0's binary_logloss: 0.376992
[80]  valid_0's binary_logloss: 0.375146
[90]  valid_0's binary_logloss: 0.379274
[100] valid_0's binary_logloss: 0.381002
Early stopping, best iteration is:
[80]  valid_0's binary_logloss: 0.375146
0.8282828282828283
```

3-fold 교차 검증을 이용하여 0.8249158249158249, 0.8181818181818182, 0.8282828282828283
의 정확도를 가진 모델 세 개를 만들었습니다. 테스트 데이터에 대한 최종 정확도는 각 모델의 예
측 정확도를 조합해서 산출하는데, 간단히 평균을 구하면 됩니다. 또는 더 높은 정확도가 나오도
록 계속해서 가중치를 조절할 수도 있을 것입니다.

테스트 데이터의 예측 결과 산출하기

먼저 빈 리스트 preds를 작성해 놓습니다. 다음으로 코드 3-68에서 작성한 models 내 각 model을
for 문으로 순서대로 호출한 후 model.predict(test_X) 명령어로 테스트 데이터의 결과를 예측
하고 그 값을 preds에 저장합니다(코드 3-69).

▼ 코드 3-69 테스트 데이터의 결과를 예측하여 저장하기

In
```
preds = []

for model in models:
    pred = model.predict(test_X)
    preds.append(pred)
```

예측 결과의 평균 구하기

이렇게 해서 세 가지 모델로 세 가지 예측 결과를 얻었으면, 이제 이 결과들의 평균을 구해 봅시다
(코드 3-70).

먼저 np.array(preds) 명령어로 조금 전 만든 preds 리스트를 numpy로 다룰 수 있는 형식으로 변
환하고, np.mean()으로 평균을 구합니다. 여기서 axis는 어떤 축을 기준으로 연산할지 지정하는
인수입니다. axis=0은 행을, axis=1은 열을 기준으로 연산합니다. 우리는 차례로 구한 예측 값 세
개를 하나씩 더해 평균을 계산할 것이므로 axis=0을 씁니다. (axis=1이라고 하면 예측 결과마다

하나씩 평균이 나와서 숫자 세 개가 반환될 것입니다. 여기서 의도한 바와 다르지요.)

▼ 코드 3-70 예측 결과의 평균 구하기

```
In  preds_array = np.array(preds)
    preds_mean = np.mean(preds_array, axis=0)
```

지금까지는 예측 생존 확률을 구하는 과정이었습니다. 이제 생존이나 사망을 예측하고자 결과를 0(사망)이나 1(생존)로 변환해 봅시다(코드 3-71). 여기서는 0.5보다 큰 경우를 1(생존)로 예측해 보겠습니다.

▼ 코드 3-71 0이나 1로 변환하기

```
In  preds_int = (preds_mean > 0.5).astype(int)
```

submission 파일 생성하기

submission 파일을 생성해서 이 결과를 제출해 보겠습니다. 코드 3-72와 같이 submission 파일의 Survived 값을 지금 만든 값으로 치환합니다.

▼ 코드 3-72 submission 파일의 Survived 값 치환하기

```
In  submission["Survived"] = preds_int
```

```
In  submission
```

Out

	PassengerId	Survived
0	892	0
1	893	0
2	894	0
3	895	0
4	896	1
...	...	...
413	1305	0
414	1306	1
415	1307	0
416	1308	0
417	1309	1

418 rows × 2 columns

결과를 CSV로 저장하기(아나콘다(윈도), 맥)

이 결과를 CSV 파일로 쓰려면 데이터프레임명.to_csv("파일명") 형태로 사용합니다. 행 번호는 불필요하므로 index=False로 설정합니다(코드 3-73).

▼ 코드 3-73 CSV 파일로 쓰기

```
In  submission.to_csv("./submit/titanic_submit01.csv", index=False)
```

결과를 CSV로 저장하기(캐글 실행)

캐글에서 submission 파일을 작성하려면 코드 3-74를 실행해야 합니다. ❶ 그러면 output 폴더에 결과가 저장됩니다. ❷ 파일 오른쪽 ⋮을 클릭한 후 ❸ Download를 선택합니다(그림 3-33).

▼ 코드 3-74 CSV 파일로 쓰기

```
In  submission.to_csv("titanic_submit01.csv", index=False)
```

▼ 그림 3-33 캐글에서 CSV 파일 쓰기 및 내려받기

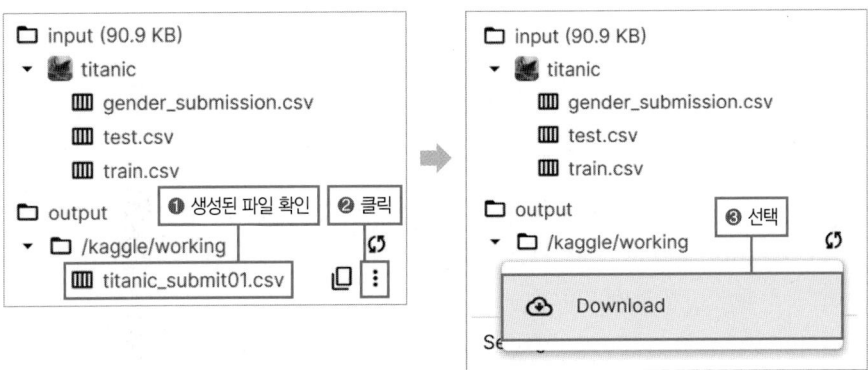

KAGGLE

3.9 캐글에 결과 제출

지금까지 예측한 결과를 제출(submit)하고 점수를 확인해 봅시다. ❶ 캐글의 타이타닉 생존자 예측 경진대회 페이지를 열어 Submit Predictions를 클릭합니다. 캐글에는 하루 동안 제출할 수 있

는 횟수가 정해져 있습니다. 이 페이지에서 남은 제출 가능 횟수를 알 수 있고, 횟수가 리셋될 때까지 걸리는 시간도 확인할 수 있습니다. 여기서 다룬 타이타닉 생존자 예측 경진대회에서는 하루에 10회까지 제출할 수 있습니다. ❷ Step1: Upload submission file 부분에 방금 CSV 파일로 써 낸 titanic_submit01.csv를 드래그 앤 드롭합니다(그림 3-34).

▼ 그림 3-34 캐글 타이타닉 생존자 예측 경진대회의 결과 제출

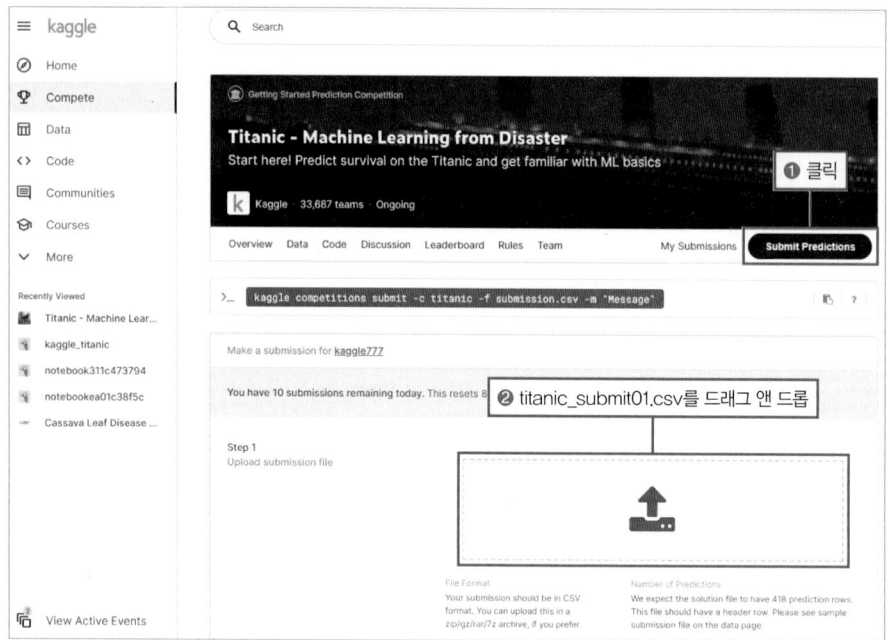

그다음 Step2: Describe submission란에 원하는 내용의 메모를 적을 수 있습니다. 일반적으로 모델을 학습했을 때의 실행 결과나 하이퍼파라미터 설정 등을 기재하고 나중에 확인할 수 있도록 합니다. ❶ 여기서는 우선 하이퍼파라미터 설정과 교차 검증에 따른 예측 정확도 등을 써 두겠습니다. 그냥 제출하고 싶다면 공란으로 두어도 되고, 나중에 편집도 가능합니다. ❷ 다 되었으면 Make Submission을 클릭합니다(그림 3-35).

▼ 그림 3-35 파일 드래그 앤 드롭 및 제출 내용 기술

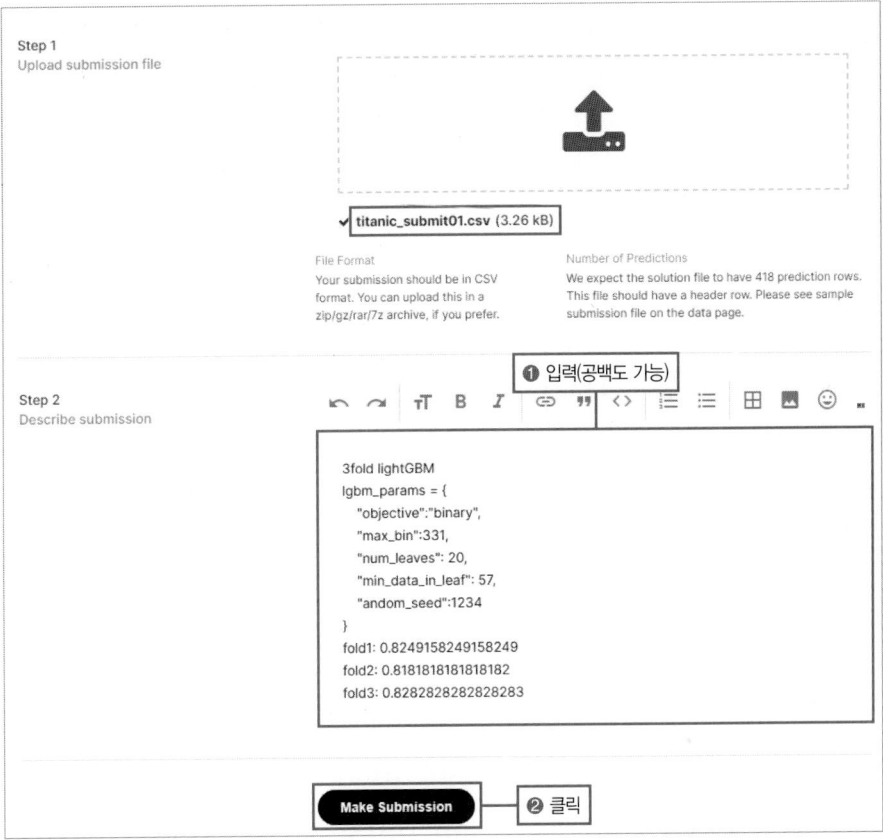

결과를 기다립니다(그림 3-36).

▼ 그림 3-36 제출 결과

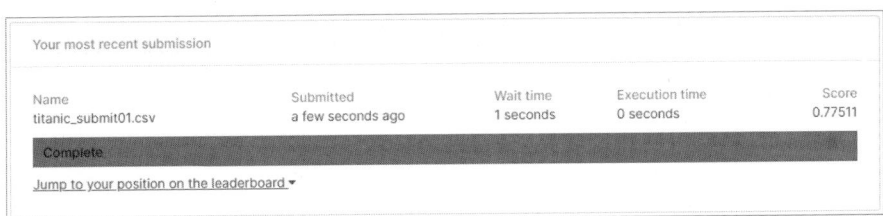

예측 결과가 0.77511로 표시됩니다. 이후 변수를 추가하거나 삭제하여 더 높은 순위를 만들 수 있습니다. 참고로 테스트 과정을 거쳐 리더보드에 나오는 정확도와 내 컴퓨터의 검증 데이터로 계

산한 정확도 간에 차이가 있을 수도 있습니다. 이 차이가 너무 크면 검증 데이터를 잘 만들지 못했을 가능성이 있기 때문에 주의해야 합니다. 예를 들어 리더보드보다 내 검증 데이터로 테스트한 정확도가 훨씬 높을 때는 **데이터 누수**(data leakage)가 발생했을 수도 있습니다. 이는 검증 데이터 일부가 학습 데이터에 어떤 형태로든 포함되어 있을 때 발생하는데, 데이터 누수로 과적합이 일어나 미지의 데이터에서는 정확도가 좋지 않은 결과를 초래합니다.

3.10 정확도 이외의 여러 가지 분석

지금까지 캐글의 타이타닉 경진대회를 이용하여 머신 러닝의 대략적인 순서를 설명했습니다. 이제부터 조금 시점을 바꾸어 분석해 보겠습니다. 지금까지는 모델 정확도를 높이는 것이 목적이었지요. 추천 시스템 개발이나 고장 예측 등 모델 정확도를 높이는 것은 물론 중요합니다. 그런데 실제 데이터 업무에서는 정확도 외에도 많은 것을 고려해야 할 때가 있습니다.

그 예로 '사용자 분류'와 '특정 사용자 분석'을 생각해 보겠습니다.

3.10.1 추가 분석 ❶: 타이타닉에는 어떤 사람이 승선하고 있었는가?

실무 데이터 분석에서는 전체를 크게 보면서 분석 대상에 어떤 유저들이 어떻게 분포되어 있는지를 생각할 때가 많습니다. 이는 단기적인 효율보다는 시간 흐름에 따른 장기적인 변화를 예측하면서 어떤 층이 증감하고 있는지 파악하고, 이것으로 새로운 계획을 마련하는 데 도움이 됩니다. 예를 들어 어떤 시장에서 '여행을 좋아하는 젊은이들이 증가하고 있다'는 것을 알았다면, 지금까지는 전략적으로 중요치 않았어도 이제부터라도 미래를 내다보고 먼저 계획할 수 있을 것입니다.

우리가 가진 타이타닉호 데이터로는 앞의 예처럼 시장 분석은 할 수 없지만, 당시 호화 여객선인 타이타닉호에 어떤 부류의 사람들이 승선하고 있었는지 분석하여 사용자를 분류하는 여러 방법을 익힐 수 있을 것입니다. 데이터 전체를 특징이 비슷한 여러 집합으로 나누는 방법은 다음과 같습니다.

- **어느 한 값에 주목하여 나누는 방법**: 예를 들어 타이타닉호 데이터에서는 '티켓 등급별로 승객에 어떤 차이가 있는지' 생각할 수 있습니다.

- **통계 및 머신 러닝을 이용하는 방법**: k-means, t-SNE 등 방법을 이용하여 데이터를 자동으로 '특징이 닮은' 그룹으로 분류합니다. '특징이 비슷하다'를 정의하는 것에도 여러 가지가 있습니다. 예를 들어 특징 값의 유클리드 거리 등을 들 수 있습니다.

티켓 등급별 인원수 확인하기

먼저 티켓 등급에 따라 데이터를 나누었을 때 어떤 차이가 있는지 간단히 분석해 봅시다.

여기서는 이전 절과 다른 시점에서 분석할 것이므로 데이터를 다시 읽어 오겠습니다. 아나콘다(윈도)나 맥의 주피터 노트북에서는 코드 3-75를 실행합니다. 캐글에서는 코드 3-76을 실행합니다.

▼ 코드 3-75 데이터 읽기(아나콘다(윈도)나 맥의 주피터 노트북)

```
In    train_df = pd.read_csv("./data/train.csv")
      test_df = pd.read_csv("./data/test.csv")
      all_df = pd.concat([train_df,test_df], sort=False).reset_index(drop=True)
```

▼ 코드 3-76 데이터 읽기(캐글)

```
In    train_df = pd.read_csv("../input/titanic/train.csv")
      test_df = pd.read_csv("../input/titanic/test.csv")
      all_df = pd.concat([train_df,test_df], sort=False).reset_index(drop=True)
```

all_df(train 데이터와 test 데이터를 결합한 것) 데이터의 Pclass가 티켓 등급을 나타냅니다. 우선 각 수를 확인합니다(코드 3-77).

▼ 코드 3-77 티켓 등급별 인원수 확인하기

```
In    all_df.Pclass.value_counts()
```

```
Out   3    709
      1    323
      2    277
      Name: Pclass, dtype: int64
```

코드 3-77의 결과를 plot.bar()에서 시각화합니다(코드 3-78).

▼ 코드 3-78 코드 3-77의 결과를 시각화하기

In `all_df.Pclass.value_counts().plot.bar()`

Out `<AxesSubplot:>`

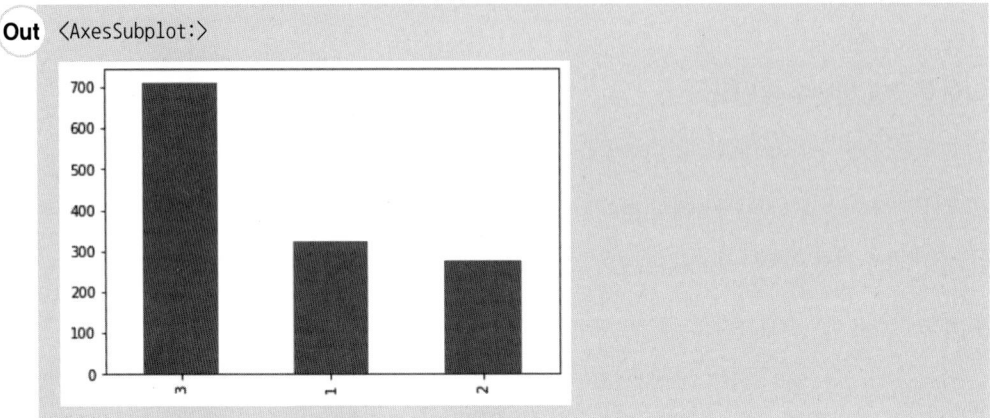

3등급의 승객이 가장 많습니다. 1등급, 2등급의 두 배 이상이 되는 것 같네요. 각 티켓 등급 내에서도 방 위치 등에 따라 티켓 요금이 달라졌을까요?

요금 분포 확인하기

티켓 등급별 요금 분포를 확인하겠습니다(코드 3-79). all_df 중 집계하고자 하는 Pclass, Fare만 빼낸 후 groupby()를 사용하여 Pclass별로 값을 집계합니다. groupby("집계 단위")라는 집계 함수를 사용하여 mean(평균), sum(합계), max(최대), count(수) 등을 집계할 수 있습니다. groupby ("집계 단위").describe()라고 명령하면 일괄적으로 각종 통계량을 낼 수 있습니다.

▼ 코드 3-79 티켓 등급별 요금 분포 확인하기

In `all_df[["Pclass","Fare"]].groupby("Pclass").describe()`

Out

| | Fare | | | | | | | |
Pclass	count	mean	std	min	25%	50%	75%	max
1	323.0	87.508992	80.447178	0.0	30.6958	60.0000	107.6625	512.3292
2	277.0	21.179196	13.607122	0.0	13.0000	15.0458	26.0000	73.5000
3	708.0	13.302889	11.494358	0.0	7.7500	8.0500	15.2458	69.5500

이것도 마찬가지로 시각화해 보겠습니다(코드 3-80).

▼ 코드 3-80 티켓 등급별 요금 분포 시각화하기

In
```
plt.figure(figsize=(6, 5))
sns.boxplot(x="Pclass", y="Fare", data=all_df)
```

Out `<AxesSubplot:xlabel='Pclass', ylabel='Fare'>`

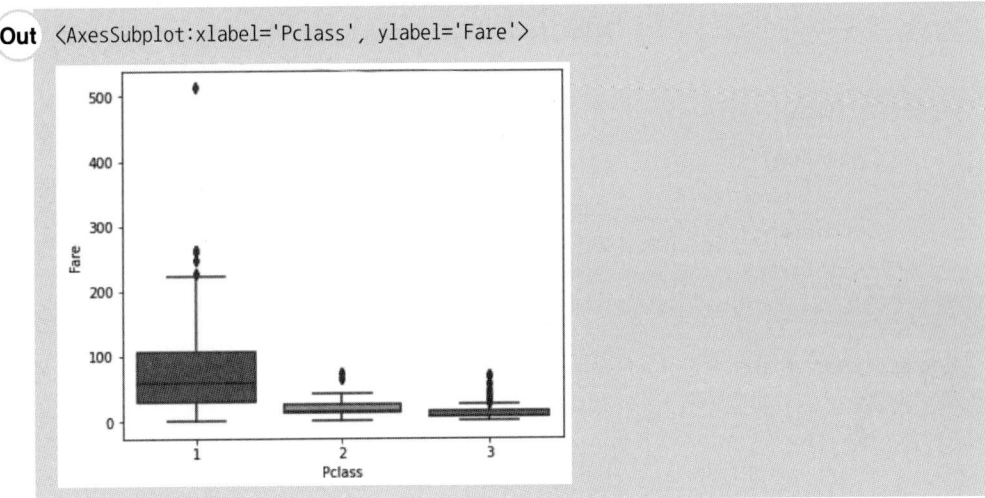

1등급 티켓은 3등급보다 무려 일곱 배 가까운 가격대를 형성하고 있습니다. 게다가 1등급은 가격대의 폭도 넓고 가장 비싼 티켓은 3등급 평균 요금의 50배에 달합니다. 그래서 1등급 안에서도 더상위 클래스의 사람들은 따로 나누어서 집계해 보겠습니다.

1등급 티켓 중 고액권(1등급 티켓 상위 25%)을 Pclass0으로 만들기

1등급 안에서도 더 높은 등급의 티켓을 0등급으로 만들어 보겠습니다.

먼저 기존 Pclass와는 별개로 새롭게 Pclass2 변수를 만듭니다(코드 3-81).

▼ 코드 3-81 Pclass2 변수 생성하기

In
```
all_df["Pclass2"] = all_df["Pclass"]
```

Pclass2 중 Fare가 108보다 큰 것을 0등급으로 변경하기

새로 만든 Pclass2 중 Fare가 108보다 큰 경우 이를 0등급으로 만들겠습니다. 이는 1등급 클래스 티켓의 75%보다 큰, 즉 전체 상위 25%에 해당하는 그룹입니다. 어떤 조건에 따라 값을 바꾸려면 코드 3-32에서 했듯이 loc을 사용해서 데이터프레임 안에서 행과 열을 지정해 줍니다. 데이터프레임명.loc[행의 조건 범위, 대체하고 싶은 열명]=대체하고 싶은 값 형태로 코드를 실행합니다(코드 3-82).

▼ 코드 3-82 Fare가 108보다 큰 것을 0으로 변경하기

```
In   all_df.loc[all_df["Fare"]>108, "Pclass2"] = 0
```

```
In   all_df[all_df["Pclass2"]==0]
```

Out		PassengerId	Survived	Pclass	Name	Sex	Age	SibSp	Parch	Ticket	Fare	Cabin	Embarked	Pclass2
	27	28	0.0	1	Fortune, Mr. Charles Alexander	male	19.0	3	2	19950	263.0000	C23 C25 C27	S	0
	31	32	1.0	1	Spencer, Mrs. William Augustus (Marie Eugenie)	female	NaN	1	0	PC 17569	146.5208	B78	C	0
	88	89	1.0	1	Fortune, Miss. Mabel Helen	female	23.0	3	2	19950	263.0000	C23 C25 C27	S	0
	118	119	0.0	1	Baxter, Mr. Quigg Edmond	male	24.0	0	1	PC 17558	247.5208	B58 B60	C	0
	195	196	1.0	1	Lurette, Miss. Elise	female	58.0	0	0	PC 17569	146.5208	B80	C	0
	...	...	...	...	...	...	...	...	...	...	...	...	...	...
	1262	1263	NaN	1	Wilson, Miss. Helen Alice	female	31.0	0	0	16966	134.5000	E39 E41	C	0
	1266	1267	NaN	1	Bowen, Miss. Grace Scott	female	45.0	0	0	PC 17608	262.3750	NaN	C	0
	1291	1292	NaN	1	Bonnell, Miss. Caroline	female	30.0	0	0	36928	164.8667	C7	S	0
	1298	1299	NaN	1	Widener, Mr. George Dunton	male	50.0	1	1	113503	211.5000	C80	C	0
	1305	1306	NaN	1	Oliva y Ocana, Dona. Fermina	female	39.0	0	0	PC 17758	108.9000	C105	C	0

81 rows × 13 columns

티켓 등급별 연령 분포 확인하기

이제 티켓 등급별 연령 분포를 확인해 보겠습니다(코드 3-83). 저렴한 티켓에는 젊은 층이 많고, 비싼 티켓은 시니어가 많을까요?

▼ 코드 3-83 연령 분포 확인하기

```
In   all_df[["Pclass2","Age"]].groupby("Pclass2").describe()
```

Out

| | | | | | | Age | | | |
| | count | mean | std | min | 25% | 50% | 75% | max |
Pclass2								
0	76.0	35.242368	15.422162	0.92	24.0	35.0	45.50	67.0
1	208.0	40.591346	13.981486	4.00	30.0	40.5	50.25	80.0
2	261.0	29.506705	13.638627	0.67	22.0	29.0	36.00	70.0
3	501.0	24.816367	11.958202	0.17	18.0	24.0	32.00	74.0

In
```python
plt.figure(figsize=(6, 5))
sns.boxplot(x="Pclass2", y="Age", data=all_df)
```

Out <AxesSubplot:xlabel='Pclass2', ylabel='Age'>

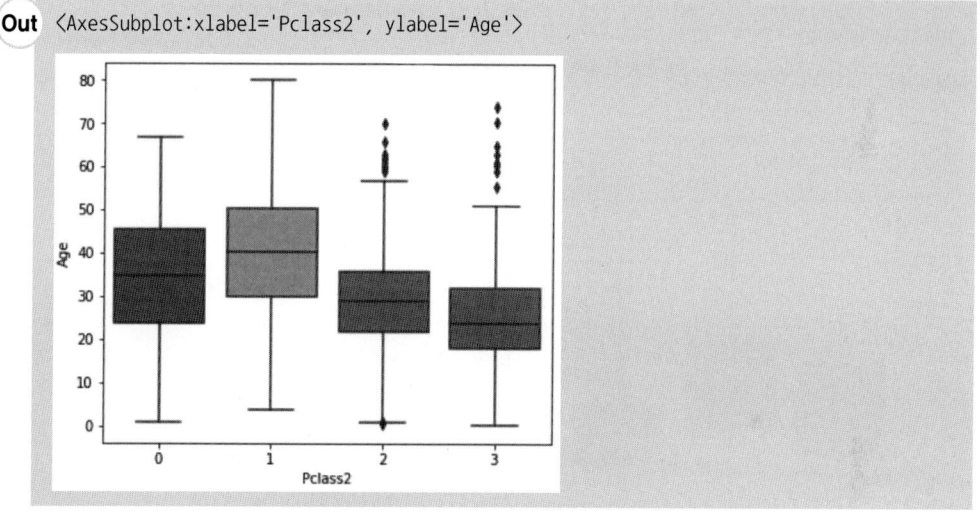

역시 평균 연령은 3등급에서 1등급으로 갈수록 높아지는 것 같습니다. 가족 단위라면 아이들도 포함됩니다. 그래서 만약을 위해 15세보다 높은 사람에 한해 연령 분포를 다시 확인해 보겠습니다.

15세 이상을 대상으로 분석하기

데이터 일부를 집계할 때는 먼저 all_df[all_df["Age"]>15]처럼 일부 데이터를 빼낸 후 필요한 변수를 지정하고 집계 방법을 정합니다(코드 3-84). 잘 모르는 부분이 있거나 재사용할 때는 all_df_15over=all_df[all_df["Age"]>15]처럼 별도로 데이터프레임을 만들어 작업하면 좋습니다.

▼ 코드 3-84 15세 이상을 대상으로 티켓 등급 확인하기

In
```
all_df[all_df["Age"]>15][["Pclass2","Age"]].groupby("Pclass2").describe()
```

Out

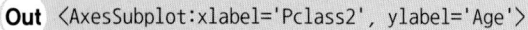

									Age
	count	mean	std	min	25%	50%	75%		max
Pclass2									
0	69.0	37.920290	13.428357	17.0	27.0	36.0	48.0		67.0
1	207.0	40.768116	13.780416	16.0	30.0	41.0	50.5		80.0
2	233.0	32.369099	11.363367	16.0	24.0	30.0	39.0		70.0
3	422.0	28.200237	9.634512	16.0	21.0	26.0	33.0		74.0

In
```
plt.figure(figsize=(6, 5))
sns.boxplot(x="Pclass2", y="Age", data=all_df[all_df["Age"]>15])
```

Out `<AxesSubplot:xlabel='Pclass2', ylabel='Age'>`

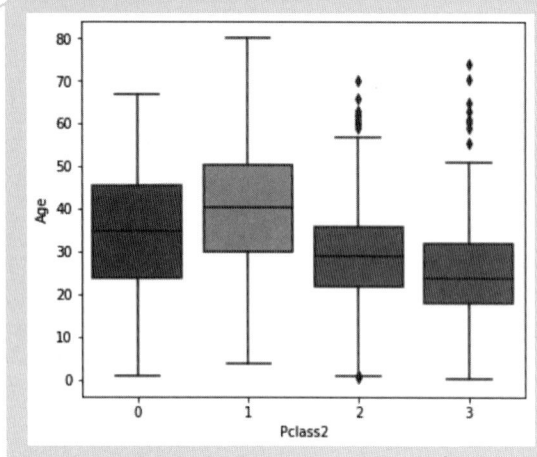

연령과 티켓 요금의 분포 확인하기

참고로 연령과 티켓 요금의 분포는 코드 3-85와 같이 확인할 수 있습니다. 단순히 젊은이들이 싼 티켓을 사고, 노인들이 비싼 티켓을 사지는 않은 것 같습니다.

▼ 코드 3-85 연령과 티켓 요금의 분포 확인하기

In
```
all_df.plot.scatter(x="Age", y="Fare", alpha=0.5)
```

Out `<AxesSubplot:xlabel='Age', ylabel='Fare'>`

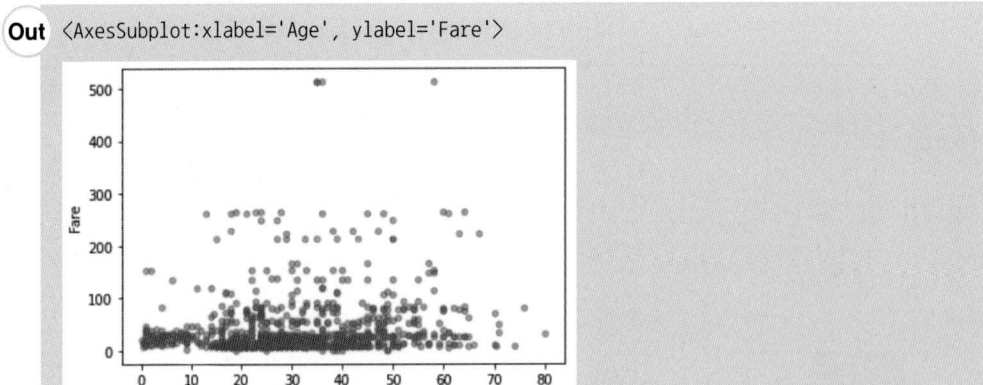

티켓 등급별 승선 가족 수 확인하기

또 티켓 등급에 따라 승선 가족 수에 차이가 있는지도 살펴보겠습니다. 과연 1등급 호화 객실에
숙박했던 사람들은 대가족이었을까요, 부부였을까요? 아니면 혼자 여행을 만끽하던 승객이었을
까요? 먼저 가족 인원이라는 변수를 추가합니다(코드 3-86).

▼ 코드 3-86 티켓 등급에 따라 승선 가족 수에 차이가 있는지 확인하기

In
```
all_df["family_num"] = all_df["SibSp"] + all_df["Parch"]
```

In
```
all_df[["Pclass2","family_num"]].groupby("Pclass2").describe()
```

Out

								family_num
	count	mean	std	min	25%	50%	75%	max
Pclass2								
0	81.0	1.543210	1.541504	0.0	0.0	1.0	2.0	5.0
1	242.0	0.553719	0.687172	0.0	0.0	0.0	1.0	3.0
2	277.0	0.761733	1.029060	0.0	0.0	0.0	1.0	5.0
3	709.0	0.968970	1.921230	0.0	0.0	0.0	1.0	10.0

In
```
plt.figure(figsize=(6, 5))
sns.boxplot(x="Pclass2", y="family_num", data=all_df)
```

Out `<AxesSubplot:xlabel='Pclass2', ylabel='family_num'>`

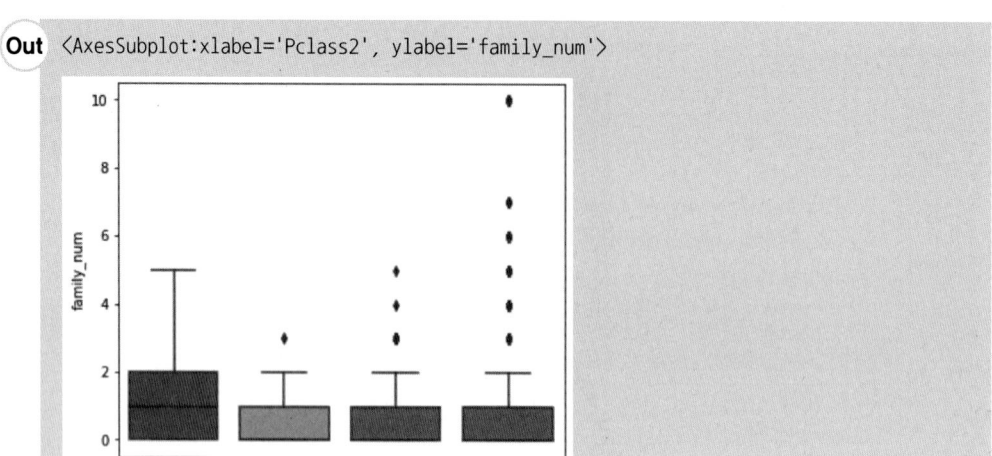

1등급에서 3등급은 평균 승선 가족 수가 1을 밑도는 반면(승선 가족 인원이 0이면 혼자 탑승했다는 의미), 0등급 상위 클래스 티켓은 평균 1.5로 되어 있습니다. 이는 기본적으로 배우자나 자녀와 함께 탑승한 것이 아닐까 싶습니다. 단 3등급 티켓은 최대 10인 가족이 함께 승선한 경우도 있으며, 이외에도 대가족이 몇몇 있었다는 점이 눈에 띕니다. 1등급은 평균 동반 인원이 가장 적습니다.

티켓 등급별 남녀 비율 확인하기

이번에는 티켓 등급별 남녀 비율을 확인하겠습니다(코드 3-87).

▼ 코드 3-87 남녀 비율 확인하기

In
```
Pclass_gender_df = all_df[["Pclass2","Sex","PassengerId"]].dropna().
                    groupby(["Pclass2","Sex"]).count().unstack()
```

In
```
Pclass_gender_df.plot.bar(stacked=True)
```

Out `<AxesSubplot:xlabel='Pclass2'>`

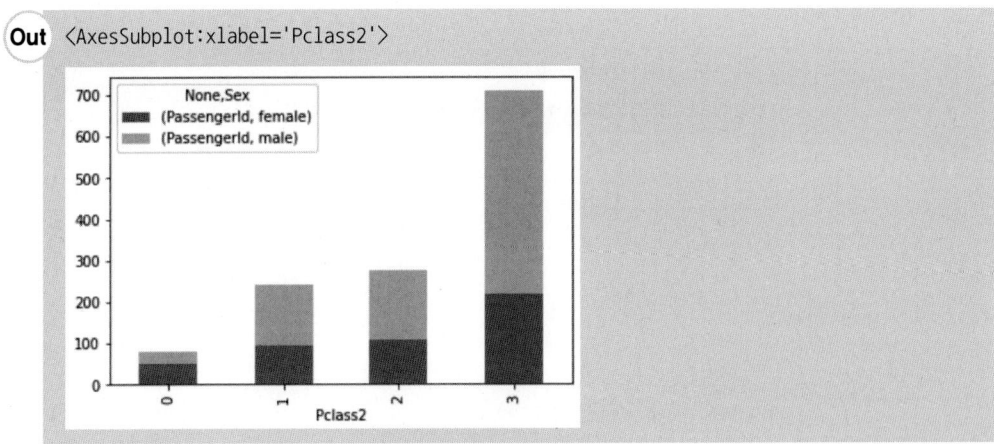

In
```
Pclass_gender_df["male_ratio"] = Pclass_gender_df["PassengerId","male"] / (Pclass_
    gender_df["PassengerId","male"] + Pclass_gender_df["PassengerId","female"])
```

In
```
Pclass_gender_df
```

Out

	PassengerId		male_ratio
Sex	female	male	
Pclass2			
0	51	30	0.370370
1	93	149	0.615702
2	106	171	0.617329
3	216	493	0.695346

1~3등급은 남성이 60% 남짓이지만, 0등급인 상위 클래스는 40% 미만입니다. 이것은 앞서 나온 것처럼 0등급은 다른 클래스에 비해 동반자가 있는 경우가 많기 때문인 듯합니다.

승선 항구별 차이 확인하기

마지막으로 승선 항구별 차이를 확인해 보겠습니다(코드 3-88).

❤ 코드 3-88 항구별 차이 확인하기

```
In    Pclass_emb_df = all_df[["Pclass2","Embarked","PassengerId"]].dropna().
              groupby(["Pclass2","Embarked"]).count().unstack()
```

```
In    Pclass_emb_df = Pclass_emb_df.fillna(0)
```

```
In    Pclass_emb_df.plot.bar(stacked=True)
```

```
Out   <AxesSubplot:xlabel='Pclass2'>
```

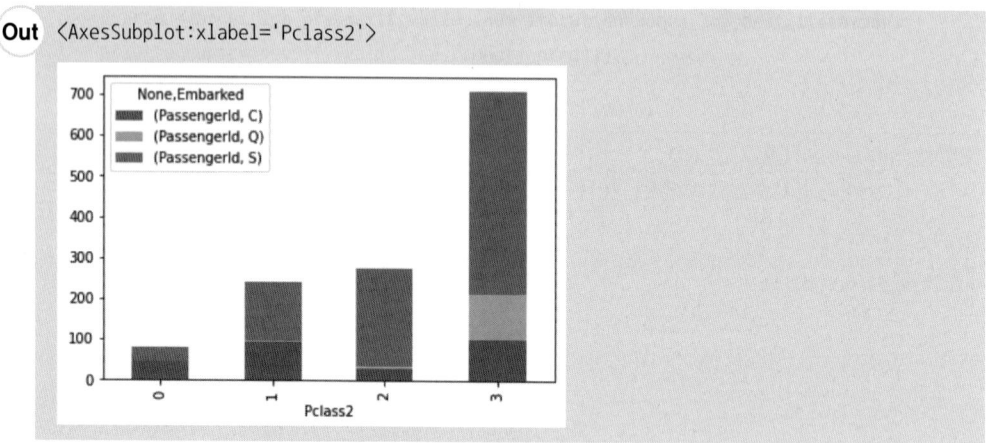

언뜻 이해하기 어려워 보이므로 비율을 비교할 수 있는 100% 누적 막대 그래프로 변환해 보겠습니다(코드 3-89).

❤ 코드 3-89 100% 누적 막대 그래프로 변환하기

```
In    Pclass_emb_df_ratio = Pclass_emb_df.copy()
      Pclass_emb_df_ratio["sum"] = Pclass_emb_df_ratio["PassengerId","C"] + Pclass_emb_df_
                ratio["PassengerId","Q"] + Pclass_emb_df_ratio["PassengerId","S"]
      Pclass_emb_df_ratio["PassengerId","C"] = Pclass_emb_df_ratio["PassengerId","C"] /
                                        Pclass_emb_df_ratio["sum"]
      Pclass_emb_df_ratio["PassengerId","Q"] = Pclass_emb_df_ratio["PassengerId","Q"] /
                                        Pclass_emb_df_ratio["sum"]
      Pclass_emb_df_ratio["PassengerId","S"] = Pclass_emb_df_ratio["PassengerId","S"] /
                                        Pclass_emb_df_ratio["sum"]
      Pclass_emb_df_ratio = Pclass_emb_df_ratio.drop(["sum"], axis=1)
```

```
In    Pclass_emb_df_ratio
```

Out

	PassengerId		
Embarked Pclass2	C	Q	S
0	0.580247	0.000000	0.419753
1	0.391667	0.012500	0.595833
2	0.101083	0.025271	0.873646
3	0.142454	0.159379	0.698166

In `Pclass_emb_df_ratio.plot.bar(stacked=True)`

Out `<AxesSubplot:xlabel='Pclass2'>`

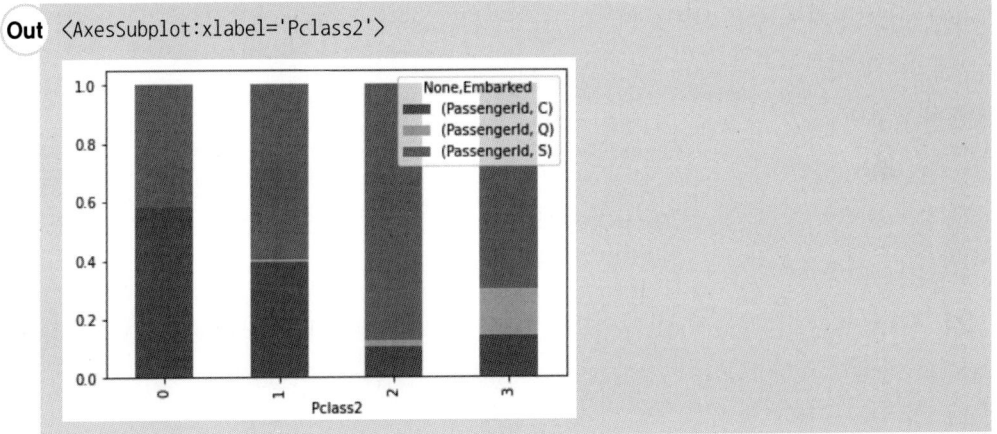

항구는 C=Cherbourg, Q=Queenstown, S=Southampton을 나타냅니다. 티켓 등급이 오름에 따라(3등급에서 0등급으로) Cherbourg에서 승선한 사람도 늘어나는 것 같습니다. 0등급이나 1등급 티켓으로 Queenstown에서 승선한 사람은 거의 없어 보입니다.

이상을 정리하면 다음과 같습니다.

- **0등급:** 동반자가 많고 남성 비율이 다른 티켓 등급보다 낮습니다. 연령대가 약간 높습니다. Cherbourg에서 승선한 사람이 많습니다.

- **1등급:** 다른 등급에 비해 연령대가 가장 높습니다. 1인 승선률이 가장 높고 대가족 승선은 없습니다.

- **2등급:** 1등급과 3등급의 중간적인 경향을 보입니다. Southampton에서 승선한 비율이 가장 높습니다.

- **3등급**: 1인부터 대가족까지 다양한 인원이 승선했습니다. 다른 클래스보다 Queenstown에서 승선한 비율이 높습니다.

3.10.2 추가 분석 ❷: 특정 클러스터에 주목

데이터 분석에서는 전체를 파악하는 것뿐 아니라 극단적인 경향을 보이는 특정 집단을 파악하는 것이 중요할 때가 있습니다. 인원이 적어 전체 큰 경향만으로는 간과하기 쉽거나 지금은 작아 보여도 향후 성장 가능성이 큰 집단을 찾는 분석이 필요한 경우가 드물지 않기 때문입니다. 시니어 행동을 분석하는 경우, 모든 기능을 잘 다루는 하이엔드 유저에 주목하는 경우, 반복 상품을 사는 층에 주목하는 경우 등이 그렇습니다.

추가 분석 ❶에서는 상위 클래스 티켓을 가진 사람은 Cherbourg에서 승선하는 경우가 많았고, 연령대가 다소 높은 경향이 있었다는 것을 보여 주었습니다. 여기서는 'Cherbourg에서 혼자 탑승한 젊은 승객'을 추가로 분석하면서 그냥 보아서는 좀처럼 찾기 어려운 층을 분석하는 연습을 하겠습니다. 전체 분포 중에서 특정 층을 하이라이트하는 방법 등을 소개할 예정입니다.

'젊은' 승객의 기준을 10대, 20대로 가정하겠습니다. 그러면 젊은 승객은 Age를 10으로 나누었을 때의 몫이 1 또는 2인지 여부를 기준으로 정할 수 있습니다. 이는 코드 3-90과 같이 실행됩니다.

▼ 코드 3-90 'Cherbourg에서 혼자 승선한 젊은 승객'이라는 그룹의 특징 분석하기

```
C_young10 = all_df[(all_df["Embarked"] == "C") & (all_df["Age"] // 10 == 1) & (all_
                df["family_num"] == 0)]
```

```
C_young20 = all_df[(all_df["Embarked"] == "C") & (all_df["Age"] // 10 == 2) & (all_
                df["family_num"] == 0)]
```

```
len(C_young10)
```

```
7
```

```
len(C_young20)
```

```
31
```

10대는 7명, 20대는 31명이 여기에 해당하는 것 같습니다. 이 젊은이들을 전체와 비교하면 어떤 특징이 있을까요?

Cherbourg에서 탑승한 젊은 승객의 요금 분포 알아보기

우선 연령과 티켓 요금 분포도를 이용하여 해당되는 일부를 강조해 보겠습니다. 분포도 일부를 강조 표시하려면 plot을 겹칩니다. 우선 코드 3-91과 같이 기본으로 표시하고 싶은 것을 plot으로 그리고, 그것을 ax의 인수로 지정합니다(나중에 불러오는 것이 그 위에 표시됩니다). 다음으로 전체 승객 중 Cherbourg에서 홀로 승선한 10대의 분포를 확인하고, 그다음 홀로 승선한 모든 승객 중 Cherbourg에서 승선한 승객으로 압축한 결과를 확인하겠습니다(코드 3-92). 같은 분석을 20대 승객들을 대상으로도 실행해 보겠습니다(코드 3-93).

▼ 코드 3-91 전체 승객 중 Cherbourg에서 홀로 승선한 10대 승객 분포

```
In   ax = all_df.plot.scatter(x="Age", y="Fare", alpha=0.5)
     C_young10.plot.scatter(x="Age", y="Fare", color="red", alpha=0.5, ax=ax)
```

```
Out  <AxesSubplot:xlabel='Age', ylabel='Fare'>
```

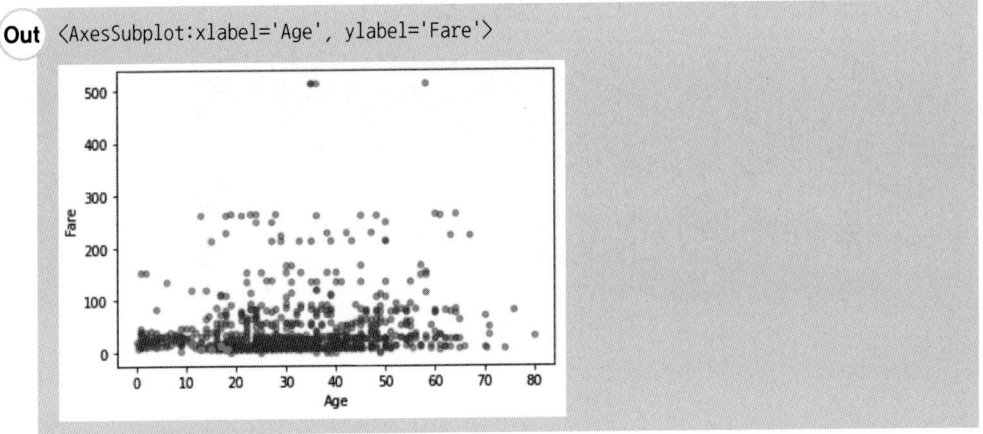

▼ 코드 3-92 홀로 승선한 모든 승객 중 Cherbourg에서 승선한 승객 분포

```
In   ax = all_df[all_df["family_num"]==0].plot.scatter(x="Age", y="Fare", alpha=0.5)
     C_young10.plot.scatter(x="Age", y="Fare", color="red", alpha=0.5, ax=ax)
```

Out `<AxesSubplot:xlabel='Age', ylabel='Fare'>`

❤ 코드 3-93 Cherbourg에서 홀로 승선한 20대 승객 분포

In
```python
ax = all_df.plot.scatter(x="Age", y="Fare", alpha=0.5)
C_young20.plot.scatter(x="Age", y="Fare", color ="red", alpha=0.5, ax=ax)
```

Out `<AxesSubplot:xlabel='Age', ylabel='Fare'>`

In
```python
ax = all_df[all_df["family_num"]==0].plot.scatter(x="Age", y="Fare", alpha=0.5)
C_young20.plot.scatter(x="Age", y="Fare", color ="red", alpha=0.5, ax=ax)
```

Out `<AxesSubplot:xlabel='Age', ylabel='Fare'>`

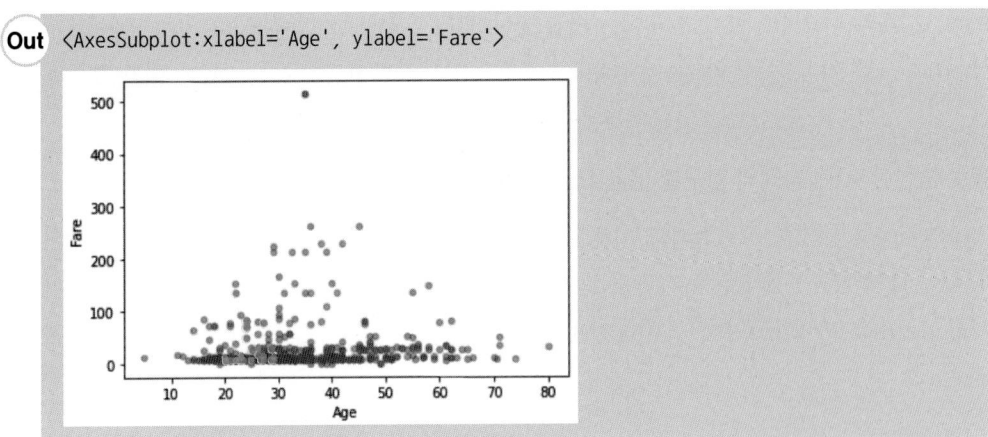

전체 중 10대(코드 3-92)와 20대(코드 3-93)의 일부가 각각 빨갛게(이 책은 2색이므로 노랗게 표시) 하이라이트되었습니다. 20대는 전체와 크게 경향이 다르지 않습니다. 그런데 10대는 Cherbourg 승객이 전체 대비 저렴한 티켓 요금으로 승선한 경우가 많습니다. Cherbourg에서 타고 오는 승객을 전체 중에서 표시하려면 코드 3-94와 같이 코딩합니다.

❤ 코드 3-94 Cherbourg 승객을 전체 중에서 표시하기

In
```
C_all = all_df[(all_df["Embarked"]=="C")]
ax = all_df.plot.scatter(x="Age", y="Fare", alpha=0.5)
C_all.plot.scatter(x="Age", y="Fare", color="red", alpha=0.5, ax=ax)
```

Out `<AxesSubplot:xlabel='Age', ylabel='Fare'>`

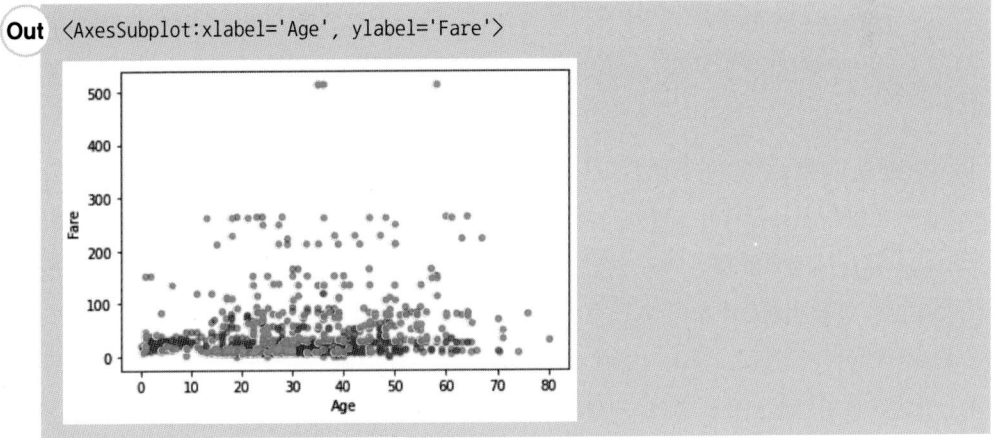

10대, 20대와 비교하여 30대 이후에는 빨갛게(이 책은 2색이므로 노랗게 표시) 하이라이트된 Cherbourg 승객이 전체와 비교하여 위쪽에 위치하고 있어 승선 요금이 약간 비쌌던 것 같습니다.

홀로 승선한 10대 승객의 항구별 평균 요금 비교하기

Cherbourg의 승객 중 상위 클래스 티켓으로 승선한 승객은 30대 이후의 사람들입니다. 그렇다면 젊은 승객들은 전체와 같은 티켓을 샀거나 약간 저렴한 티켓을 사서 승선했을 것 같습니다. Cherbourg를 포함한 항구마다 10대이면서 1인 승객의 승선 요금을 비교해 보겠습니다(코드 3-95).

▼ 코드 3-95 각 항구의 10대이면서 1인 승객 평균 요금 비교하기

```
In   all_df[(all_df["Age"] // 10 == 1) & (all_df["family_num"] == 0)][["Embarked","Fare"]].
     groupby("Embarked").mean()
```

Out

	Fare
Embarked	
C	10.594057
Q	7.531944
S	16.218712

추가 분석 ❶로 Cherbourg에서 승선한 승객은 상위 클래스 티켓을 가진 사람이 많았다는 것을 알았습니다. 그런데 홀로 탑승한 10대 승객만 대상으로 한 추가 분석 ❷에서는 Cherbourg의 승객보다 Southampton에서 승선한 승객이 평균 승선 요금보다 비싼 티켓을 구매한 것으로 나옵니다.

이렇듯 간단한 교차 집계를 이용하는 것만으로도 특정 값에 주목하여 분류를 실행하고 그 차이를 분석할 수 있었습니다. 간단한 방법이기 때문에 설명하기도 비교적 쉽다는 것이 이 방법의 이점이기도 합니다. 또 시각화를 하면 바로 알 수 있는 경우도 많았습니다. 갑자기 머신 러닝 방법을 쓰기 전에 앞서 언급한 시각화를 해 보고, 이와 함께 이런 기초적인 집계를 몇 가지 시도해 보는 것이 좋습니다. 이런 작업들로 예측 작업에 유용한 특정 값을 찾아내는 경우도 있습니다. 통계 방법이나 머신 러닝 방법을 이용한 클러스터링은 다음 장에서 설명을 계속하겠습니다.

memo

4장

캐글 경진대회 도전 ②: 주택 가격 예측

이제 주제가 주택 가격 예측하기(House Prices: Advanced Regression Techniques)인 캐글 경진대회에 참가해 보겠습니다. 이 대회는 연습용으로, 상금이나 메달 수여의 대상은 아닙니다.

4.1 더 상세하게 알아보는 데이터 분석

4.2 주택 가격 예측하기 경진대회란

4.3 데이터 내려받기

4.4 벤치마크용 베이스라인 작성

4.5 목적 변수의 전처리: 목적 변수의 분포 확인

4.6 설명 변수의 전처리: 결측치 확인

4.7 이상치 제외

4.8 설명 변수 확인: 특징 값 생성

4.9 하이퍼파라미터 최적화

4.10 여러 가지 머신 러닝 방법을 이용한 앙상블

4.11 추가 분석 ①: 통계 기법을 이용한 클러스터 분석

4.12 추가 분석 ②: 고급 주택의 조건을 분석하고 시각화

4.1 더 상세하게 알아보는 데이터 분석

앞서 우리는 데이터 분석의 기본 순서를 배웠습니다. 이번에는 앞서 언급하지 않은 다른 분석 방법이나 하이퍼파라미터의 튜닝 방법, 여러 가지 기법을 조합하는 앙상블 등을 알아보겠습니다. 이전 장과 마찬가지로 대회 주제는 물론, 새로운 관점으로도 데이터를 분석하면서 좀 더 상세한 데이터 분석에 도전해 보겠습니다.

이 장에서 배우는 내용은 다음과 같습니다.

- 데이터 분석 방법을 좀 더 상세히 알아보기

- 여러 머신 러닝 방법의 설계 및 조합

- **추가 분석 ❶:** 클러스터 분석에 따른 주택 분류

- **추가 분석 ❷:** 고급 주택의 조건 분석 및 시각화

새로운
여러 데이터 분석 방법을
배우겠군요!

4.2 주택 가격 예측하기 경진대회란

주택 가격 예측하기 경진대회(House Prices: Advanced Regression Techniques)는 미국 아이오와주 에임스시의 주택 가격을 예측하는 대회입니다(그림 4-1).

❤ 그림 4-1 주택 가격 예측하기 경진대회

URL https://www.kaggle.com/c/house-prices-advanced-regression-techniques/overview

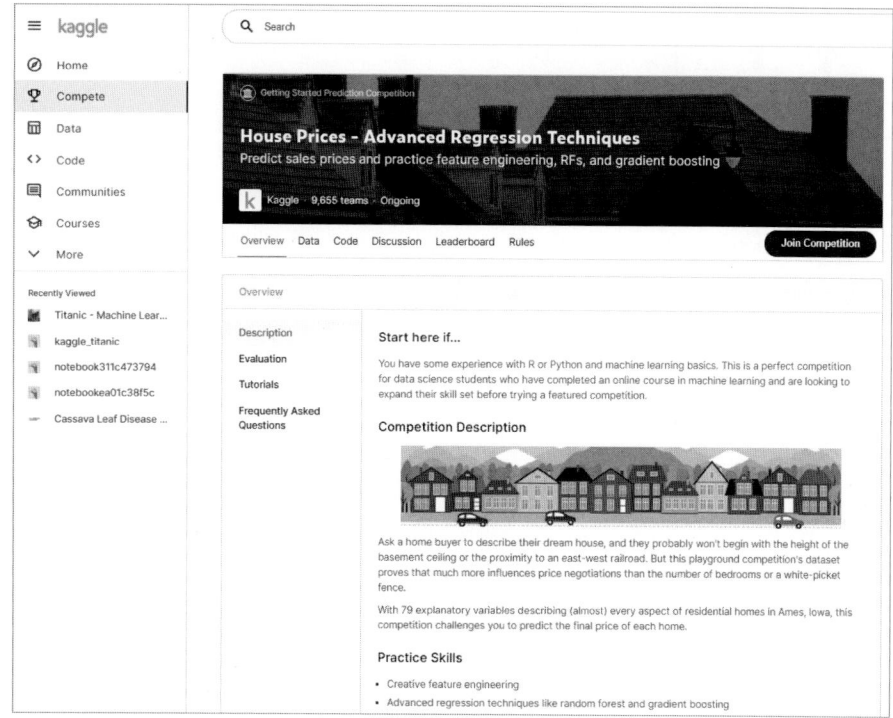

데이터에는 주택별 건축 연도, 설비, 넓이, 지역, 차고에 들어가는 차의 대수 등 설명 변수 79개가 준비되어 있고, 목적 변수인 주택 가격이 포함되어 있습니다. 주택 총 1460채의 정보가 학습 데이터로 주어지고, 이 데이터를 바탕으로 모델을 작성한 후 주택 1459채의 가격을 예측합니다. 예측 정확도 평가는 평균 제곱 오차(Root Mean Squared Error, RMSE)를 사용하며, 정답 데이터와 차이가 작을수록 상위를 차지합니다(그림 4-2).

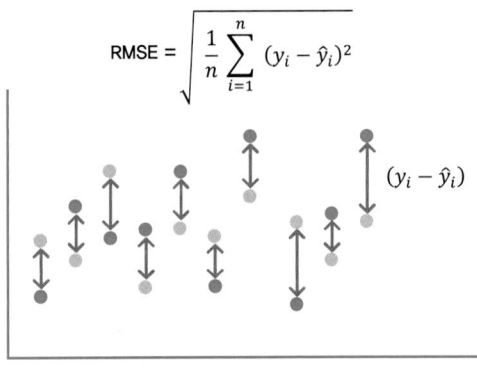

RMSE

Root Mean Squared Error

$$RMSE = \sqrt{\frac{1}{n}\sum_{i=1}^{n}(y_i - \hat{y}_i)^2}$$

$(y_i - \hat{y}_i)$

● 실제 값 y_i　　● 예측 값 $\hat{y}_i$

타이타닉 생존자 예측하기 대회에서는 사망(0), 생존(1) 두 카테고리로 분류하는 이진 분류가 목적이었지만, 주택 가격 예측하기 대회에서는 연속적인 값을 예측하는 회귀 분석을 하게 됩니다(그림 4-3).

❤ 그림 4-3 분류와 회귀

분류(classification)

클래스 두 개 혹은 여러 개로 분류하는 것

ID	Survived
0	1
1	0
2	1
3	1
4	0

회귀(regression)

연속된 값을 예측하는 것

ID	SalePrice
0	112,310
1	145,560
2	219,200
3	186,500
4	134,265

이 경진대회의 예측 결과를 평가하는 방법은 실제 값 로그와 예측 값 로그 사이의 RMSE라는 점에 주의해야 합니다. 평가 항목(evaluation)을 보면 Taking logs means that errors in predicting expensive houses and cheap houses will affect the result equally(로그를 취하는 이유는

가격이 높은 주택의 예측 오차와 가격이 낮은 주택의 예측 오차가 결과에 동일한 영향을 주게 하기 위함)라고 기재되어 있습니다. RMSE를 사용할 때는 예측 값과 실제 값 차이가 너무 큰 데이터가 포함되어 있으면 다른 예측 값의 정확도가 아무리 좋아도 전체 예측 정확도가 크게 영향을 받습니다. 반면 실제 값, 예측 값 각각에 로그를 취하면 실제 값, 예측 값 간 차이가 작아져 특정 데이터가 전체 평가에 영향을 미치는 정도를 줄일 수 있습니다. 예측 정확도를 확인할 때는 로그를 취해야 한다는 것을 잊지 맙시다.

주택 가격 예측하기 경진대회 리더보드의 정확도 분포는 그림 4-4와 같습니다.

▼ 그림 4-4 주택 가격 예측하기 경진대회 리더보드의 정확도 분포(2021년 5월 기준)

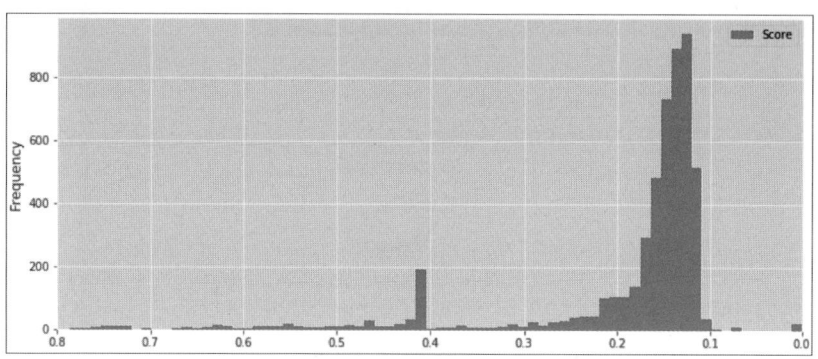

4.3 / 데이터 내려받기

주택 가격 예측하기 경진대회 페이지에서 데이터 획득하기

3장과 마찬가지로 캐글의 주택 가격 예측하기 경진대회 페이지에서 CSV 데이터를 내려받습니다 (그림 4-5).

▼ 그림 4-5 주택 가격 예측하기 경진대회 데이터 내려받기

URL https://www.kaggle.com/c/house-prices-advanced-regression-techniques/data

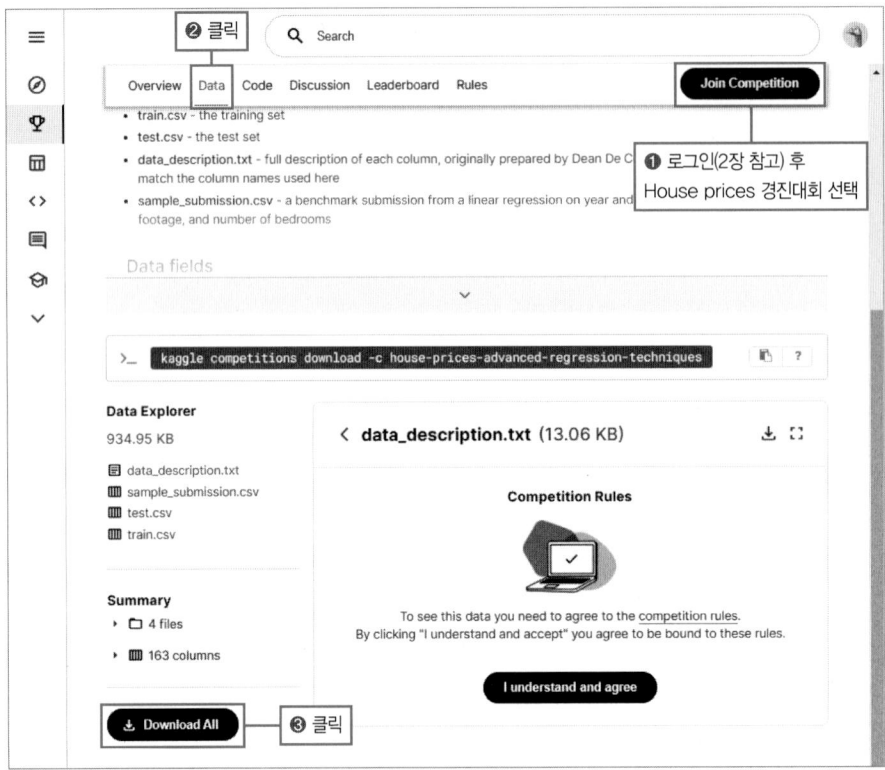

다음과 같이 파일이 네 개 있습니다.

- sample_submission.csv

- train.csv

- test.csv

- data_description.txt

타이타닉 데이터셋과 마찬가지로 sample_submission 파일, 학습 데이터, 테스트 데이터가 있고 학습 데이터, 테스트 데이터의 각 열을 설명한 data_description 파일이 있습니다. data_description 파일에는 다음과 같이 변수명, 변수 설명, (카테고리 변수의 경우) 각 값의 설명이 기재되어 있습니다.

```
MSZoning: Identifies the general zoning classification of the sale.

A   Agriculture
C   Commercial
FV  Floating Village Residential

(...생략...)
```

디렉터리의 구성(아나콘다(윈도), 맥)

3장과 같이 아나콘다(윈도)와 맥에서 디렉터리 구조는 그림 4-6~그림 4-7과 같이 구성합니다. house-prices 폴더에 data 폴더를 생성하고, 조금 전 내려받은 각종 데이터를 옮겨 놓습니다. submit 폴더는 현재 비어 있지만, 추후 4.9~4.10절에서 캐글에 제출할 결과 파일을 이 폴더에 넣을 것입니다.

▼ 그림 4-6 아나콘다(윈도) 가상 환경

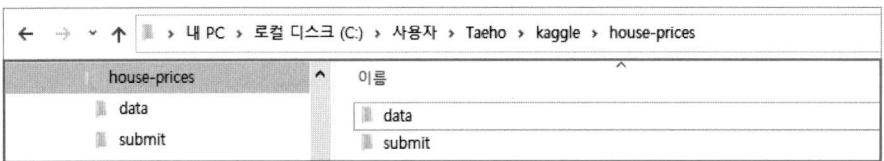

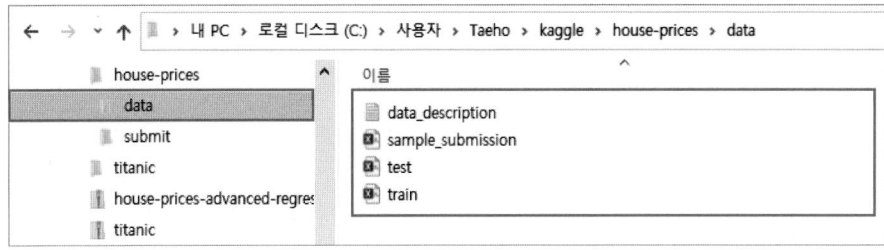

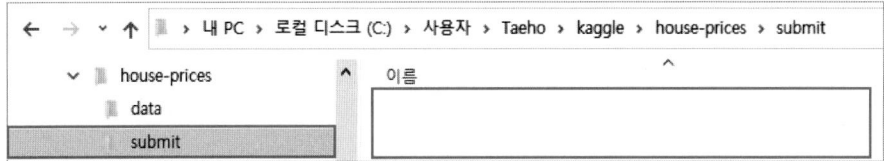

▼ 그림 4-7 맥 환경

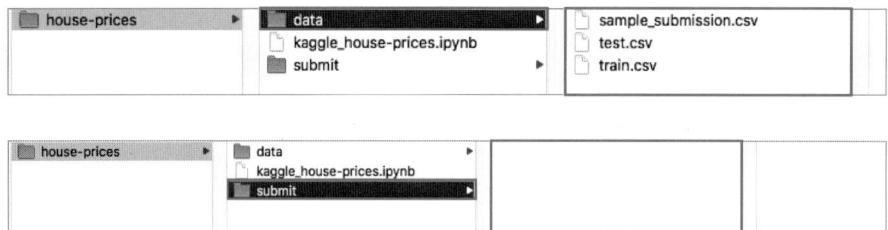

디렉터리 구성(캐글)

캐글은 경진대회 사이트(https://www.kaggle.com/c/house-prices-advanced-regression-techniques)에서 **Join Competition** > **Code** > **New Notebook**을 클릭하면 이미 각종 데이터가 업로드된 것을 볼 수 있습니다(그림 4-8). 디렉터리 구성은 캐글 기본값 그대로 이용하겠습니다.

▼ 그림 4-8 캐글

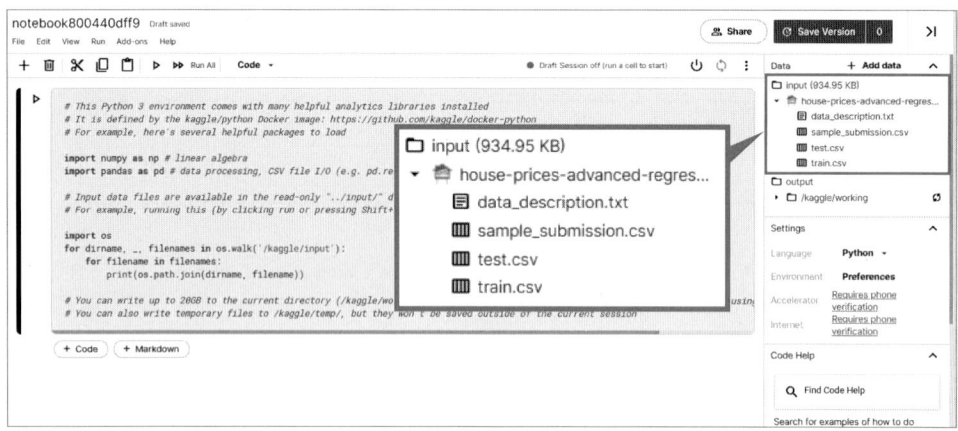

필요한 라이브러리 불러오기

이전 장과 같이 필요한 라이브러리를 임포트하여 데이터를 읽어 보겠습니다.

먼저 시각화 라이브러리 맷플롯립(matplotlib)과 씨본(seaborn)을 임포트합니다(코드 4-1).

▼ 코드 4-1 맷플롯립과 씨본의 임포트 및 시각화 설정하기

```
In  %matplotlib inline
    import matplotlib.pyplot as plt
    import seaborn as sns
```

In `plt.style.use("ggplot")`

다음으로 데이터프레임 분석용 라이브러리인 판다스(pandas)와 수치 계산용 라이브러리인 넘파이 (NumPy)를 임포트합니다(코드 4-2).

▼ 코드 4-2 판다스, 넘파이 임포트하기

In
```
import pandas as pd
import numpy as np
```

Note ≡ | **각종 라이브러리**

맷플롯립과 씨본, 판다스, 넘파이[1]는 이미 3장에서 이용했으니 바로 실행할 수 있을 것입니다. 오류가 난다면 다음 명령어를 명령 프롬프트나 터미널에서 실행하여 라이브러리를 설치하기 바랍니다.

▼ 명령 프롬프트/터미널

```
pip install numpy==1.19.0
pip install pandas==1.0.5
pip install matplotlib==3.2.2
pip install seaborn==0.10.1
```

캐글에는 기본적으로 이런 라이브러리가 이미 설치되어 있습니다.

랜덤 시드 설정하기

3장과 같이 랜덤 시드를 설정합니다(코드 4-3).

▼ 코드 4-3 랜덤 시드 설정하기

In
```
import random
np.random.seed(1234)
random.seed(1234)
```

---

1 판다스 라이브러리를 설치하면 넘파이 라이브러리도 함께 설치됩니다.

CSV 데이터 불러오기(아나콘다(윈도), 맥에서 주피터 노트북 이용)

이제 CSV 데이터를 불러오겠습니다. 아나콘다(윈도), 맥에서 주피터 노트북을 이용하려면 코드 4-4와 같이 실행합니다.

▼ 코드 4-4 CSV 데이터 불러오기(아나콘다(윈도), 맥에서 주피터 노트북 이용)

```
In    train_df = pd.read_csv("./data/train.csv")
      test_df = pd.read_csv("./data/test.csv")
      submission = pd.read_csv("./data/sample_submission.csv")
```

```
In    train_df.head()
```

	Id	MSSubClass	MSZoning	LotFrontage	LotArea	Street	Alley	LotShape	LandContour	Utilities
0	1	60	RL	65.0	8450	Pave	NaN	Reg	Lvl	AllPub
1	2	20	RL	80.0	9600	Pave	NaN	Reg	Lvl	AllPub
2	3	60	RL	68.0	11250	Pave	NaN	IR1	Lvl	AllPub
3	4	70	RL	60.0	9550	Pave	NaN	IR1	Lvl	AllPub
4	5	60	RL	84.0	14260	Pave	NaN	IR1	Lvl	AllPub

...	PoolArea	PoolQC	Fence	MiscFeature	MiscVal	MoSold	YrSold	SaleType	SaleCondition	SalePrice
...	0	NaN	NaN	NaN	0	2	2008	WD	Normal	208500
...	0	NaN	NaN	NaN	0	5	2007	WD	Normal	181500
...	0	NaN	NaN	NaN	0	9	2008	WD	Normal	223500
...	0	NaN	NaN	NaN	0	2	2006	WD	Abnorml	140000
...	0	NaN	NaN	NaN	0	12	2008	WD	Normal	250000

5 rows × 81 columns

CSV 데이터 불러오기(캐글)

캐글에서 이용하려면 코드 4-5를 실행합니다.

▼ 코드 4-5 CSV 데이터 불러오기(캐글)

```
In    train_df = pd.read_csv("../input/house-prices-advanced-regression-techniques/train.csv")
      test_df = pd.read_csv("../input/house-prices-advanced-regression-techniques/test.csv")
      submission = pd.read_csv("../input/house-prices-advanced-regression-techniques/
                  sample_submission.csv")
```

```
In    train_df.head()
```

이 데이터에는 타이타닉 생존자 예측하기 경진대회의 데이터보다 더 많은 항목(ID를 제외하면 설명 변수 80개와 목적 변수 한 개)이 있습니다. 마지막 열의 SalePrice가 예측해야 할 목적 변수입니다. 이렇게 많은 항목이 있는 데이터는 어떤 순서로 분석해야 이해하기 쉬운지 하나씩 살펴보겠습니다.

> Note ≡ | 이 장의 모든 코드가 정리된 노트북 파일은 다음 주소에서 찾을 수 있습니다.
> URL https://github.com/taehojo

4.4 벤치마크용 베이스라인 작성

KAGGLE

모델을 작성하려면 주어진 설명 변수를 확인하거나 데이터의 분포, 결측치를 탐색하는 등 전처리 과정을 진행해야 합니다. 하지만 먼저 최소한의 카테고리 변수를 라벨 인코딩 처리한 후 LightGBM에 넣었을 때 정확도가 얼마인지 알아보겠습니다. 이것은 이후 처리가 정확도 향상에 얼마나 효과가 있었는지를 검증하기 위해서입니다.

4.4.1 LightGBM으로 예측

이전 장에 이어 여기서도 LightGBM을 사용하겠습니다. LightGBM은 각 변수의 중요도를 나타낼 수 있기 때문에 향후 처리의 우선순위 등을 생각하는 지표로 활용될 수 있습니다(중요도가 높은 변수들을 전처리하는 것 이외에 중요한 변수로 보이지만 중요도는 낮게 나오는 변수들에 대한 처리 과정도 필요할 것입니다). 4장 후반부에서는 LightGBM 외의 방법들도 사용할 예정입니다.

학습 데이터의 변수 유형 확인하기

학습 데이터 각 변수의 유형은 dtypes 명령어로 확인할 수 있습니다(코드 4-6).

In `train_df.dtypes`

Out
```
Id                int64
MSSubClass        int64
MSZoning          object
LotFrontage       float64
LotArea           int64
...
MoSold            int64
YrSold            int64
SaleType          object
SaleCondition     object
SalePrice         int64
Length: 81, dtype: object
```

이 중에서 `MSZoning`의 유형은 `object`입니다. data description 파일을 확인하면 Identifies the general zoning classification of the sale이라고 나와 있어 상업용, 주거용 등 '판매처 용도의 분류'라는 것을 알 수 있습니다. 각 분류에 얼마나 많은 수의 값이 존재하는지는 `value_counts()`로 확인할 수 있습니다(코드 4-7).

▼ 코드 4-7 MSZoning의 분류별 개수 확인하기

In `train_df["MSZoning"].value_counts()`

Out
```
RL       1151
RM        218
FV         65
RH         16
C (all)    10
Name: MSZoning, dtype: int64
```

이렇게 데이터 유형이 `object`인 것은 문자열 데이터라고 하는 카테고리 변수입니다. LightGBM에서 읽을 수 있는 것은 `int`형(정수), `float`형(실수), `bool`형(참 또는 거짓, True/False)이기 때문에 문자열을 앞 장과 같이 카테고리 변수로 변환해야 합니다.

학습 데이터와 테스트 데이터를 합해서 전처리하기

LabelEncoder는 카테고리를 연속적인 수치로 변환합니다. 이때 주의할 점은 학습 데이터만 변환시킬 때는 테스트 데이터에만 존재하는 변수를 만나면 오류가 발생한다는 것입니다. 이에 LabelEncoder를 이용해서 학습 데이터와 테스트 데이터를 통합하여 한 번에 카테고리 변수로 변환합니다.

또 LabelEncoder를 처리하기 전에 결측치(NaN)를 미리 임의의 문자열(예를 들어 missing 등)로 변환하거나 삭제합니다.

data discription 파일에서 NA인 것에 의미가 있다면(예를 들어 차고(Garage) 값이 NaN일 때는 차고가 없다는 의미) NaN을 삭제하기보다 missing처럼 결손을 나타내는 다른 값으로 대체하는 것이 좋습니다.

이제 학습 데이터와 테스트 데이터를 결합해 보겠습니다. 판다스의 데이터프레임은 pd.concat() 함수로 연결할 수 있습니다. 다만 이대로 연결하면 원래 데이터프레임에 매겨진 행 번호(인덱스)가 그대로 사용되므로 학습 데이터와 테스트 데이터의 인덱스가 중복됩니다. 따라서 reset_index() 함수로 인덱스를 새로 매기겠습니다. (drop=True) 옵션을 이용하여 원래 index 행은 삭제할 수 있습니다(코드 4-8).

❤ 코드 4-8 학습 데이터와 테스트 데이터 연결하기

In
```
all_df = pd.concat([train_df, test_df], sort=False).reset_index(drop=True)
```

In
```
all_df
```

Out

	Id	MSSubClass	MSZoning	LotFrontage	LotArea	Street	Alley	LotShape	LandContour	Utilities
0	1	60	RL	65.0	8450	Pave	NaN	Reg	Lvl	AllPub
1	2	20	RL	80.0	9600	Pave	NaN	Reg	Lvl	AllPub
2	3	60	RL	68.0	11250	Pave	NaN	IR1	Lvl	AllPub
3	4	70	RL	60.0	9550	Pave	NaN	IR1	Lvl	AllPub
4	5	60	RL	84.0	14260	Pave	NaN	IR1	Lvl	AllPub
...	...	...	...	...	...	...	...	...	...	...
2914	2915	160	RM	21.0	1936	Pave	NaN	Reg	Lvl	AllPub
2915	2916	160	RM	21.0	1894	Pave	NaN	Reg	Lvl	AllPub
2916	2917	20	RL	160.0	20000	Pave	NaN	Reg	Lvl	AllPub
2917	2918	85	RL	62.0	10441	Pave	NaN	Reg	Lvl	AllPub
2918	2919	60	RL	74.0	9627	Pave	NaN	Reg	Lvl	AllPub

❂ 계속

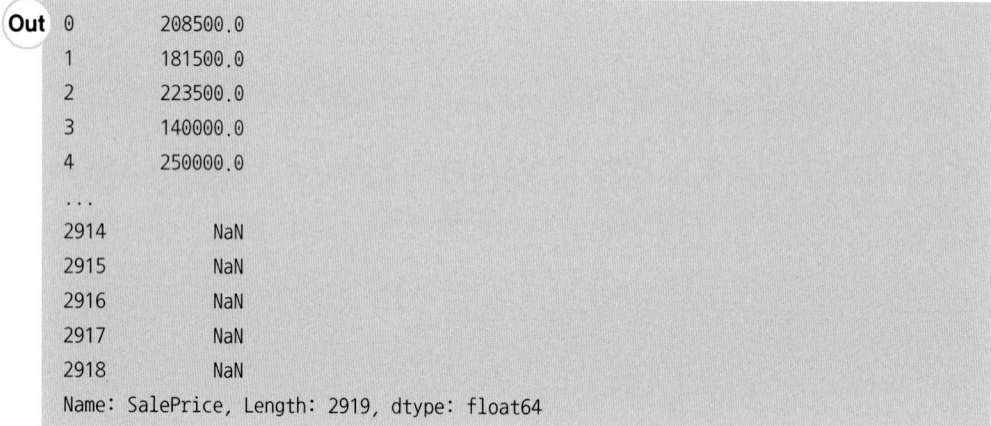

...	PoolArea	PoolQC	Fence	MiscFeature	MiscVal	MoSold	YrSold	SaleType	SaleCondition	SalePrice
...	0	NaN	NaN	NaN	0	2	2008	WD	Normal	208500.0
...	0	NaN	NaN	NaN	0	5	2007	WD	Normal	181500.0
...	0	NaN	NaN	NaN	0	9	2008	WD	Normal	223500.0
...	0	NaN	NaN	NaN	0	2	2006	WD	Abnorml	140000.0
...	0	NaN	NaN	NaN	0	12	2008	WD	Normal	250000.0
...	...	...	...	...	...	...	...	...	...	...
...	0	NaN	NaN	NaN	0	6	2006	WD	Normal	NaN
...	0	NaN	NaN	NaN	0	4	2006	WD	Abnorml	NaN
...	0	NaN	NaN	NaN	0	9	2006	WD	Abnorml	NaN
...	0	NaN	MnPrv	Shed	700	7	2006	WD	Normal	NaN
...	0	NaN	NaN	NaN	0	11	2006	WD	Normal	NaN

2919 rows × 81 columns

여기서 SalePrice 값이 있으면 학습 데이터고, 없으면 테스트 데이터입니다. 예측을 실행할 때는 SalePrice 값 유무를 사용해서 다시 학습 데이터와 테스트 데이터로 분할합니다(코드 4-9).

❤ 코드 4-9 목적 변수인 SalePrice 값 확인하기

In
```
all_df["SalePrice"]
```

Out
```
0       208500.0
1       181500.0
2       223500.0
3       140000.0
4       250000.0
         ...
2914         NaN
2915         NaN
2916         NaN
2917         NaN
2918         NaN
Name: SalePrice, Length: 2919, dtype: float64
```

카테고리 변수를 수치로 변환하기

그러면 all_df의 object형 카테고리 변수를 수치로 변환해 보겠습니다. 우선은 LabelEncoder의 라이브러리를 불러옵니다(코드 4-10).

▼ 코드 4-10 LabelEncoder 라이브러리 임포트하기

In `from sklearn.preprocessing import LabelEncoder`

다음으로 all_df 안의 object형 변수를 가져옵니다(코드 4-11).

▼ 코드 4-11 object형 변수 가져오기

In
```
categories = all_df.columns[all_df.dtypes=="object"]
print(categories)
```

Out
```
Index(['MSZoning', 'Street', 'Alley', 'LotShape', 'LandContour', 'Utilities',
       'LotConfig', 'LandSlope', 'Neighborhood', 'Condition1', 'Condition2',
       'BldgType', 'HouseStyle', 'RoofStyle', 'RoofMatl', 'Exterior1st',
       'Exterior2nd', 'MasVnrType', 'ExterQual', 'ExterCond', 'Foundation',
       'BsmtQual', 'BsmtCond', 'BsmtExposure', 'BsmtFinType1', 'BsmtFinType2',
       'Heating', 'HeatingQC', 'CentralAir', 'Electrical', 'KitchenQual',
       'Functional', 'FireplaceQu', 'GarageType', 'GarageFinish', 'GarageQual',
       'GarageCond', 'PavedDrive', 'PoolQC', 'Fence', 'MiscFeature',
       'SaleType', 'SaleCondition'],
      dtype='object')
```

예를 들어 Alley는 Grvl과 Pave 값을 두 개 갖습니다(코드 4-12).

▼ 코드 4-12 Alley의 각 분류 개수 확인하기

In `all_df["Alley"].value_counts()`

Out
```
Grvl    120
Pave     78
Name: Alley, dtype: int64
```

결측치를 수치로 변환하기

코드 4-11의 categories에 저장된 카테고리 변수를 하나씩 호출하여 결측치를 missing으로 변환한 후 LabelEncoder를 사용하여 수치로 바꾸어 줍니다. 단순한 숫자로 변환되므로 이것이 카테고리 변수임을 명시하고자 마지막에 astype("category")로 하겠습니다(코드 4-13).

In

```
for cat in categories:
    le = LabelEncoder()
    print(cat)

    all_df[cat].fillna("missing", inplace=True)
    le = le.fit(all_df[cat])
    all_df[cat] = le.transform(all_df[cat])
    all_df[cat] = all_df[cat].astype("category")
```

Out
```
MSZoning
Street
Alley
LotShape
LandContour
Utilities
LotConfig
LandSlope
Neighborhood
Condition1
Condition2
BldgType
HouseStyle
RoofStyle
RoofMatl
Exterior1st
Exterior2nd
MasVnrType
ExterQual
ExterCond
Foundation
BsmtQual
BsmtCond
BsmtExposure
BsmtFinType1
BsmtFinType2
Heating
HeatingQC
CentralAir
Electrical
KitchenQual
```

❍ 계속

Functional
FireplaceQu
GarageType
GarageFinish
GarageQual
GarageCond
PavedDrive
PoolQC
Fence
MiscFeature
SaleType
SaleCondition

In `all_df`

Out

	Id	MSSubClass	MSZoning	LotFrontage	LotArea	Street	Alley	LotShape	LandContour	Utilities
0	1	60	RL	65.0	8450	Pave	NaN	Reg	Lvl	AllPub
1	2	20	RL	80.0	9600	Pave	NaN	Reg	Lvl	AllPub
2	3	60	RL	68.0	11250	Pave	NaN	IR1	Lvl	AllPub
3	4	70	RL	60.0	9550	Pave	NaN	IR1	Lvl	AllPub
4	5	60	RL	84.0	14260	Pave	NaN	IR1	Lvl	AllPub
...	...	...	...	...	...	...	...	...	...	...
2914	2915	160	RM	21.0	1936	Pave	NaN	Reg	Lvl	AllPub
2915	2916	160	RM	21.0	1894	Pave	NaN	Reg	Lvl	AllPub
2916	2917	20	RL	160.0	20000	Pave	NaN	Reg	Lvl	AllPub
2917	2918	85	RL	62.0	10441	Pave	NaN	Reg	Lvl	AllPub
2918	2919	60	RL	74.0	9627	Pave	NaN	Reg	Lvl	AllPub

...	PoolArea	PoolQC	Fence	MiscFeature	MiscVal	MoSold	YrSold	SaleType	SaleCondition	SalePrice
...	0	NaN	NaN	NaN	0	2	2008	WD	Normal	208500.0
...	0	NaN	NaN	NaN	0	5	2007	WD	Normal	181500.0
...	0	NaN	NaN	NaN	0	9	2008	WD	Normal	223500.0
...	0	NaN	NaN	NaN	0	2	2006	WD	Abnorml	140000.0
...	0	NaN	NaN	NaN	0	12	2008	WD	Normal	250000.0
...	...	...	...	...	...	...	...	...	...	...
...	0	NaN	NaN	NaN	0	6	2006	WD	Normal	NaN
...	0	NaN	NaN	NaN	0	4	2006	WD	Abnorml	NaN
...	0	NaN	NaN	NaN	0	9	2006	WD	Abnorml	NaN
...	0	NaN	MnPrv	Shed	700	7	2006	WD	Normal	NaN
...	0	NaN	NaN	NaN	0	11	2006	WD	Normal	NaN

2919 rows × 81 columns

학습 데이터와 테스트 데이터로 되돌리기

이렇게 해서 LightGBM 등 각종 머신 러닝 모델에서 데이터를 읽을 수 있게 되었습니다. 이제 다시 train_df와 test_df로 되돌려 놓겠습니다.

isnull()로 null 행을 판정할 수 있는데, all_df["SalePrice"].isnull()을 실행하여 SalePrice의 null 행을 분리하면 이것이 테스트 데이터가 됩니다.

학습 데이터는 SalePrice 값이 null이 아니므로 ~를 붙여서 null이 아닌 행을 취득합니다.

▼ 코드 4-14 데이터를 train_df와 test_df로 되돌리기

```
In   train_df_le = all_df[~all_df["SalePrice"].isnull()]
     test_df_le = all_df[all_df["SalePrice"].isnull()]
```

LightGBM으로 데이터 읽기

그러면 LightGBM으로 앞서 만든 데이터를 불러와 보겠습니다. LightGBM의 라이브러리를 다음과 같이 불러옵니다(코드 4-15).

▼ 코드 4-15 LightGBM의 라이브러리 임포트하기

```
In   import lightgbm as lgb
```

4.4.2 교차 검증으로 모델 학습과 예측

이제 학습 데이터를 세 개로 분할하고, 각 데이터로 모델을 작성한 후 테스트 데이터에 대한 예측 정확도 평균을 구해 보겠습니다.

교차 검증용 라이브러리 설정하기

우선 교차 검증용 라이브러리를 불러오고, 분할할 데이터 수를 3으로 설정합니다(코드 4-16).

▼ 코드 4-16 교차 검증용 라이브러리를 불러온 후 분할할 데이터 수를 3으로 설정하기

```
In   from sklearn.model_selection import KFold
     folds = 3
     kf = KFold(n_splits=folds)
```

하이퍼파라미터 설정하기

다음으로 LightGBM의 하이퍼파라미터를 설정합니다. 나중에 다시 조정하기 때문에 여기서는 일단 회귀 분석용 모델인 objective, regression만 설정하겠습니다(코드 4-17). LightGBM 기본값으로 이미 회귀 분석이 설정되어 있지만, 이해를 돕고자 다음과 같이 한 번 더 지정하겠습니다.

▼ 코드 4-17 LightGBM의 하이퍼파라미터 설정하기

```
In   lgbm_params = {
         "objective":"regression",
         "random_seed":1234
     }
```

설명 변수와 목적 변수 지정하기

교차 검증을 수행하기 전에 설명 변수와 목적 변수를 지정합니다. 목적 변수는 SalePrice입니다. 설명 변수는 원래 데이터에서 SalePrice와 학습에 불필요한 Id를 삭제한 것입니다(코드 4-18).

▼ 코드 4-18 설명 변수와 목적 변수 지정하기

```
In   train_X = train_df_le.drop(["SalePrice", "Id"], axis=1)
     train_Y = train_df_le["SalePrice"]
```

평균 제곱 오차 라이브러리 불러오기

또 이번 경진대회의 평가 지표가 RMSE이므로 이를 구하는 라이브러리도 임포트합니다. RMSE는 평균 제곱 오차의 제곱근이므로, 평균 제곱 오차를 구하는 라이브러리를 임포트합니다(코드 4-19).

▼ 코드 4-19 평균 제곱 오차를 구하는 라이브러리 불러오기

```
In   from sklearn.metrics import mean_squared_error
```

모델별 예측 값 저장하기

fold별로 작성한 모델을 models에 저장하고, rmse의 계산 결과를 rmses에 저장합니다. 동시에 oof(out of fold)(해당 데이터를 제외한 나머지 데이터를 이용하여 목적 변수를 예측한 값)를 저장합니다.

oof는 초깃값을 0으로 하고, fold마다 해당하는 인덱스 값을 갱신합니다. np.zeros() 함수로 임의의 길이만큼 0으로 채운 배열(정확히는 넘파이의 ndarray, 같은 유형의 값을 저장할 수 있는 다차원 배열)을 작성할 수 있습니다. kf.split() 함수로 train_X를 분할한 결과의 인덱스를 얻고, 이를 바탕으로 학습 데이터와 검증 데이터를 지정한 후 LightGBM을 실행하겠습니다(코드 4-20).

❤ 코드 4-20 fold별로 작성한 모델의 예측 값 저장하기

```
In   models = []
     rmses = []
     oof = np.zeros(len(train_X))

     for train_index, val_index in kf.split(train_X):
         X_train = train_X.iloc[train_index]
         X_valid = train_X.iloc[val_index]
         y_train = train_Y.iloc[train_index]
         y_valid = train_Y.iloc[val_index]


         lgb_train = lgb.Dataset(X_train, y_train)
         lgb_eval = lgb.Dataset(X_valid, y_valid, reference=lgb_train)


         model_lgb = lgb.train(lgbm_params,
                               lgb_train,
                               valid_sets=lgb_eval,
                               num_boost_round=100,
                               early_stopping_rounds=20,
                               verbose_eval=10,
                               )

         y_pred = model_lgb.predict(X_valid, num_iteration=model_lgb.best_iteration)
         tmp_rmse = np.sqrt(mean_squared_error(np.log(y_valid), np.log(y_pred)))
         print(tmp_rmse)

         models.append(model_lgb)
         rmses.append(tmp_rmse)
         oof[val_index] = y_pred
```

```
Out  Training until validation scores don't improve for 20 rounds
     [10]    valid_0's l2: 1.57807e+09
     [20]    valid_0's l2: 7.38516e+08
     [30]    valid_0's l2: 5.93255e+08
     [40]    valid_0's l2: 5.6061e+08
```

❍ 계속

```
[50]    valid_0's l2: 5.48225e+08
[60]    valid_0's l2: 5.46182e+08
[70]    valid_0's l2: 5.51735e+08
Early stopping, best iteration is:
[55]    valid_0's l2: 5.45194e+08
0.12719558859476138


Training until validation scores don't improve for 20 rounds
[10]    valid_0's l2: 2.089e+09
[20]    valid_0's l2: 1.22218e+09
[30]    valid_0's l2: 1.03767e+09
[40]    valid_0's l2: 9.7989e+08
[50]    valid_0's l2: 9.47475e+08
[60]    valid_0's l2: 9.27892e+08
[70]    valid_0's l2: 9.20973e+08
[80]    valid_0's l2: 9.1853e+08
[90]    valid_0's l2: 9.0149e+08
[100]   valid_0's l2: 8.97013e+08
Did not meet early stopping. Best iteration is:
[96]    valid_0's l2: 8.96476e+08
0.14795399816677407


Training until validation scores don't improve for 20 rounds
[10]    valid_0's l2: 1.80296e+09
[20]    valid_0's l2: 1.02271e+09
[30]    valid_0's l2: 8.68838e+08
[40]    valid_0's l2: 8.41872e+08
[50]    valid_0's l2: 8.35433e+08
[60]    valid_0's l2: 8.28083e+08
[70]    valid_0's l2: 8.25289e+08
[80]    valid_0's l2: 8.25043e+08
Early stopping, best iteration is:
[66]    valid_0's l2: 8.20654e+08
0.1325997570084599
```

평균 RMSE 계산하기

코드 4-20 출력 결과의 평균 RMSE를 계산해 보겠습니다. 리스트 합계를 sum( )으로 구하고
len( )에서 리스트의 요소 개수를 구해서 합계를 요소 개수로 나누어 평균을 냅니다(코드 4-21).

▼ 코드 4-21 평균 RMSE 계산하기

In
```
sum(rmses)/len(rmses)
```

Out
```
0.1359164479233318
```

> Note ≡ | **statistics 라이브러리로 계산하기**
>
> from statistics import mean으로 라이브러리를 읽은 후 파이썬에 기본으로 제공하는 statistics 라이브러리를 이용하여 평균을 계산하는 방법도 있습니다(코드 4-22).
>
> **▼ 코드 4-22** statistics 라이브러리를 이용하여 평균 계산하기
>
> In
> ```
> from statistics import mean
> mean(rmses)
> ```
>
> Out
> ```
> 0.1359164479233318
> ```

코드 4-21을 출력한 결과를 보면 평균 RMSE는 0.1359164479233318이었습니다. 이제 여기서부터 예측 정확도를 개선해 보겠습니다.

현재 예측 값과 실제 값 차이 확인하기

일단 현재 예측 값과 실제 값 차이를 알아 둡시다. 예측 값은 oof고, 실제 값은 train_Y이므로 이 정보를 데이터프레임에 저장한 후 시각화해 보겠습니다(코드 4-23).

▼ 코드 4-23 현재 예측 값과 실제 값 차이를 시각화하기

In
```
actual_pred_df = pd.DataFrame({
    "actual" : train_Y,
    "pred" : oof })
```

In
```
actual_pred_df.plot(figsize=(12, 5))
```

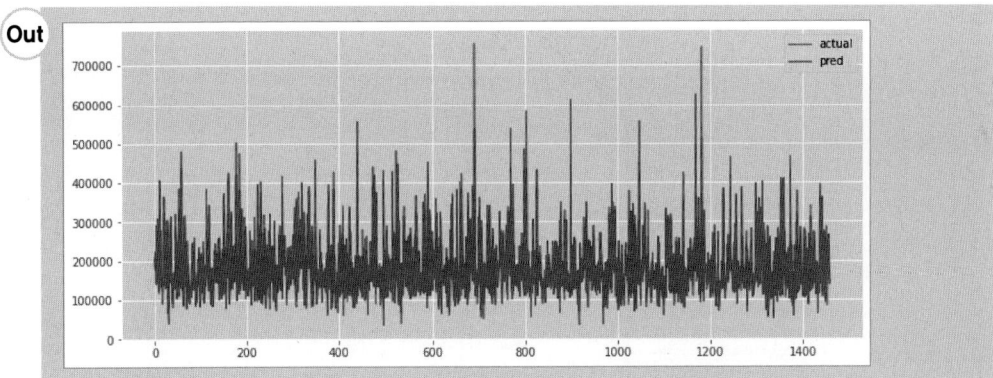

plot()은 기본적으로 선 그래프를 보여 줍니다. 조금 전 작성한 actual_pred_df가 Id별 예측 값과 실제 값을 나타내는 데이터프레임이므로 그래프의 가로축이 Id(인덱스 번호), 세로축이 예측 값(또는 실제 값)이 됩니다. Id별로 나란히 비교하려던 것이 아니므로 그래프가 낯설어 보이지만, 간단한 코드로 이렇게 Id별 예측 값과 실제 값 차이를 확인할 수 있음을 알 수 있습니다.

코드 4-23의 출력 그래프를 보면 예측 값이 실제 값 경향을 어느 정도 쫓아가는 것 같습니다. 하지만 실제 값이 많이 올라갈 때 예측 값이 충분히 커지지는 않았습니다. 이런 값들을 파악하고자 어떻게 접근해야 할지, 일반적인 경향과는 다른 '이상치'를 학습에서 제외해야 할지 검토해 보겠습니다.

4.4.3 각 변수의 중요도 확인

현재 모델의 변수별 중요도를 확인해 봅시다.

표시될 변수의 수를 제한하기

단 이대로는 변수가 너무 많아서 한 번에 모두 표시하면 결과를 알아보기 어렵습니다. 따라서 max_num_features에서 표시하는 변수의 수를 제한하겠습니다(코드 4-24).

❤ 코드 4-24 변수의 수를 제한하여 각 변수의 중요도 표시하기

In
```
for model in models:
    lgb.plot_importance(model, importance_type="gain", max_num_features=15)
```

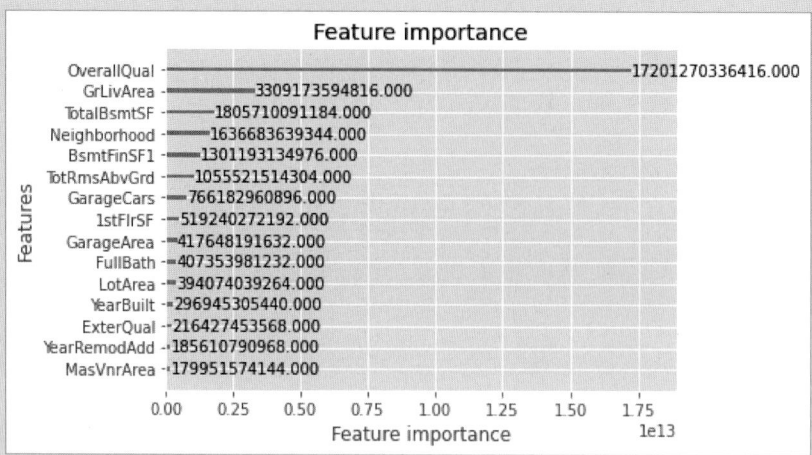

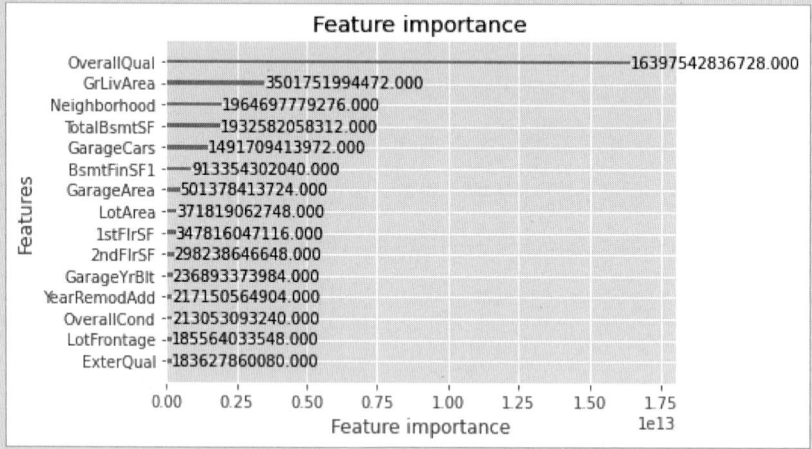

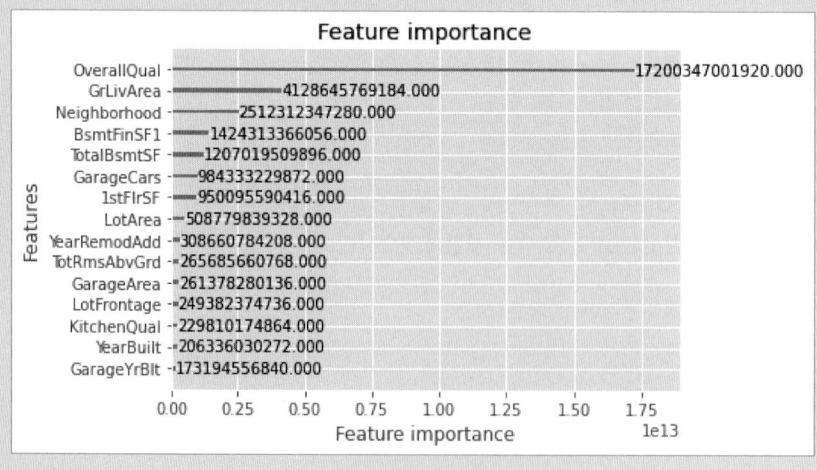

OverallQual의 중요도가 가장 높습니다. OverallQual는 data discription 파일의 설명을 통해 주택 전체의 재료와 마감 등 퀄리티를 의미한다는 것을 알 수 있습니다(수치로 표현되어 있으나 10이 very excellent, 1이 very poor인 카테고리 변수입니다).

이처럼 수치 데이터임에도 카테고리 변수인 데이터가 있기 때문에 주의해야 합니다. LightGBM은 결정 트리 알고리즘이기 때문에 수치형으로 표현된 카테고리 변수도 잘 처리합니다. 하지만 카테고리 변수임을 확실히 지정하면 내부적으로 좀 더 적절하게 처리되며, 필요한 경우 이런 전처리를 꼭 해야 합니다. 나중에 살펴보겠습니다.

다음으로 중요한 변수는 GrLivArea입니다. 이는 Above grade (ground) living area square feet라고 설명하지만, 주거 영역의 크기를 의미합니다. 이상치가 있는지 확인해 봅시다.

그 외 지하실 크기인 TotalBsmtSF 외에 Garage로 시작하는 GarageCars(차고에 들어가는 차의 대수), GarageArea(차고 넓이), GarageYrBlt(차고 연수) 등이 이어집니다. 이렇게 중요도가 높은 것을 우선적으로 확인하면 좋습니다.

4.5 목적 변수의 전처리: 목적 변수의 분포 확인

이제부터는 다양한 변수를 상세하게 확인하면서 각종 처리를 해 보겠습니다.

4.5.1 SalePrice 데이터의 분포 확인

먼저 예측하려는 SalePrice 데이터의 분포를 확인합니다.

SalePrice의 각 통계량 확인하기

우선은 describe( )로 각종 통계량을 확인합니다(코드 4-25).

▼ 코드 4-25 SalePrice의 각 통계량 확인하기

In train_df["SalePrice"].describe()

Out
```
count      1460.000000
mean     180921.195890
std       79442.502883
min       34900.000000
25%      129975.000000
50%      163000.000000
75%      214000.000000
max      755000.000000
Name: SalePrice, dtype: float64
```

히스토그램으로 SalePrice 분포 확인하기

계속해서 plot.hist()로 히스토그램을 그려 보겠습니다. bins=를 지정하면 히스토그램의 빈(데이터를 같은 간격으로 보여 주는 히스토그램 막대) 개수를 지정할 수 있습니다(코드 4-26).

▼ 코드 4-26 히스토그램에서 분포 확인하기

In train_df["SalePrice"].plot.hist(bins=20)

Out ‹AxesSubplot:ylabel='Frequency'›

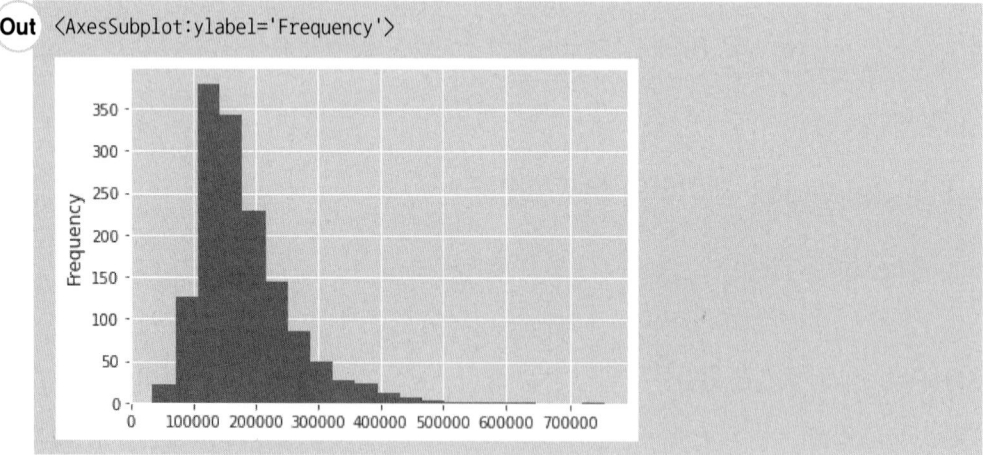

통계량의 평균(mean)과 중앙값(50%)을 확인하면 평균 18만 달러, 50%의 데이터가 약 16만 달러 이내인 것으로 나옵니다. 그런데 히스토그램으로 확인하면 분포가 특징적입니다. 정규 분포

처럼 중앙값이 가장 빈도가 높고 좌우 대칭인 것이 아니라 왼쪽으로 치우쳐 있는 푸아송 분포를 보입니다.

Note ≡ | **푸아송 분포**

수학자 시메옹 드니 푸아송이 제창한 이산 확률 분포를 의미합니다. 잘 일어나지 않는 사건이 실제로 일어날 확률의 분포를 나타낼 때 이용하며, 좌우 대칭인 정규 분포와 달리 왼쪽(사건 발생 횟수가 적은 쪽)으로 치우칩니다.

목적 변수를 로그화하기

일반적으로 머신 러닝이나 통계적인 처리의 대부분은 데이터가 정규 분포임을 상정하고 있습니다. 또 언뜻 보기에 16만 달러 부근에 데이터가 많이 존재하고 있으므로 그 차이를 50~60만 달러 사이의 차이보다 상세하게 파악할 수 있도록 조사해야 할 것 같습니다. 이 경진대회에서 평가 지표는 실제 값 로그와 예측 값 로그의 RMSE가 됩니다.

그 때문에 목적 변수를 로그화하는 편이 평가 지표를 최적화하기가 쉬워집니다. 파이썬에서는 코드 4-27과 같이 넘파이의 np.log()를 사용하는 것으로 간단하게 로그를 변환할 수 있습니다.

▼ 코드 4-27 SalePrice 로그화하기

```
In   np.log(train_df['SalePrice'])
```

```
Out  0       12.247694
     1       12.109011
     2       12.317167
     3       11.849398
     4       12.429216
     ...
     1455    12.072541
     1456    12.254863
     1457    12.493130
     1458    11.864462
     1459    11.901583
     Name: SalePrice, Length: 1460, dtype: float64
```

코드 4-27의 출력 결과 데이터를 코드 4-28과 같이 히스토그램으로 시각화하겠습니다.

❤ 코드 4-28 로그화된 SalePrice 분포를 히스토그램으로 시각화하기

```
In   np.log(train_df['SalePrice']).plot.hist(bins=20)
```

```
Out  <AxesSubplot:ylabel='Frequency'>
```

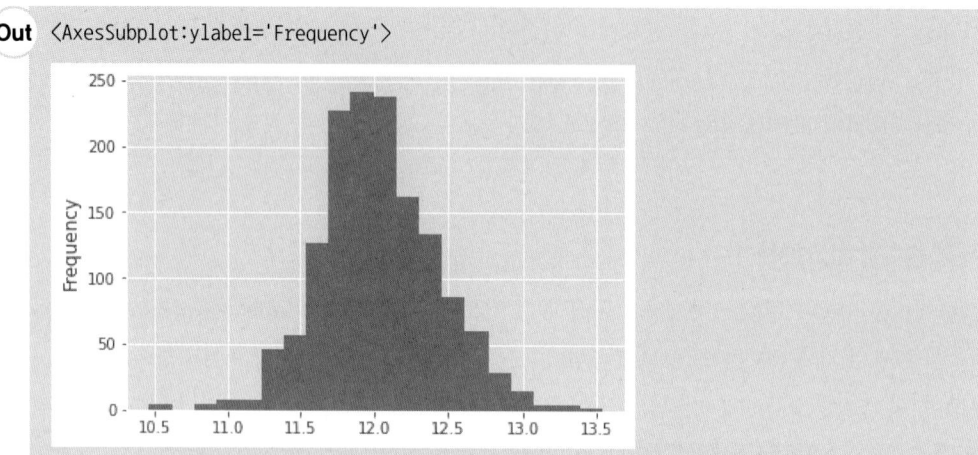

가장 많은 값을 중심으로 좌우 대칭에 가까운 분포를 보입니다. 이후는 이 로그를 취한 목적 변수로 모델을 작성하고, 거기서 나온 예측 값에 지수 변환을 적용하여 최종적인 submit 파일을 작성해 보겠습니다.

목적 변수를 로그화하여 예측 정확도 향상시키기

목적 변수를 로그화하는 것만으로도 예측 정확도가 향상되는지 확인해 보겠습니다(코드 4-29).

조금 전 실행 코드와 거의 같습니다만, RMSE를 구할 때 이미 목적 변수를 로그화했습니다. 이미 로그화를 진행했으므로 이중으로 로그를 취하지 않도록 주의합시다.

❤ 코드 4-29 로그화로 예측 정확도가 향상되었는지 확인하기

```
In   pd.options.mode.chained_assignment = None
     train_df_le["SalePrice_log"] = np.log(train_df_le["SalePrice"])
```

```
In   train_X = train_df_le.drop(["SalePrice","SalePrice_log","Id"], axis=1)
     train_Y = train_df_le["SalePrice_log"]
```

```
In   import warnings
     warnings.filterwarnings("ignore")

     models = []
     rmses = []
     oof = np.zeros(len(train_X))

     for train_index, val_index in kf.split(train_X):
         X_train = train_X.iloc[train_index]
         X_valid = train_X.iloc[val_index]
         y_train = train_Y.iloc[train_index]
         y_valid = train_Y.iloc[val_index]

         lgb_train = lgb.Dataset(X_train, y_train)
         lgb_eval = lgb.Dataset(X_valid, y_valid, reference=lgb_train)

         model_lgb = lgb.train(lgbm_params,
                               lgb_train,
                               valid_sets=lgb_eval,
                               num_boost_round=100,
                               early_stopping_rounds=20,
                               verbose_eval=10,
                               )

         y_pred = model_lgb.predict(X_valid, num_iteration=model_lgb.best_iteration)
         tmp_rmse = np.sqrt(mean_squared_error(y_valid, y_pred))
         print(tmp_rmse)

         models.append(model_lgb)
         rmses.append(tmp_rmse)
         oof[val_index] = y_pred
```

```
Out  Training until validation scores don't improve for 20 rounds
     [10]    valid_0's l2: 0.0435757
     [20]    valid_0's l2: 0.0223987
     [30]    valid_0's l2: 0.0176962
     [40]    valid_0's l2: 0.0164304
     [50]    valid_0's l2: 0.0161943
     [60]    valid_0's l2: 0.0161858
     [70]    valid_0's l2: 0.0161666
```

○ 계속

```
[80]    valid_0's l2: 0.0161769
[90]    valid_0's l2: 0.0162121
Early stopping, best iteration is:
[73]    valid_0's l2: 0.0161129
0.12693572281592597
Training until validation scores don't improve for 20 rounds
[10]    valid_0's l2: 0.0480056
[20]    valid_0's l2: 0.0274907
[30]    valid_0's l2: 0.022779
[40]    valid_0's l2: 0.0214744
[50]    valid_0's l2: 0.0209095
[60]    valid_0's l2: 0.0205922
[70]    valid_0's l2: 0.0204381
[80]    valid_0's l2: 0.0203135
[90]    valid_0's l2: 0.020318
[100]   valid_0's l2: 0.0202246
Did not meet early stopping. Best iteration is:
[100]   valid_0's l2: 0.0202246
0.1422133338842566
Training until validation scores don't improve for 20 rounds
[10]    valid_0's l2: 0.0388654
[20]    valid_0's l2: 0.0209198
[30]    valid_0's l2: 0.0176337
[40]    valid_0's l2: 0.0169414
[50]    valid_0's l2: 0.0167934
[60]    valid_0's l2: 0.0167504
[70]    valid_0's l2: 0.0168451
Early stopping, best iteration is:
[56]    valid_0's l2: 0.0167371
0.12937198746846823
```

In

```
sum(rmses)/len(rmses)
```

Out

```
0.13284034805621694
```

사전에 로그화함으로써 코드 4-21의 출력 결과인 0.1359164479233318에서 0.132840348
05621694로 정확도가 높아졌습니다.

정확도를
높일 수 있었습니다!

KAGGLE

4.6 설명 변수의 전처리: 결측치 확인

다음으로 설명 변수를 확인해 보겠습니다.

4.6.1 각 설명 변수의 결측치 확인

각 설명 변수에 결측치가 얼마나 포함되어 있는지 확인해 봅시다. 이번 데이터의 결측치는 단순한 입력 실수가 아니라 의미가 있다는 점에 주의합시다. 예를 들어 data discription 파일에 나온 대로 PoolQC(수영장의 퀄리티)가 결측치로 나온다면 '수영장이 존재하지 않는다'는 의미입니다.

all_df 생성하기

우선 all_df를 다시 작성합니다(코드 4-30).

▼ 코드 4-30 all_df 작성하기

```
In   all_df = pd.concat([train_df,test_df], sort=False).reset_index(drop=True)
```

```
categories = all_df.columns[all_df.dtypes=="object"]
print(categories)
```

Out
```
Index(['MSZoning', 'Street', 'Alley', 'LotShape', 'LandContour', 'Utilities',
       'LotConfig', 'LandSlope', 'Neighborhood', 'Condition1', 'Condition2',
       'BldgType', 'HouseStyle', 'RoofStyle', 'RoofMatl', 'Exterior1st',
       'Exterior2nd', 'MasVnrType', 'ExterQual', 'ExterCond', 'Foundation',
       'BsmtQual', 'BsmtCond', 'BsmtExposure', 'BsmtFinType1', 'BsmtFinType2',
       'Heating', 'HeatingQC', 'CentralAir', 'Electrical', 'KitchenQual',
       'Functional', 'FireplaceQu', 'GarageType', 'GarageFinish', 'GarageQual',
       'GarageCond', 'PavedDrive', 'PoolQC', 'Fence', 'MiscFeature',
       'SaleType', 'SaleCondition'],
      dtype='object')
```

결측치 수가 상위 40인 변수 확인하기

isnull()로 결측치가 있는지 여부를 확인할 수 있으며, sum() 함수로 결측치의 수를 알 수 있습니다. 결측치의 수가 많은 것부터 내림차순으로 확인하려면 sort_values(ascending=False)라고 입력해야 합니다. sort_values() 함수로 주어진 값을 정렬하며, ascending=False로 내림차순 옵션을 줍니다. 이제 head(40)으로 상위 40까지 변수들을 확인해 보겠습니다(상위 40으로 설정한 것은 결측치가 많은 순으로 정렬했을 때 35번째 변수 이후로는 결측치 값이 계속해서 0이기 때문입니다). 여기까지 처리는 코드 4-31과 같습니다.

▼ 코드 4-31 결측치의 수가 상위 40인 변수 확인하기

In
```
all_df.isnull().sum().sort_values(ascending=False).head(40)
```

Out
```
PoolQC          2909
MiscFeature     2814
Alley           2721
Fence           2348
SalePrice       1459
FireplaceQu     1420
LotFrontage      486
GarageQual       159
GarageYrBlt      159
```

🔾 계속

```
GarageFinish    159
GarageCond      159
GarageType      157
BsmtExposure     82
BsmtCond         82
BsmtQual         81
BsmtFinType2     80
BsmtFinType1     79
MasVnrType       24
MasVnrArea       23
MSZoning          4
Utilities         2
Functional        2
BsmtFullBath      2
BsmtHalfBath      2
GarageArea        1
BsmtFinSF2        1
Exterior1st       1
TotalBsmtSF       1
GarageCars        1
BsmtUnfSF         1
Electrical        1
BsmtFinSF1        1
KitchenQual       1
SaleType          1
Exterior2nd       1
Street            0
RoofMatl          0
MSSubClass        0
LotArea           0
OverallCond       0
dtype: int64
```

SalePrice는 테스트 데이터에 포함되어 있지 않기 때문에 결손이 있는 것은 당연합니다. PoolQC, MiscFeature, Alley, Fence 등은 상당히 많은 결손(80% 이상의 결손)이 있습니다. 그리고 조금 전에 중요도가 높은 변수로 나왔던 Garage 계열의 변수도 몇 개 결손되었습니다. 이 변수를 제외할 것인지 추가로 계산하여 보완할 것인지 검토하겠습니다.

결측치가 많은 고급 주택 설비에 관한 변수 정리하기

90% 이상의 데이터가 결손된 PoolQC, MiscFeature, Alley 등 고급 주택 관련 설비 항목은 대부분 값이 없습니다. 따라서 이 변수들을 모두 '고급 설비의 유무' 변수로 변환한 후 원래 데이터는 삭제 하겠습니다.

먼저 PoolQC, MiscFeature, Alley의 각 변수를 0과 1 데이터로 변환합니다. 예를 들어 PoolQC 데 이터는 코드 4-32로 다음 값을 출력합니다.

❤ 코드 4-32 PoolQC의 분류별 개수

```
In   all_df.PoolQC.value_counts()
```

```
Out  Gd    4
     Ex    4
     Fa    2
     Name: PoolQC, dtype: int64
```

출력 결과를 보면 알 수 있듯이, 값이 있는 경우는 열 개밖에 없습니다. 코드 4-32의 결괏값이 있 는 것을 1, 결괏값이 없는 것을 0으로 변환합니다(코드 4-33).

❤ 코드 4-33 PoolQC를 값의 존재 유무에 따라 1 또는 0으로 변환하기

```
In   all_df.loc[~all_df["PoolQC"].isnull(), "PoolQC"] = 1
     all_df.loc[all_df["PoolQC"].isnull(), "PoolQC"] = 0
```

코드 4-33을 실행하여 PoolQC 데이터는 0이나 1 값을 갖는 항목으로 바뀌었습니다. 코드 4-34를 실행하여 확인해 봅시다.

❤ 코드 4-34 0이나 1 값을 가진 항목으로 변환되었는지 확인하기

```
In   all_df.PoolQC.value_counts()
```

```
Out  0    2909
     1      10
     Name: PoolQC, dtype: int64
```

MiscFeature, Alley도 똑같이 처리합니다(코드 4-35).

▼ 코드 4-35 MiscFeature, Alley도 0과 1로 변환하기

```
In   all_df.loc[~all_df["MiscFeature"].isnull(), "MiscFeature"] = 1
     all_df.loc[all_df["MiscFeature"].isnull(), "MiscFeature"] = 0
```

```
In   all_df.loc[~all_df["Alley"].isnull(), "Alley"] = 1
     all_df.loc[all_df["Alley"].isnull(), "Alley"] = 0
```

코드 4-35는 이해를 위해 각각 따로 기술했지만, 코드 4-36과 같이 for 문으로 반복 처리를 정리하면 나중에 변경할 때 편하게 작업할 수 있습니다.

▼ 코드 4-36 반복 처리는 for 문으로 정리하기

```
In   HighFacility_col = ["PoolQC","MiscFeature","Alley"]
     for col in HighFacility_col:
         if all_df[col].dtype == "object":
             if len(all_df[all_df[col].isnull()]) > 0:
                 all_df.loc[~all_df[col].isnull(), col] = 1
                 all_df.loc[all_df[col].isnull(), col] = 0
```

이상으로 고급 주택 설비와 관련된 각 변수를 해당 설비가 있는지 없는지 여부를 나타내는 0과 1 값으로 변환할 수 있었습니다. 다음으로 이들을 모두 더해 고급 설비 개수를 나타내는 새로운 변수로 정리하겠습니다. 그 후 astype(int)를 사용하여 변수 형태를 지정합니다(코드 4-37).

▼ 코드 4-37 0이나 1 값으로 변환한 각 변수를 더해서 고급 설비 개수를 나타내는 새로운 변수 생성하기

```
In   all_df["hasHighFacility"] = all_df["PoolQC"] + all_df["MiscFeature"] + all_df["Alley"]
```

```
In   all_df["hasHighFacility"] = all_df["hasHighFacility"].astype(int)
```

이것으로 고급 설비 개수를 새로운 변수로 작성할 수 있었습니다. 이제 변수 값을 확인해 보면, 고급 설비를 대부분의 주택은 0개, 소수의 주택은 한 개, 극소수의 주택은 두 개 가지고 있습니다(코드 4-38).

▼ 코드 4-38 고급 설비의 개수별 주택 수 확인하기

```
In   all_df["hasHighFacility"].value_counts()
```

```
Out  0      2615
     1       295
     2         9
     Name: hasHighFacility, dtype: int64
```

고급 설비에 관한 변수들을 '고급 설비 개수'라는 변수로 정리했으므로 원래 변수들은 삭제하겠습니다(코드 4-39).

▼ **코드 4-39** 원래 데이터에서 PoolQC, MiscFeature, Alley 삭제하기

```
In  all_df = all_df.drop(["PoolQC","MiscFeature","Alley"], axis=1)
```

4.7 / 이상치 제외

데이터 중에 크기가 너무 넓거나 방 개수가 너무 많은 주택 등 일반적인 경향과 다른 데이터가 있는지 살펴보겠습니다. 아울러 원래 데이터에 입력 실수 등이 없는지도 확인해 보겠습니다.

4.7.1 이상치란

통상적인 경향과 다른 값을 이상치(혹은 극단 값(outlier))라고 합니다. 이상치가 데이터 내에 존재하면 과적합 가능성이 있어 예측 정확도가 떨어집니다. 그래서 이상치는 학습할 때 제외하는 것이 좋습니다. 한편 이상치를 과도하게 판정하고 필요한 데이터까지 삭제하면 평균적인 데이터밖에 예측할 수 없고, 고급 주택 가격을 예측하는 정확도는 떨어지게 됩니다.

4.7.2 각 설명 변수의 데이터 분포 확인

그러면 각 설명 변수의 데이터 분포 등을 하나씩 확인해 봅시다(그림 4-9).

▼ 그림 4-9 이상치의 제외(왼쪽)와 과도한 제외(오른쪽)

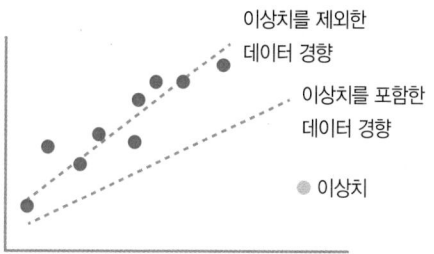

이상치의 제외

이상치가 있을 경우 이상치 쪽으로
전체 경향이 치우친다.

이상치를 제외한
데이터 경향

이상치를 포함한
데이터 경향

● 이상치

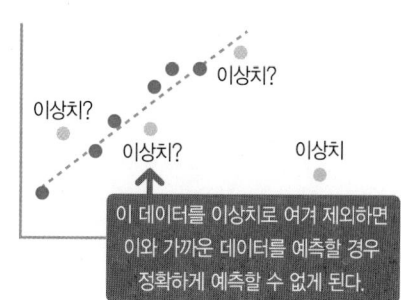

이상치의 과도한 제외

이상치를 과도하게 제외하면 데이터의 수나
패턴이 감소하여 예측 정확도가 하락한다.

이상치?

이상치?

이상치?

이상치

이 데이터를 이상치로 여겨 제외하면
이와 가까운 데이터를 예측할 경우
정확하게 예측할 수 없게 된다.

각 변수의 통계량 확인하기

먼저 각 변수의 통계량을 알아봅시다. 변수가 많기 때문에 describe() 결과에 .T를 더해 행과 열
의 위치를 바꾸겠습니다(코드 4-40).

▼ 코드 4-40 각 변수의 통계량 확인하기

In
```
all_df.describe().T
```

Out

	count	mean	std	min	25%	50%	75%	max
Id	2919.0	1460.000000	842.787043	1.0	730.5	1460.0	2189.5	2919.0
MSSubClass	2919.0	57.137718	42.517628	20.0	20.0	50.0	70.0	190.0
LotFrontage	2433.0	69.305795	23.344905	21.0	59.0	68.0	80.0	313.0
LotArea	2919.0	10168.114080	7886.996359	1300.0	7478.0	9453.0	11570.0	215245.0
OverallQual	2919.0	6.089072	1.409947	1.0	5.0	6.0	7.0	10.0
OverallCond	2919.0	5.564577	1.113131	1.0	5.0	5.0	6.0	9.0
YearBuilt	2919.0	1971.312778	30.291442	1872.0	1953.5	1973.0	2001.0	2010.0
YearRemodAdd	2919.0	1984.264474	20.894344	1950.0	1965.0	1993.0	2004.0	2010.0
MasVnrArea	2896.0	102.201312	179.334253	0.0	0.0	0.0	164.0	1600.0
BsmtFinSF1	2918.0	441.423235	455.610826	0.0	0.0	368.5	733.0	5644.0
BsmtFinSF2	2918.0	49.582248	169.205611	0.0	0.0	0.0	0.0	1526.0
BsmtUnfSF	2918.0	560.772104	439.543659	0.0	220.0	467.0	805.5	2336.0
TotalBsmtSF	2918.0	1051.777587	440.766258	0.0	793.0	989.5	1302.0	6110.0
1stFlrSF	2919.0	1159.581706	392.362079	334.0	876.0	1082.0	1387.5	5095.0

➲ 계속

2ndFlrSF	2919.0	336.483727	428.701456	0.0	0.0	0.0	704.0	2065.0
LowQualFinSF	2919.0	4.694416	46.396825	0.0	0.0	0.0	0.0	1064.0
GrLivArea	2919.0	1500.759849	506.051045	334.0	1126.0	1444.0	1743.5	5642.0
BsmtFullBath	2917.0	0.429894	0.524736	0.0	0.0	0.0	1.0	3.0
BsmtHalfBath	2917.0	0.061364	0.245687	0.0	0.0	0.0	0.0	2.0
FullBath	2919.0	1.568003	0.552969	0.0	1.0	2.0	2.0	4.0
HalfBath	2919.0	0.380267	0.502872	0.0	0.0	0.0	1.0	2.0
BedroomAbvGr	2919.0	2.860226	0.822693	0.0	2.0	3.0	3.0	8.0
KitchenAbvGr	2919.0	1.044536	0.214462	0.0	1.0	1.0	1.0	3.0
TotRmsAbvGrd	2919.0	6.451524	1.569379	2.0	5.0	6.0	7.0	15.0
Fireplaces	2919.0	0.597122	0.646129	0.0	0.0	1.0	1.0	4.0
GarageYrBlt	2760.0	1978.113406	25.574285	1895.0	1960.0	1979.0	2002.0	2207.0
GarageCars	2918.0	1.766621	0.761624	0.0	1.0	2.0	2.0	5.0
GarageArea	2918.0	472.874572	215.394815	0.0	320.0	480.0	576.0	1488.0
WoodDeckSF	2919.0	93.709832	126.526589	0.0	0.0	0.0	168.0	1424.0
OpenPorchSF	2919.0	47.486811	67.575493	0.0	0.0	26.0	70.0	742.0
EnclosedPorch	2919.0	23.098321	64.244246	0.0	0.0	0.0	0.0	1012.0
3SsnPorch	2919.0	2.602261	25.188169	0.0	0.0	0.0	0.0	508.0
ScreenPorch	2919.0	16.062350	56.184365	0.0	0.0	0.0	0.0	576.0
PoolArea	2919.0	2.251799	35.663946	0.0	0.0	0.0	0.0	800.0
MiscVal	2919.0	50.825968	567.402211	0.0	0.0	0.0	0.0	17000.0
MoSold	2919.0	6.213087	2.714762	1.0	4.0	6.0	8.0	12.0
YrSold	2919.0	2007.792737	1.314964	2006.0	2007.0	2008.0	2009.0	2010.0
SalePrice	1460.0	180921.195890	79442.502883	34900.0	129975.0	163000.0	214000.0	755000.0
hasHighFacility	2919.0	0.107229	0.319268	0.0	0.0	0.0	0.0	2.0

몇 가지 변수는 거의 0이거나 특정 값 이외에는 취하지 않는 것들이 있습니다. 또 평균에서 표준편차에 대하여 최솟값, 최댓값이 크게 벗어나 있는 것 등이 있습니다. 이것들을 차례로 살펴보겠습니다.

수치 데이터만 추출하기

먼저 이상치를 확인하고자 수치 데이터만 추출해 보겠습니다. 수치 데이터 여부는 np.number로 파악할 수 있습니다(코드 4-41).

▼ 코드 4-41 수치 데이터만 추출하기

In
```
train_df_num = train_df.select_dtypes(include=[np.number])
```

코드 4-41로 출력한 수치 데이터 중에는 비례 척도가 아닌 것이 몇 개 있습니다(코드 4-42).

▼ 코드 4-42 비례 척도가 아닌 변수

In
```
nonratio_features = ["Id","MSSubClass","OverallQual","OverallCond","YearBuilt",
                    "YearRemodAdd","MoSold","YrSold"]
```

수치 데이터(코드 4-41)에서 비례 척도가 아닌 것(코드 4-42)을 빼면 비례 척도인 수치 데이터만
남습니다(코드 4-43). set으로 변환해서 비례 척도가 아닌 것을 뺀 후 리스트로 돌아가 sorted( )
로 목록을 수정합니다.

▼ 코드 4-43 수치 데이터에서 비례 척도가 아닌 데이터 제외하기

In
```
num_features = sorted(list(set(train_df_num) - set(nonratio_features)))
```

In
```
num_features
```

Out
```
['1stFlrSF',
 '2ndFlrSF',
 '3SsnPorch',
 'BedroomAbvGr',
 'BsmtFinSF1',
 'BsmtFinSF2',
 'BsmtFullBath',
 'BsmtHalfBath',
 'BsmtUnfSF',
 'EnclosedPorch',
 'Fireplaces',
 'FullBath',
 'GarageArea',
 'GarageCars',
 'GarageYrBlt',
 'GrLivArea',
 'HalfBath',
 'KitchenAbvGr',
 'LotArea',
 'LotFrontage',
 'LowQualFinSF',
 'MasVnrArea',
 'MiscVal',
 'OpenPorchSF',
 'PoolArea',
```

➲ 계속

```
 'SalePrice',
 'ScreenPorch',
 'TotRmsAbvGrd',
 'TotalBsmtSF',
 'WoodDeckSF']
```

train_df_num에서 비례 척도인 num_features만 추출해 낸 것을 train_df_num_rs라고 하겠습니다(코드 4-44).

▼ 코드 4-44 비례 척도 데이터만 추출하기

In
```
train_df_num_rs = train_df_num[num_features]
```

다수의 데이터가 0인 변수 확인하기

결측치는 아니지만 대부분이 0으로 채워진 변수가 없는지 확인하겠습니다. describe()로 조금 전 만든 데이터의 통계량을 낸 후 3/4분위수가 0, 즉 전체 75% 이상의 값이 0이 되는 변수 목록을 보겠습니다(코드 4-45).

▼ 코드 4-45 3/4분위수가 0이 되는 변수 확인하기

In
```
for col in num_features:
    if train_df_num_rs.describe()[col]["75%"] == 0:
        print(col, len(train_df_num_rs[train_df_num_rs[col]==0]))
```

Out
```
3SsnPorch 1436
BsmtFinSF2 1293
BsmtHalfBath 1378
EnclosedPorch 1252
LowQualFinSF 1434
MiscVal 1408
PoolArea 1453
ScreenPorch 1344
```

코드 4-45의 출력 결과를 보면 주로 Porch, Pool, Bath 등에 관한 변수들이 여기에 해당합니다. 이것들이 애초에 존재하는지 여부가 중요할 것 같습니다.

따라서 이전과 마찬가지로 Porch 관련 변수, Bath 관련 변수 데이터를 정리해 볼 텐데 4.8절에서 설명할 것입니다.

특정 값만 가지는 변수 확인하기

다음으로 특정한 값만 취하는 변수를 확인하겠습니다. 예를 들어 BsmtHalfBath는 '변기만 있는 화장실(욕실이나 샤워기가 없는)' 개수를 의미하는데 0, 1, 2 이렇게 값이 세 개만 있는 것 같습니다. 이들 변수를 카테고리 변수로 변환하거나 존재 유무(0 또는 1)를 나타내는 데이터로 변환하는 것도 검토해 보겠습니다(코드 4-46).

▼ 코드 4-46 특정 값만 취하는 변수 확인하기

```
In    for col in num_features:
          if train_df_num_rs[col].nunique() < 15:
              print(col, train_df_num_rs[col].nunique())
```

```
Out   BedroomAbvGr 8
      BsmtFullBath 4
      BsmtHalfBath 3
      Fireplaces 4
      FullBath 4
      GarageCars 5
      HalfBath 3
      KitchenAbvGr 4
      PoolArea 8
      TotRmsAbvGrd 12
```

지금까지 대부분의 값이 0인 변수와 특정 값을 갖는 변수를 살펴보았습니다. 이 변수들 외에도 이상치를 갖는 변수가 있는지 확인하겠습니다.

이상치가 있는지 확인하기

이상치를 찾는 방법은 몇 가지가 있지만, 간단히 '평균에서 표준 편차±3배 범위에 들어 있지 않은 것'이라고 하겠습니다(값이 정규 분포를 따른다는 가정하에 96%의 데이터는 평균에서 표준 편차±3배 이내에 들어가기 때문입니다).

평균을 중심으로 하여 표준 편차 3배 이상의 값 또는 표준 편차 3배 이하의 값은 다음과 같이 찾습니다(코드 4-47).

In
```
for col in num_features:
    tmp_df = train_df_num_rs[(train_df_num_rs[col] > train_df_num_rs[col].mean() +
            train_df_num_rs[col].std() *3 ) | \
            (train_df_num_rs[col] < train_df_num_rs[col].mean() -
            train_df_num_rs[col].std() *3 )]
    print(col, len(tmp_df))
```

Out
```
1stFlrSF 12
2ndFlrSF 4
3SsnPorch 23
BedroomAbvGr 14
BsmtFinSF1 6
BsmtFinSF2 50
BsmtFullBath 16
BsmtHalfBath 82
BsmtUnfSF 11
EnclosedPorch 51
Fireplaces 5
FullBath 0
GarageArea 7
GarageCars 0
GarageYrBlt 1
GrLivArea 16
HalfBath 12
KitchenAbvGr 68
LotArea 13
LotFrontage 12
LowQualFinSF 20
MasVnrArea 32
MiscVal 8
OpenPorchSF 27
PoolArea 7
SalePrice 22
ScreenPorch 55
TotRmsAbvGrd 12
TotalBsmtSF 10
WoodDeckSF 22
```

이상치를 포함하는 변수 분포를 시각화하기

코드 4-47의 결과를 바탕으로 몇 가지 변수 분포를 시각화하겠습니다. 세로축을 목적 변수인 SalePrice로 하고, 가로축에는 각 변수를 놓겠습니다. 흩어진 정도를 보여 주는 산포도(scatter plot)는 plot.scatter(x=x축의 변수, y=y축의 변수) 함수를 사용해서 그릴 수 있습니다(코드 4-48).

❤ 코드 4-48 BsmtFinSF1과 SalePrice 분포 시각화하기

In
```
all_df.plot.scatter(x="BsmtFinSF1", y="SalePrice")
```

Out `<AxesSubplot:xlabel='BsmtFinSF1', ylabel='SalePrice'>`

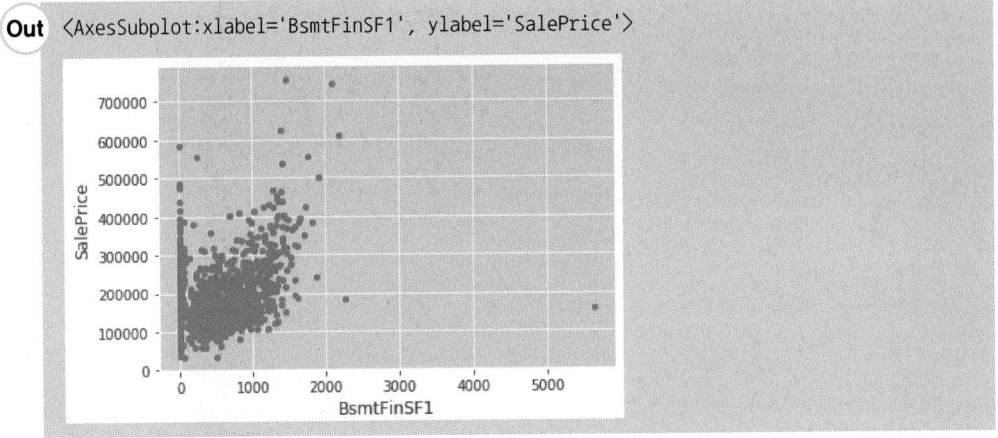

코드 4-48의 결과를 보면 BsmtFinSF1 변수는 값이 0인 것이 어느 정도 있고, 그 외는 BsmtFinSF1 이 오른쪽으로 이동할수록 SalePrice가 높아지는 경향이 있음을 알 수 있습니다. 다만 코드 4-48의 그래프 중에서 이상하게 BsmtFinSF1이 넓지만 SalePrice가 높지 않은 것이 있습니다. 이것을 조사해 보겠습니다(코드 4-49).

❤ 코드 4-49 BsmtFinSF1이 넓지만 SalePrice가 높지 않은 값 확인하기

In
```
all_df[all_df["TotalBsmtSF"] > 5000]
```

Out

	Id	MSSubClass	MSZoning	LotFrontage	LotArea	Street	LotShape	LandContour	Utilities	LotConfig
1298	1299	60	RL	313.0	63887	Pave	IR3	Bnk	AllPub	Corner

...	ScreenPorch	PoolArea	Fence	MiscVal	MoSold	YrSold	SaleType	SaleCondition	SalePrice	hasHighFacility
...	0	480	NaN	0	1	2008	New	Partial	160000.0	1

1 rows × 79 columns

다른 변수도 마찬가지로 살펴봅시다(코드 4-50~코드 4-52).

▼ 코드 4-50 TotalBsmtSF와 SalePrice 분포 시각화하기

In `all_df.plot.scatter(x="TotalBsmtSF", y="SalePrice")`

Out `<AxesSubplot:xlabel='TotalBsmtSF', ylabel='SalePrice'>`

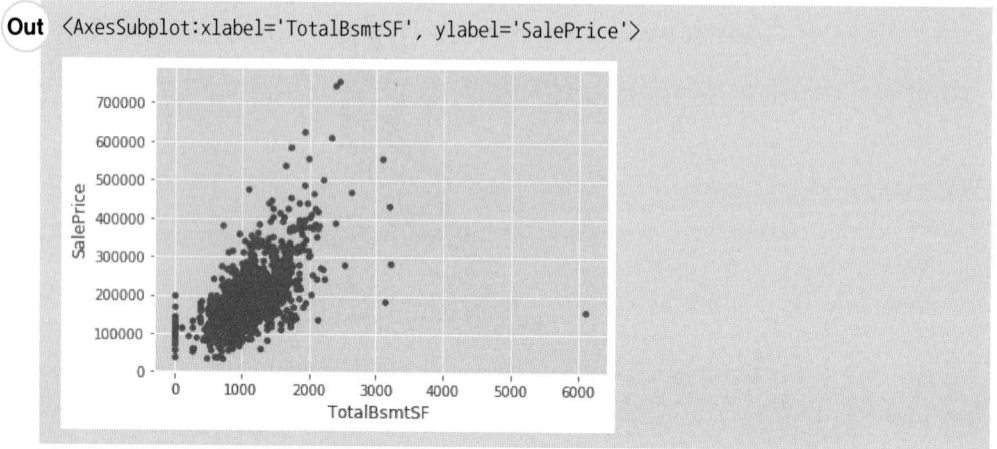

In `all_df[all_df["TotalBsmtSF"] > 6000]`

Out

	Id	MSSubClass	MSZoning	LotFrontage	LotArea	Street	LotShape	LandContour	Utilities	LotConfig
1298	1299	60	RL	313.0	63887	Pave	IR3	Bnk	AllPub	Corner

...	ScreenPorch	PoolArea	Fence	MiscVal	MoSold	YrSold	SaleType	SaleCondition	SalePrice	hasHighFacility
...	0	480	NaN	0	1	2008	New	Partial	160000.0	1

1 rows × 79 columns

▼ 코드 4-51 GrLivArea와 SalePrice 분포 시각화하기

In `all_df.plot.scatter(x="GrLivArea", y="SalePrice")`

Out \<AxesSubplot:xlabel='GrLivArea', ylabel='SalePrice'\>

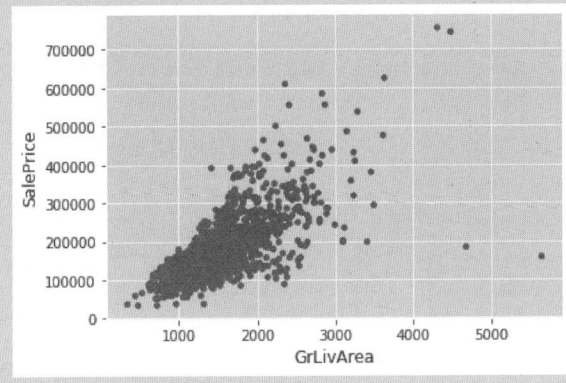

In `all_df[all_df["GrLivArea"] > 5000]`

Out

	Id	MSSubClass	MSZoning	LotFrontage	LotArea	Street	LotShape	LandContour	Utilities	LotConfig	⟩⟩
1298	1299	60	RL	313.0	63887	Pave	IR3	Bnk	AllPub	Corner	⟩⟩
2549	2550	20	RL	128.0	39290	Pave	IR1	Bnk	AllPub	Inside	⟩⟩

⟨⟨	...	ScreenPorch	PoolArea	Fence	MiscVal	MoSold	YrSold	SaleType	SaleCondition	SalePrice	hasHighFacility
⟨⟨	...	0	480	NaN	0	1	2008	New	Partial	160000.0	1
⟨⟨	...	0	0	NaN	17000	10	2007	New	Partial	NaN	0

2 rows × 79 columns

▼ 코드 4-52 1stFlrSF와 SalePrice 분포 시각화하기

In `all_df.plot.scatter(x="1stFlrSF", y="SalePrice")`

Out \<AxesSubplot:xlabel='1stFlrSF', ylabel='SalePrice'\>

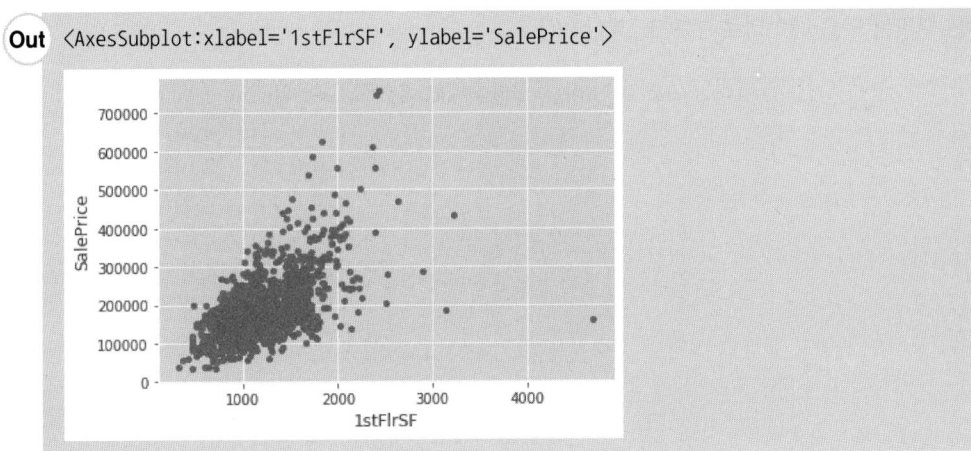

```
In    all_df[all_df["1stFlrSF"] > 4000]
```

	Id	MSSubClass	MSZoning	LotFrontage	LotArea	Street	LotShape	LandContour	Utilities	LotConfig
1298	1299	60	RL	313.0	63887	Pave	IR3	Bnk	AllPub	Corner
2549	2550	20	RL	128.0	39290	Pave	IR1	Bnk	AllPub	Inside

	ScreenPorch	PoolArea	Fence	MiscVal	MoSold	YrSold	SaleType	SaleCondition	SalePrice	hasHighFacility
...	0	480	NaN	0	1	2008	New	Partial	160000.0	1
...	0	0	NaN	17000	10	2007	New	Partial	NaN	0

2 rows × 79 columns

대체로 가로축 값이 증가할 때마다 세로축 SalePrice 값도 증가하는 것 같습니다. 하지만 가로축 값이 커도 SalePrice가 낮은 일부 값이 보입니다. 그래서 코드 4-53과 같이 역치를 마련하고, 이 상치를 제외하겠습니다(코드 4-53에서는 코드 4-52의 결괏값에 더해 LotArea에서도 이상치를 제외했습니다). 이상치를 제외할 때 주의할 점은 테스트 데이터는 이상치라고 해도 제외해서는 안 된다는 것입니다. 자칫 제외하면 해당 값을 예측할 수 없기 때문입니다. 코드 4-53은 (학습 데이 터, 테스트 데이터의) 이상치가 아닌 데이터를 추출하고, 테스트 데이터 전부를 추출합니다.

❤ 코드 4-53 이상치가 아닌 값 추출하기(테스트 데이터는 모두 추출)

```
In    all_df = all_df[(all_df['BsmtFinSF1'] < 2000) | (all_df['SalePrice'].isnull())]
      all_df = all_df[(all_df['TotalBsmtSF'] < 3000) | (all_df['SalePrice'].isnull())]
      all_df = all_df[(all_df['GrLivArea'] < 4500) | (all_df['SalePrice'].isnull())]
      all_df = all_df[(all_df['1stFlrSF'] < 2500) | (all_df['SalePrice'].isnull())]
      all_df = all_df[(all_df['LotArea'] < 100000) | (all_df['SalePrice'].isnull())]
```

사전 처리한 학습 데이터로 RMSE 계산하기

지금까지 결과를 토대로 다시 한 번 RMSE를 계산하겠습니다. 우선 categories 중에서 코드 4-39 에서 제외한 변수 세 개는 제거하겠습니다(코드 4-54).

❤ 코드 4-54 categories 중 제외된 변수 세 개 삭제하기

```
In    categories = categories.drop(["PoolQC","MiscFeature","Alley"])
```

다음으로 181쪽에서 설명한 것처럼 결측치를 missing으로 치환하고 all_df의 카테고리 변수를 category로 지정합니다(코드 4-55).

❤️ 코드 4-55 결측치를 missing으로 대체하고 all_df의 카테고리 변수를 category로 지정하기

In
```
for cat in categories:
    le = LabelEncoder()
    print(cat)

    all_df[cat].fillna("missing", inplace=True)
    le = le.fit(all_df[cat])
    all_df[cat] = le.transform(all_df[cat])
    all_df[cat] = all_df[cat].astype("category")
```

Out
```
MSZoning
Street
LotShape
LandContour
Utilities
LotConfig
LandSlope
Neighborhood
Condition1
Condition2
BldgType
HouseStyle
RoofStyle
RoofMatl
Exterior1st
Exterior2nd
MasVnrType
ExterQual
ExterCond
Foundation
BsmtQual
BsmtCond
BsmtExposure
BsmtFinType1
BsmtFinType2
Heating
HeatingQC
CentralAir
Electrical
KitchenQual
```

❍ 계속

```
Functional
FireplaceQu
GarageType
GarageFinish
GarageQual
GarageCond
PavedDrive
Fence
SaleType
SaleCondition
```

그런 다음 train_df_le, test_df_le로 분할합니다. train_df_le의 SalePrice를 로그 변환하는 것을 잊지 맙시다(코드 4-56).

▼ 코드 4-56 train_df_le와 test_df_le로 분할하기

```
In   train_df_le = all_df[~all_df["SalePrice"].isnull()]
     test_df_le = all_df[all_df["SalePrice"].isnull()]

     train_df_le["SalePrice_log"] = np.log(train_df_le["SalePrice"])
     train_X = train_df_le.drop(["SalePrice","SalePrice_log","Id"], axis=1)
     train_Y = train_df_le["SalePrice_log"]
```

```
In   models = []
     rmses = []
     oof = np.zeros(len(train_X))

     for train_index, val_index in kf.split(train_X):
         X_train = train_X.iloc[train_index]
         X_valid = train_X.iloc[val_index]
         y_train = train_Y.iloc[train_index]
         y_valid = train_Y.iloc[val_index]

         lgb_train = lgb.Dataset(X_train, y_train)
         lgb_eval = lgb.Dataset(X_valid, y_valid, reference=lgb_train)

         model_lgb = lgb.train(lgbm_params,
                               lgb_train,
                               valid_sets=lgb_eval,
                               num_boost_round=100,
                               early_stopping_rounds=20,
```

● 계속

```
                    verbose_eval=10,
                    )

    y_pred = model_lgb.predict(X_valid, num_iteration=model_lgb.best_iteration)
    tmp_rmse = np.sqrt(mean_squared_error(y_valid, y_pred))
    print(tmp_rmse)

    models.append(model_lgb)
    rmses.append(tmp_rmse)
    oof[val_index] = y_pred
```

Out Training until validation scores don't improve for 20 rounds
[10]   valid_0's l2: 0.0424478
[20]   valid_0's l2: 0.0222118
[30]   valid_0's l2: 0.0175757
[40]   valid_0's l2: 0.0165142
[50]   valid_0's l2: 0.0164264
[60]   valid_0's l2: 0.016285
[70]   valid_0's l2: 0.0163922
[80]   valid_0's l2: 0.0163238
Early stopping, best iteration is:
[62]   valid_0's l2: 0.0162509
0.12745948164738202
Training until validation scores don't improve for 20 rounds
[10]   valid_0's l2: 0.047333
[20]   valid_0's l2: 0.0272932
[30]   valid_0's l2: 0.0223134
[40]   valid_0's l2: 0.0209381
[50]   valid_0's l2: 0.0203039
[60]   valid_0's l2: 0.0200215
[70]   valid_0's l2: 0.0197188
[80]   valid_0's l2: 0.0196559
[90]   valid_0's l2: 0.0195579
[100]   valid_0's l2: 0.0195231
Did not meet early stopping. Best iteration is:
[99]   valid_0's l2: 0.0195208
0.13971669031954484
Training until validation scores don't improve for 20 rounds
[10]   valid_0's l2: 0.0368757
[20]   valid_0's l2: 0.0197062
[30]   valid_0's l2: 0.0167971

○ 계속

```
[40]    valid_0's l2: 0.0158749
[50]    valid_0's l2: 0.0154922
[60]    valid_0's l2: 0.0154062
[70]    valid_0's l2: 0.0154788
Early stopping, best iteration is:
[56]    valid_0's l2: 0.0153797
0.1240148833311436
```

In `sum(rmses)/len(rmses)`

Out `0.13039701843269016`

코드 4-56의 출력 결과는 0.13039701843269016이 되어 코드 4-29의 정확도 0.1328403480 5621694보다 더 높은 정확도를 얻을 수 있었습니다. 계속해서 새로운 특징 값을 만들면서 정확도 를 더 향상시켜 보겠습니다.

4.8 설명 변수 확인: 특징 값 생성

이어서 설명 변수를 확인해 보겠습니다. 우선 data discription 파일을 훑어보면 크게 다음과 같 은 분류의 데이터가 있음을 알 수 있습니다.

- **시간 데이터(5개):** YearBuilt(건축한 해), YearRemodAdd(수리한 해), YrSold(판매한 해) 등 시간에 관한 변수

- **넓이 데이터(16개):** TotalBsmtSF(지하 넓이), 1stFlrSF(1층 넓이), 2ndFlrSF(2층 넓이), GrLivArea(거주 지역 넓이) 등 넓이에 관한 변수

- **설비 및 허용 수 데이터(9개):** GarageCars(차고에 들어가는 차의 대수), TotRmsAbvGrd(방의 개수) 등 설비나 허용 수에 관한 변수

- **품질 및 분류 데이터(50개):** OverallQual(주택 품질), OverallCond(주택 상태) 등 품질과 분류에 관한 변수

시간 변수는 그 변수끼리 새로운 변수를 만들 수 있습니다. 예를 들어 건축한 해부터 판매한 해까지 토대로 경과 연수(건축 후 몇 년이 지났는가)를 만들 수 있습니다. 넓이에 관한 데이터는 예를 들어 이것을 설비 개수로 나눌 경우 방 하나당 넓이를 산출할 수도 있습니다. 설명 변수가 많을 때 우선은 이와 같이 크게 데이터를 분류함으로써 새로운 특징 값을 생성하며 정리할 수 있습니다.

시간과 관련된 변수의 통계량 확인하기

먼저 시간 데이터부터 살펴보겠습니다. 제일 먼저 이상치가 없는지 확인해 봅시다(코드 4-57).

▼ 코드 4-57 시간과 관련된 변수 통계량 확인하기

```
In   all_df[["YearBuilt","YearRemodAdd","GarageYrBlt","YrSold"]].describe()
```

Out

	YearBuilt	YearRemodAdd	GarageYrBlt	YrSold
count	2904.000000	2904.000000	2745.000000	2904.000000
mean	1971.234504	1984.217975	1978.061202	2007.792011
std	30.319059	20.907346	25.600996	1.316366
min	1872.000000	1950.000000	1895.000000	2006.000000
25%	1953.000000	1965.000000	1960.000000	2007.000000
50%	1973.000000	1993.000000	1979.000000	2008.000000
75%	2001.000000	2004.000000	2002.000000	2009.000000
max	2010.000000	2010.000000	2207.000000	2010.000000

YearBuilt의 최솟값을 확인하면 1872년에 건축된 오래된 주택이 포함되어 있지만, 일단은 이상치(너무 오래된 데이터, 2010년 이후 데이터, 연수로 보이지 않는 이상한 숫자)가 포함되어 있지는 않은 것 같습니다.

시간 변수로 새로운 특징 값 작성하기

먼저 코드 4-58과 같이 건축 후 몇 년이 경과했을 때 판매되었는지를 특징 값으로 추가하여 다시
한 번 학습하겠습니다.

▼ 코드 4-58 특징 값 추가하기

In
```
all_df["Age"] = all_df["YrSold"] - all_df["YearBuilt"]
```

In
```
(...생략: 코드 4-56의 반복...)
```

Out
```
(...생략...)
```

In
```
sum(rmses)/len(rmses)
```

Out 0.12968959614926723

코드 4-58의 출력 결과처럼 RMSE가 0.12968959614926723이 되어 조금 더 정확도가 좋아졌다는
것을 알 수 있습니다.

Note ≡ | **기타 시간과 관련된 특징 값 생성**

참고로 코드 4-58 이외에도 시간 데이터로 '수리한 후 경과 연수', '지은 지 몇 년 후에 수리했는가', '차고를 지은 지
몇 년 후에 판매되었는가' 등도 작성할 수 있습니다. 하지만 이런 특징 값을 추가한 결과 정확도가 오히려 나빠졌습니
다(코드 4-59). 무엇을 더하면 좋을지는 가설을 세워 보고 실제로 결과를 확인해 가며 알아보기 바랍니다.

▼ 코드 4-59 다른 변수 추가하기

In
```
# 수리하고 몇 년 후에 판매되었는가(수리하지 않는 경우 건축 연수와 동일)
all_df["RmdAge"] = all_df["YrSold"] - all_df["YearRemodAdd"]

# 차고를 지은 지 몇 년 후에 판매되었는가
all_df["GarageAge"] = all_df["YrSold"] - all_df["GarageYrBlt"]

# 건물을 지은 지 몇 년 후에 수리했는가
all_df["RmdTiming"] = all_df["YearRemodAdd"] - all_df["YearBuilt"]
```

넓이 변수로 새로운 특징 값 작성하기

다음으로 넓이에 관한 데이터를 확인합니다(코드 4-60).

▼ 코드 4-60 넓이에 관한 변수 통계량 확인하기

```
In  all_df[["LotArea","MasVnrArea","BsmtUnfSF","TotalBsmtSF","1stFlrSF","2ndFlrSF",
    "LowQualFinSF","GrLivArea","GarageArea","WoodDeckSF","OpenPorchSF","EnclosedPorch",
    "3SsnPorch","ScreenPorch","PoolArea","LotFrontage"]].describe()
```

Out

	LotArea	MasVnrArea	BsmtUnfSF	TotalBsmtSF	1stFlrSF	2ndFlrSF	LowQualFinSF	GrLivArea
count	2904.000000	2882.000000	2903.000000	2903.000000	2904.000000	2904.000000	2904.000000	2904.000000
mean	9912.604683	101.191187	559.850499	1043.794006	1152.707300	336.355372	4.718664	1493.781336
std	5178.128224	177.804595	438.438879	420.008348	377.291394	427.355787	46.515308	491.149725
min	1300.000000	0.000000	0.000000	0.000000	334.000000	0.000000	0.000000	334.000000
25%	7448.250000	0.000000	220.000000	791.500000	875.750000	0.000000	0.000000	1124.000000
50%	9422.000000	0.000000	467.000000	988.000000	1080.000000	0.000000	0.000000	1441.000000
75%	11503.000000	164.000000	802.500000	1296.000000	1381.250000	704.000000	0.000000	1739.250000
max	70761.000000	1600.000000	2336.000000	5095.000000	5095.000000	1872.000000	1064.000000	5095.000000

GarageArea	WoodDeckSF	OpenPorchSF	EnclosedPorch	3SsnPorch	ScreenPorch	PoolArea	LotFrontage
2903.000000	2904.000000	2904.000000	2904.000000	2904.000000	2904.000000	2904.000000	2425.000000
471.632794	93.265840	47.226584	22.988636	2.615702	16.086777	1.907025	69.071340
214.551791	125.855568	67.195477	64.055325	25.252464	56.245764	33.082892	22.662001
0.000000	0.000000	0.000000	0.000000	0.000000	0.000000	0.000000	21.000000
319.500000	0.000000	0.000000	0.000000	0.000000	0.000000	0.000000	59.000000
478.000000	0.000000	26.000000	0.000000	0.000000	0.000000	0.000000	68.000000
576.000000	168.000000	69.250000	0.000000	0.000000	0.000000	0.000000	80.000000
1488.000000	1424.000000	742.000000	1012.000000	508.000000	576.000000	800.000000	313.000000

LotArea는 매우 넓은 주택이 있다는 것과 Porch가 없는 주택이 많다는 것 등에 주의합시다.

넓이와 관련된 특징 값으로 '각 층의 전체 넓이', '욕실 수의 합계'를 추가해 보겠습니다(코드 4-61).

▼ 코드 4-61 넓이 변수에서 특징 값 추가하기

```
In  all_df["TotalSF"] = all_df["TotalBsmtSF"] + all_df["1stFlrSF"] + all_df["2ndFlrSF"]
    all_df["Total_Bathrooms"] = all_df["FullBath"] + all_df["HalfBath"] +
                        all_df["BsmtFullBath"] + all_df["BsmtHalfBath"]
```

그 밖에 Porch 넓이의 합계도 특징 값으로 추가하겠습니다(코드 4-62).

▼ 코드 4-62 Porch 넓이의 합계도 특징 값으로 추가하기

In
```
all_df["Total_PorchSF"] = all_df["WoodDeckSF"] + all_df["OpenPorchSF"] +
                all_df["EnclosedPorch"] + all_df["3SsnPorch"] + all_df["ScreenPorch"]
```

하지만 Porch가 없는 주택이 많기 때문에 Porch 넓이의 합계를 Porch가 있는지 없는지를 나타내는 0과 1 값으로 변환하겠습니다. 변환 후 원래의 Total_PorchSF는 삭제합니다(코드 4-63).

▼ 코드 4-63 Porch 넓이의 합계 변수를 Porch가 있는지 없는지를 나타내는 0과 1 값으로 변환하기

In
```
all_df["hasPorch"] = all_df["Total_PorchSF"].apply(lambda x: 1 if x > 0 else 0)
all_df = all_df.drop("Total_PorchSF", axis=1)
```

이들 특징 값을 추가해서 정확도가 얼마나 올라갈지 코드 4-64에서 확인해 보겠습니다(코드 4-56을 재실행).

▼ 코드 4-64 정확도 확인하기

In
```
(...생략: 코드 4-56을 재실행...)
```

Out
```
(...생략...)
```

In
```
sum(rmses)/len(rmses)
```

Out
```
0.128396868966143
```

코드 4-64의 출력 결과는 0.128396868966143이 되어 다시 정확도가 향상되었음을 알 수 있습니다.

4.9 하이퍼파라미터 최적화

마지막으로 하이퍼파라미터를 최적화해 보겠습니다. 지금까지는 기본적으로 주어진 하이퍼파라

미터로 실행했지만, 이전 장과 같이 하이퍼파라미터를 조정하는 방법을 알아보겠습니다. 여기서는 하이퍼파라미터 튜닝용 패키지인 Optuna를 이용할 것입니다.

Optuna를 이용하여 하이퍼파라미터 최적화하기

하이퍼파라미터는 하나만 변경해서는 정확도가 향상되지 않는 경우가 많아 복수의 하이퍼파라미터를 동시에 변경해야 할 때가 있습니다. 하지만 여러 하이퍼파라미터 값의 조합을 수동으로 일일이 테스트하거나 for 문을 사용하여 무차별적으로 대입할 수는 없습니다.

이때 쓸 수 있는 파이썬의 하이퍼파라미터 최적화 라이브러리는 다양합니다. 오랫동안 인기를 끌었던 그리드 검색을 사용하는 라이브러리와 베이지안 최적화를 이용해서 그리드 검색보다 계산량을 대폭 향상시킨 라이브러리 등이 있습니다.

베이지안 최적화를 이용한 방법 중에서도 최근 PFN에서 개발한 Optuna(https://optuna.org/) 라이브러리가 하이퍼파라미터를 효율적으로 선택하므로 이것을 사용해 보겠습니다.

Optuna 라이브러리 원리를 자세히 알고 싶다면 PFN 사이트를 참고하기 바랍니다(그림 4-10).

▼ 그림 4-10 PFN의 Optuna 페이지

URL https://www.preferred.jp/en/projects/optuna/

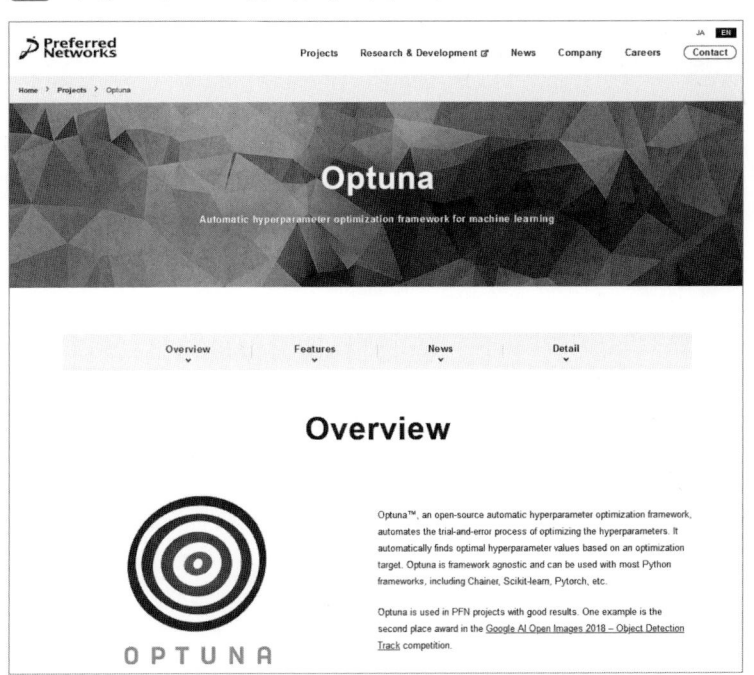

Optuna 라이브러리를 설치하고 불러오기

아나콘다(윈도)의 커맨드 프롬프트 혹은 맥의 터미널에서 Optuna 라이브러리를 설치하겠습니다.

❤ 명령 프롬프트/터미널

```
pip install optuna==2.0.0
```

캐글에는 기본적으로 Optuna 라이브러리가 설치되어 있으므로 따로 설치하지 않아도 됩니다.

Optuna의 라이브러리를 설치했으면 이제 불러옵니다(코드 4-65).

❤ 코드 4-65 Optuna 라이브러리 임포트하기

In
```
import optuna
```

4.9.1 Optuna 구현

Optuna를 LightGBM에 적용할 수 있는 샘플 코드가 Optuna 사이트에 게시되어 있으므로 이를 참고하여 실행하겠습니다(그림 4-11).

❤ 그림 4-11 Optuna 사이트의 각종 구현 샘플

URL https://optuna.org/

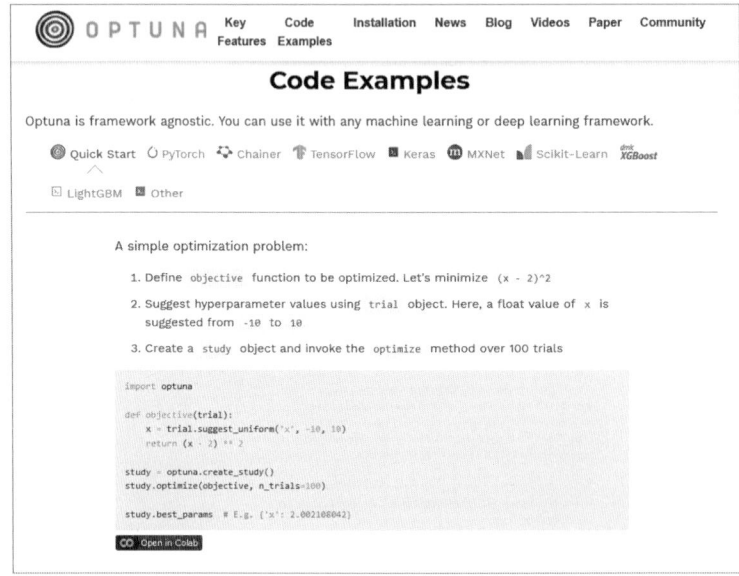

Optuna는 다음 세 단계에 따라 실행합니다.

1. 먼저 모델의 학습 흐름과 개선하려는 정확도를 정의합니다.

2. 조정하고자 하는 모델의 하이퍼파라미터 및 탐색 범위를 설정합니다.

3. 실행 횟수를 정하여 최적화를 실행합니다.

학습 데이터 및 검증 데이터 작성하기

먼저 학습을 위해 학습 데이터와 검증 데이터를 작성합니다. 이전 장과 같이 train_test_split() 를 사용하며(코드 4-66), 여기서는 random_state=1234, shuffle=False, stratify=None으로 설정 하여 데이터를 분할하겠습니다.

▼ 코드 4-66 학습 데이터와 검증 데이터 작성하기

```
In   from sklearn.model_selection import train_test_split
```

```
In   X_train, X_valid, y_train, y_valid = train_test_split(train_X, train_Y, test_size=0.2,
                                      random_state=1234, shuffle=False, stratify=None)
```

하이퍼파라미터 최적화하기

여기서는 num_leaves, max_bin, bagging_fraction, bagging_freq, feature_fraction, min_data_in_leaf, min_sum_hessian_in_leaf를 최적화해 보겠습니다(코드 4-67). 동시에 학습을 더 길고 자세하게 할 수 있게 learning_rate(학습률, 앞서 실행한 학습을 다음 학습에 얼마나 반영할지 정하는 파라미터)는 0.05로 하고 n_estimators(학습 횟수)는 1000으로 정하겠습니다. LightGBM에서 조정할 수 있는 하이퍼파라미터, 초깃값 및 각 값의 의미는 LightGBM 공식 사이트(https://lightgbm.readthedocs.io/en/latest/Parameters.html)에 요약되어 있으므로 확인 하기 바랍니다. bagging_fraction 및 feature_fraction 최적화의 실행 결과는 환경에 따라 다를 수 있습니다. 여기서는 필자의 실행 결과를 참고하여 게재하겠습니다.

❤ 코드 4-67 Optuna에서 하이퍼파라미터 최적화하기

```
In   def objective(trial):
         params = {
             "objective":"regression",
             "random_seed":1234,
             "learning_rate":0.05,
             "n_estimators":1000,
             "num_leaves":trial.suggest_int("num_leaves", 4, 64),
             "max_bin":trial.suggest_int("max_bin", 50, 200),
             "bagging_fraction":trial.suggest_uniform("bagging_fraction", 0.4, 0.9),
             "bagging_freq":trial.suggest_int("bagging_freq", 1, 10),
             "feature_fraction":trial.suggest_uniform("feature_fraction", 0.4, 0.9),
             "min_data_in_leaf":trial.suggest_int("min_data_in_leaf", 2, 16),
             "min_sum_hessian_in_leaf":trial.suggest_int("min_sum_hessian_in_leaf", 1, 10),
         }

         lgb_train = lgb.Dataset(X_train, y_train)
         lgb_eval = lgb.Dataset(X_valid, y_valid, reference=lgb_train)

         model_lgb = lgb.train(params,
                               lgb_train,
                               valid_sets=lgb_eval,
                               num_boost_round=100,
                               early_stopping_rounds=20,
                               verbose_eval=10,
                               )

         y_pred = model_lgb.predict(X_valid, num_iteration=model_lgb.best_iteration)
         score = np.sqrt(mean_squared_error(y_valid, y_pred))
         return score
```

```
In   study = optuna.create_study(sampler=optuna.samplers.RandomSampler(seed=0))
     study.optimize(objective, n_trials=50)
     study.best_params
```

```
Out  Training until validation scores don't improve for 20 rounds
     [10]    valid_0's l2: 0.0650613
     [20]    valid_0's l2: 0.0350252
     [30]    valid_0's l2: 0.0243811
     [40]    valid_0's l2: 0.0200293
```

○ 계속

```
[50]    valid_0's l2: 0.0178734
[60]    valid_0's l2: 0.0172096
[70]    valid_0's l2: 0.0166336
[80]    valid_0's l2: 0.0162864
[90]    valid_0's l2: 0.0160433
[100]   valid_0's l2: 0.0159939
[110]   valid_0's l2: 0.0159343
[120]   valid_0's l2: 0.0157958
[130]   valid_0's l2: 0.0157909
[140]   valid_0's l2: 0.0158547
Early stopping, best iteration is:
[126]   valid_0's l2: 0.0157768

(...생략...)

Training until validation scores don't improve for 20 rounds
[10]    valid_0's l2: 0.0685861
[20]    valid_0's l2: 0.0390956
[30]    valid_0's l2: 0.0273039
[40]    valid_0's l2: 0.0211554
[50]    valid_0's l2: 0.0179925
[60]    valid_0's l2: 0.016417
[70]    valid_0's l2: 0.0155609
[80]    valid_0's l2: 0.0153566
[90]    valid_0's l2: 0.0149536
[100]   valid_0's l2: 0.0149536
[110]   valid_0's l2: 0.0147924
[120]   valid_0's l2: 0.0147157
[130]   valid_0's l2: 0.0145115
[140]   valid_0's l2: 0.0144213
[150]   valid_0's l2: 0.0142635
[160]   valid_0's l2: 0.0141178
[170]   valid_0's l2: 0.0142587
[180]   valid_0's l2: 0.0140981
[190]   valid_0's l2: 0.0140712
[200]   valid_0's l2: 0.0139811
[210]   valid_0's l2: 0.01397
[220]   valid_0's l2: 0.0140402
[230]   valid_0's l2: 0.0141884
Early stopping, best iteration is:
[213]   valid_0's l2: 0.0139371
```

○ 계속

```
[I 2020-10-20 13:20:19,591] Trial 49 finished with value: 0.1180553093101515 and
parameters: {'num_leaves': 48, 'max_bin': 63, 'bagging_fraction': 0.4082148147957371,
'bagging_freq': 7, 'feature_fraction': 0.4046200367432704, 'min_data_in_leaf': 15,
'min_sum_hessian_in_leaf': 9}. Best is trial 45 with value: 0.11399917293644356.
```

Out
```
{'num_leaves': 12,
 'max_bin': 189,
 'bagging_fraction': 0.8319278029616157,
 'bagging_freq': 5,
 'feature_fraction': 0.4874544371547538,
 'min_data_in_leaf': 13,
 'min_sum_hessian_in_leaf': 4}
```

코드 4-67의 출력 결과는 50회 시행 중 가장 정확한 하이퍼파라미터를 보여 줍니다. 하이퍼파라미터와 범위를 여러 번 조정하여 실행하면서 시행착오를 겪는 것도 좋다고 생각합니다. 하지만 하이퍼파라미터를 조정하는 데 시간을 너무 많이 소비하지 말기 바랍니다.

필자 환경에서는 코드 4-67과 같은 하이퍼파라미터를 얻었으므로 이대로 설정한 후 교차 검증하여 결과를 확인합니다(코드 4-56에서 models = [] 이하를 다시 실행, 코드 4-68).

❤ 코드 4-68 앞서 구한 하이퍼파라미터로 교차 검증하기

In
```
lgbm_params = {
    "objective":"regression",
    "random_seed":1234,
    "learning_rate":0.05,
    "n_estimators":1000,
    "num_leaves":12,
    "bagging_fraction":0.8319278029616157,
    "bagging_freq":5,
    "feature_fraction":0.4874544371547538,
    "max_bin":189,
    "min_data_in_leaf":13,
    "min_sum_hessian_in_leaf":4
}
```

In
```
(...생략: 코드 4-56의 models = [] 이하를 다시 실행...)
```

Out
```
Training until validation scores don't improve for 20 rounds
[10]    valid_0's l2: 0.0779167
[20]    valid_0's l2: 0.04385
[30]    valid_0's l2: 0.0290763
[40]    valid_0's l2: 0.0218783
[50]    valid_0's l2: 0.0180768
[60]    valid_0's l2: 0.0162982
[70]    valid_0's l2: 0.015008
[80]    valid_0's l2: 0.0144293
[90]    valid_0's l2: 0.0139318
[100]   valid_0's l2: 0.0136112
[110]   valid_0's l2: 0.0135108
[120]   valid_0's l2: 0.0133217
[130]   valid_0's l2: 0.0132203
[140]   valid_0's l2: 0.0132562
Early stopping, best iteration is:
[127]   valid_0's l2: 0.0132149
0.11495850207924808
(...생략...)
Training until validation scores don't improve for 20 rounds
[10]    valid_0's l2: 0.068115
[20]    valid_0's l2: 0.0388905
[30]    valid_0's l2: 0.0258797
[40]    valid_0's l2: 0.0198979
[50]    valid_0's l2: 0.0170852
[60]    valid_0's l2: 0.0157192
[70]    valid_0's l2: 0.0149827
[80]    valid_0's l2: 0.014483
[90]    valid_0's l2: 0.0139921
[100]   valid_0's l2: 0.0138117
[110]   valid_0's l2: 0.0136653
[120]   valid_0's l2: 0.0136954
Early stopping, best iteration is:
[109]   valid_0's l2: 0.0136456
0.1168145035478684
```

In
```
sum(rmses)/len(rmses)
```

Out
```
0.1217730315564034
```

코드 4-64의 0.128396868966143에서 0.1217730315564034로 정확도를 더욱 높일 수 있었습니다.

4.9.2 캐글에 결과 제출

그럼 지금까지 결과를 캐글에 제출하겠습니다.

테스트 데이터 준비하기

우선 테스트 데이터를 준비합니다(코드 4-69).

▼ 코드 4-69 테스트 데이터 준비하기

```
In   test_X = test_df_le.drop(["SalePrice", "Id"], axis=1)
```

학습한 모델로 테스트 데이터의 목적 변수 예측하기

이제 교차 검증으로 작성한 모델 세 개를 이용하여 예측 값을 구하고, preds 리스트에 넣습니다(코드 4-70).

▼ 코드 4-70 교차 검증의 각 모델에서 예측 값 계산하기

```
In   preds = []

     for model in models:
         pred = model.predict(test_X)
         preds.append(pred)
```

preds의 평균을 계산하여 preds_mean으로 저장합니다(코드 4-71).

▼ 코드 4-71 preds의 평균을 계산하여 preds_mean으로 저장하기

```
In   preds_array = np.array(preds)
     preds_mean = np.mean(preds_array, axis=0)
```

예측 값을 원래 스케일로 되돌리기

로그 변환 후 예측했기 때문에 마지막에 원래 스케일로 되돌리는 것을 잊지 않도록 합시다(코드 4-72).

▼ 코드 4-72 원래 스케일로 되돌리기

```
In  preds_exp = np.exp(preds_mean)
```

```
In  len(preds_exp)
```

```
Out  1459
```

예측 값으로 submission 파일 작성하기

이 예측 값을 submission 파일의 SalePrice로 저장합니다(코드 4-73).

▼ 코드 4-73 예측 값을 SalePrice로 저장하기

```
In  submission["SalePrice"] = preds_exp
```

CSV 파일로 변환하기

그다음 CSV 파일을 작성합니다.

아나콘다(윈도), 맥에서 주피터 노트북을 이용할 때는 코드 4-74를 실행합니다.

▼ 코드 4-74 CSV 파일로 쓰기(아나콘다(윈도), 맥에서 주피터 노트북 이용)

```
In  submission.to_csv("./submit/houseprices_submit01.csv", index=False)
```

캐글에서는 코드 4-75를 실행합니다.

▼ 코드 4-75 CSV 파일로 쓰기(캐글)

```
In  submission.to_csv("houseprices_submit01.csv", index=False)
```

캐글에 결과 제출하기

이제 3.9절을 참고하여 캐글에 CSV 파일을 제출하고 점수를 확인해 봅시다(그림 4-12).

▼ 그림 4-12 지금까지 예측 결과 제출하기

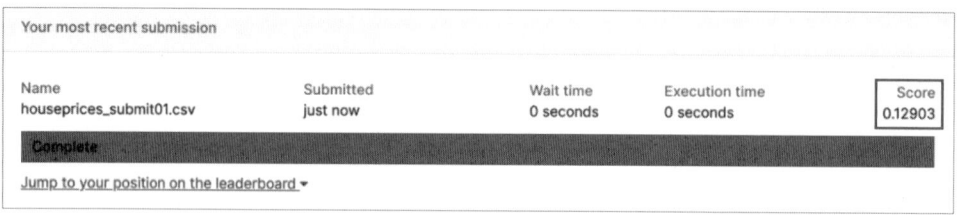

점수는 0.12903으로 나타났습니다.

4.10 여러 가지 머신 러닝 방법을 이용한 앙상블

지금까지 비교적 실행이 쉬운 머신 러닝 방법으로 LightGBM을 이용해 왔지만, 사실 이외에도 많은 머신 러닝 방법이 있습니다. 여기서는 여러 머신 러닝 방법을 소개하고 그 예측 결과를 조합하여 정확도를 한층 더 향상시키는 방법을 알아보겠습니다.

4.10.1 랜덤 포레스트로 학습

먼저 앞 장에서 소개한 결정 트리를 여러 개 조합하는 방법인 랜덤 포레스트를 구현해 봅시다(그림 4-13).

랜덤 포레스트는 일반적으로 LightGBM 같은 그레이디언트 부스팅 결정 트리 방법보다는 덜 정확하지만, LightGBM 등 예측 결과와 조합할 때 자주 이용합니다.

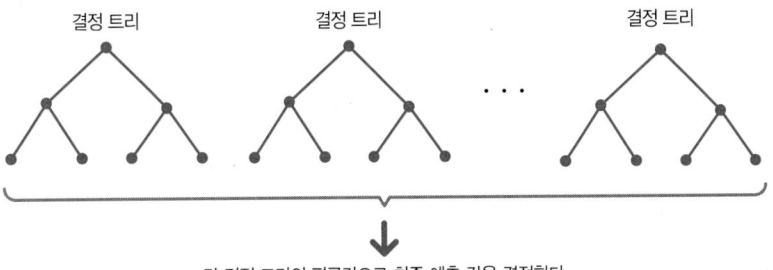

▼ 그림 4-13 랜덤 포레스트 구조(그림 3-27과 같음)

랜덤하게 선택된 일부 데이터, 일부 변수에 대해 복수의 결정 트리를 생성한다.

각 결정 트리의 평균값으로 최종 예측 값을 결정한다.

랜덤 포레스트 라이브러리 불러오기

사용법은 LightGBM과 동일합니다. 먼저 라이브러리를 불러오는데, 참고로 랜덤 포레스트는 분류 작업(RandomForestClassifier)과 회귀 작업(RandomForestRegressor)에 따라 라이브러리가 다릅니다. 이번에는 회귀 작업을 할 예정이므로 RandomForestRegressor를 불러오겠습니다(코드 4-76).

▼ 코드 4-76 랜덤 포레스트용 라이브러리 읽기

```
In  from sklearn.ensemble import RandomForestRegressor as rf
```

4.10.2 LotFrontage의 결측치 삭제

랜덤 포레스트는 LightGBM과 달리 결측치를 그대로 취급할 수 없으므로 일단 중앙값으로 대체하겠습니다(평균값이 아니라 중앙값으로 대체하는 이유는 MasVnrArea 같은 변수는 반 이상의 데이터 값이 0이라는 점과 중앙값이 이상치 영향을 쉽게 받지 않는다는 점 때문입니다). 이 중 LotFrontage는 결측치가 많기 때문에 보완하는 것이 아니라 변수 자체를 삭제해도 됩니다.

결측치를 포함한 변수 확인하기

먼저 nan을 포함하는 변수를 저장할 hasnan_cat 배열을 준비합니다.

그리고 for 문을 이용하여 all_df의 각 변수에 all_df[col].isnull().sum()을 적용하고 결측치를 합산합니다. 결측치가 하나 이상이면서 목표 변수(SalePrice)가 아니면 변수 이름과 누락된 값의 수가 표시되고 배열 hasnan_cat에 저장됩니다(코드 4-77).

▼ 코드 4-77 결측치를 포함한 변수 확인하기

```
In    hasnan_cat = []
      for col in all_df.columns:
          tmp_null_count = all_df[col].isnull().sum()
          if (tmp_null_count > 0) & (col != "SalePrice"):
              print(col, tmp_null_count)
              hasnan_cat.append(col)
```

```
Out   LotFrontage 479
      MasVnrArea 22
      BsmtFinSF1 1
      BsmtFinSF2 1
      BsmtUnfSF 1
      TotalBsmtSF 1
      BsmtFullBath 2
      BsmtHalfBath 2
      GarageYrBlt 159
      GarageCars 1
      GarageArea 1
      TotalSF 1
      Total_Bathrooms 2
```

결측치를 포함한 변수의 통계량 확인하기

hasnan_cat에 포함된 변수 개요를 describe()에서 확인하겠습니다. 앞서 말한 대로 데이터 절반 이상이 0인 변수입니다(코드 4-78).

▼ 코드 4-78 hasnan_cat에 포함된 변수 확인하기

```
In    all_df[hasnan_cat].describe()
```

Out	LotFrontage	MasVnrArea	BsmtFinSF1	BsmtFinSF2	BsmtUnfSF	TotalBsmtSF	BsmtFullBath
count	2425.000000	2882.000000	2903.000000	2903.000000	2903.000000	2903.000000	2902.000000
mean	69.071340	101.191187	434.926628	49.016879	559.850499	1043.794006	0.426258
std	22.662001	177.804595	440.128728	168.444473	438.438879	420.008348	0.522410
min	21.000000	0.000000	0.000000	0.000000	0.000000	0.000000	0.000000
25%	59.000000	0.000000	0.000000	0.000000	220.000000	791.500000	0.000000
50%	68.000000	0.000000	365.000000	0.000000	467.000000	988.000000	0.000000
75%	80.000000	164.000000	728.500000	0.000000	802.500000	1296.000000	1.000000
max	313.000000	1600.000000	4010.000000	1526.000000	2336.000000	5095.000000	3.000000

BsmtHalfBath	GarageYrBlt	GarageCars	GarageArea	TotalSF	Total_Bathrooms
2902.000000	2745.000000	2903.000000	2903.000000	2903.000000	2902.000000
0.061337	1978.061202	1.763348	471.632794	2533.060971	2.431771
0.245667	25.600996	0.761410	214.551791	764.699033	0.937184
0.000000	1895.000000	0.000000	0.000000	334.000000	1.000000
0.000000	1960.000000	1.000000	319.500000	1998.500000	2.000000
0.000000	1979.000000	2.000000	478.000000	2444.000000	2.000000
0.000000	2002.000000	2.000000	576.000000	2985.000000	3.000000
2.000000	2207.000000	5.000000	1488.000000	10190.000000	8.000000

결측치를 각 변수의 중앙값으로 보완하기

여기서는 4.10.2절에서 설명한 대로 결측치를 각 변수의 중앙값으로 채우겠습니다. all_df[col].
median()으로 각 변수의 중앙값을 계산할 수 있으므로 해당 값을 fillna에 지정합니다(코드 4-79).

▼ 코드 4-79 결측치를 각 변수의 중앙값으로 보완하기

In
```
for col in all_df.columns:
    tmp_null_count = all_df[col].isnull().sum()
    if (tmp_null_count > 0) & (col != "SalePrice"):
        print(col, tmp_null_count)
        all_df[col] = all_df[col].fillna(all_df[col].median())
```

Out
```
LotFrontage 479
MasVnrArea 22
BsmtFinSF1 1
BsmtFinSF2 1
BsmtUnfSF 1
```

○ 계속

```
TotalBsmtSF 1
BsmtFullBath 2
BsmtHalfBath 2
GarageYrBlt 159
GarageCars 1
GarageArea 1
TotalSF 1
Total_Bathrooms 2
```

랜덤 포레스트를 이용하여 학습 및 예측하기

지금부터는 이전의 LightGBM과 거의 같은 방법으로 실행합니다. SalePrice에 로그를 취해서 학습하겠습니다(코드 4-80). 환경에 따라 다소 다른 결과가 나올 수 있습니다.

❤ 코드 4-80 SalePrice에 로그를 취해서 학습하기

```
In    train_df_le = all_df[~all_df["SalePrice"].isnull()]
      test_df_le = all_df[all_df["SalePrice"].isnull()]
      train_df_le["SalePrice_log"] = np.log(train_df_le["SalePrice"])
```

```
In    train_X = train_df_le.drop(["SalePrice","SalePrice_log","Id"], axis=1)
      train_Y = train_df_le["SalePrice_log"]
```

```
In    folds = 3
      kf = KFold(n_splits=folds)
```

```
In    models_rf = []
      rmses_rf = []
      oof_rf = np.zeros(len(train_X))
      for train_index, val_index in kf.split(train_X):
          X_train = train_X.iloc[train_index]
          X_valid = train_X.iloc[val_index]
          y_train = train_Y.iloc[train_index]
          y_valid = train_Y.iloc[val_index]
          model_rf = rf(
              n_estimators=50,
              random_state=1234
          )
```

◑ 계속

```
        model_rf.fit(X_train, y_train)
        y_pred = model_rf.predict(X_valid)
        tmp_rmse = np.sqrt(mean_squared_error(y_valid, y_pred))
        print(tmp_rmse)
        models_rf.append(model_rf)
        rmses_rf.append(tmp_rmse)
        oof_rf[val_index] = y_pred
```

Out
```
0.13832809756301317
0.1419408245515443
0.1295288287348652
```

In
```
sum(rmses_rf)/len(rmses_rf)
```

Out
```
0.13659925028314088
```

결과를 CSV 파일로 내보내기

LightGBM에는 못 미치지만 괜찮은 점수가 나왔습니다. 일단 이 결과를 캐글에 제출하여 어느 정도의 점수가 되는지 확인하겠습니다. 먼저 테스트 데이터를 사용하여 각 교차 검증 모델에 대한 예측 값을 계산한 후 평균을 산출합니다(코드 4-81). 이전 장에서도 설명했지만, 결과를 CSV 파일로 내보내려면 데이터프레임명.to_csv("파일명") 형태로 지정해야 합니다. 행 번호는 불필요하므로 index=False로 합니다. 아나콘다(윈도), 맥에서 주피터 노트북을 이용할 때는 코드 4-82를 실행합니다.

❤ 코드 4-81 테스트 데이터에서 각 교차 검증 모델의 예측 값 계산하기

In
```
test_X = test_df_le.drop(["SalePrice","Id"], axis=1)
```

In
```
preds_rf = []
for model in models_rf:
    pred = model.predict(test_X)
    preds_rf.append(pred)
```

```
In   preds_array_rf = np.array(preds_rf)
     preds_mean_rf = np.mean(preds_array_rf, axis=0)
     preds_exp_rf = np.exp(preds_mean_rf)
     submission["SalePrice"] = preds_exp_rf
```

▼ 코드 4-82 CSV 파일로 내보내기(아나콘다(윈도), 맥에서 주피터 노트북 이용)

```
In   submission.to_csv("./submit/houseprices_submit02.csv", index=False)
```

캐글에서는 코드 4-83을 실행합니다.

▼ 코드 4-83 CSV 파일로 저장하기(캐글)

```
In   submission.to_csv("houseprices_submit02.csv", index=False)
```

캐글에 결과 제출하기

3.9절을 참고하여 캐글에 CSV 파일을 제출하고 점수를 확인합니다. 점수는 0.14725가 되었습니다(그림 4-14).

▼ 그림 4-14 랜덤 포레스트 예측 결과

4.10.3 XGBoost로 학습

이어서 LightGBM처럼 그레이디언트 부스팅 결정 트리를 실행하는 XGBoost를 실행해 보겠습니다.

XGBoost는 매우 정확해서 예측할 때 유용하지만, 실행 속도는 LightGBM이 더 우수해서 최근 몇 년간은 대용량 데이터를 예측할 때 LightGBM을 널리 사용해 왔습니다. 하지만 LightGBM으로 학습해서 특징 값을 만들거나 전처리한 후 XGBoost로 최종 예측 결과를 결합하는 방법도 자주 사용합니다.

XGBoost 라이브러리 설치하고 불러오기

아나콘다(윈도)의 명령 프롬프트 혹은 맥의 터미널에서 XGBoost 라이브러리를 설치합니다.

▼ 명령 프롬프트/터미널

```
pip install xgboost==1.1.1
```

캐글에는 기본적으로 XGBoost 라이브러리가 설치되어 있으므로 별도로 설치하지 않아도 됩니다.

XGBoost 라이브러리를 설치했으면 이제 불러오겠습니다(코드 4-84).

▼ 코드 4-84 XGBoost 라이브러리 임포트하기

```
In   import xgboost as xgb
```

XGBoost 구현하기

XGBoost도 LightGBM과 비슷한 방법으로 실행하면 되지만, XGBoost에서는 카테고리 변수를
읽어 올 수 없으므로 int형으로 변환해야 합니다(코드 4-85).

▼ 코드 4-85 카테고리 변수를 int형으로 변환하기

```
In   categories = train_X.columns[train_X.dtypes=="category"]
```

```
In   for col in categories:
         train_X[col] = train_X[col].astype("int8")
         test_X[col] = test_X[col].astype("int8")
```

Optuna로 하이퍼파라미터 조정하기

기왕이면 XGBoost도 Optuna를 이용하여 하이퍼파라미터를 조정해 봅시다(코드 4-86).
colsample_bytree, sublsample은 환경에 따라서 결과가 다를 수 있습니다. 코드 4-86은 필자가
실행한 결과입니다.

▼ 코드 4-86 Optuna에서 하이퍼파라미터 조정하기

```
In   X_train, X_valid, y_train, y_valid = train_test_split(train_X, train_Y, test_size=0.2,
                              random_state=1234, shuffle=False, stratify=None)
```

```
In  def objective(trial):
        xgb_params = {
        "learning_rate":0.05,
        "seed":1234,
        "max_depth":trial.suggest_int("max_depth", 3, 16),
        "colsample_bytree":trial.suggest_uniform("colsample_bytree", 0.2, 0.9),
        "sublsample":trial.suggest_uniform("sublsample", 0.2, 0.9),
        }
        xgb_train = xgb.DMatrix(X_train, label=y_train)
        xgb_eval = xgb.DMatrix(X_valid, label=y_valid)
        evals = [(xgb_train, "train"), (xgb_eval, "eval")]
        model_xgb = xgb.train(xgb_params,
                              xgb_train,
                              evals=evals,
                              num_boost_round=1000,
                              early_stopping_rounds=20,
                              verbose_eval=10,
                              )
        y_pred = model_xgb.predict(xgb_eval)
        score = np.sqrt(mean_squared_error(y_valid, y_pred))
        return score
```

```
In  study = optuna.create_study(sampler=optuna.samplers.RandomSampler(seed=0))
    study.optimize(objective, n_trials=50)
    study.best_params
```

```
Out [0] train-rmse:10.94725  eval-rmse:10.95545
    Multiple eval metrics have been passed: 'eval-rmse' will be used for early stopping.

    Will train until eval-rmse hasn't improved in 20 rounds.
    [10]    train-rmse:6.56432    eval-rmse:6.56999
    [20]    train-rmse:3.93948    eval-rmse:3.94404
    [30]    train-rmse:2.36795    eval-rmse:2.37005
    [40]    train-rmse:1.42707    eval-rmse:1.42782
    [50]    train-rmse:0.86426    eval-rmse:0.86637
    [60]    train-rmse:0.52818    eval-rmse:0.53487
    [70]    train-rmse:0.32743    eval-rmse:0.34293
    [80]    train-rmse:0.20735    eval-rmse:0.23529
    [90]    train-rmse:0.13411    eval-rmse:0.17904
    [100]   train-rmse:0.08850    eval-rmse:0.14977
    [110]   train-rmse:0.05957    eval-rmse:0.13652
```

❍ 계속

```
[120]    train-rmse:0.04093    eval-rmse:0.13039
[130]    train-rmse:0.02857    eval-rmse:0.12756
[140]    train-rmse:0.02022    eval-rmse:0.12644
[150]    train-rmse:0.01454    eval-rmse:0.12570
[160]    train-rmse:0.01072    eval-rmse:0.12520
[170]    train-rmse:0.00806    eval-rmse:0.12484
[180]    train-rmse:0.00616    eval-rmse:0.12469
[190]    train-rmse:0.00473    eval-rmse:0.12458
[200]    train-rmse:0.00376    eval-rmse:0.12445
[210]    train-rmse:0.00300    eval-rmse:0.12439
[220]    train-rmse:0.00239    eval-rmse:0.12433
[230]    train-rmse:0.00195    eval-rmse:0.12430
[240]    train-rmse:0.00154    eval-rmse:0.12428
[250]    train-rmse:0.00126    eval-rmse:0.12426
[260]    train-rmse:0.00102    eval-rmse:0.12424
[270]    train-rmse:0.00084    eval-rmse:0.12424
[280]    train-rmse:0.00073    eval-rmse:0.12423
[290]    train-rmse:0.00073    eval-rmse:0.12423
Stopping. Best iteration:
[275]    train-rmse:0.00077    eval-rmse:0.12423


[I 2020-10-20 13:21:39,690] Trial 0 finished with value: 0.12423370024246146 and
parameters: {'max_depth': 15, 'colsample_bytree': 0.6149912327575129, 'sublsample':
0.7909860240067121}. Best is trial 0 with value: 0.12423370024246146.


(...생략...)


[0] train-rmse:10.94725   eval-rmse:10.95545
Multiple eval metrics have been passed: 'eval-rmse' will be used for early stopping.


Will train until eval-rmse hasn't improved in 20 rounds.
[10]     train-rmse:6.56432    eval-rmse:6.56999
[20]     train-rmse:3.93948    eval-rmse:3.94404
[30]     train-rmse:2.36795    eval-rmse:2.37005
[40]     train-rmse:1.42707    eval-rmse:1.42782
[50]     train-rmse:0.86426    eval-rmse:0.86637
[60]     train-rmse:0.52816    eval-rmse:0.53473
[70]     train-rmse:0.32769    eval-rmse:0.34191
[80]     train-rmse:0.20868    eval-rmse:0.23182
[90]     train-rmse:0.13853    eval-rmse:0.17313
[100]    train-rmse:0.09812    eval-rmse:0.14522
[110]    train-rmse:0.07534    eval-rmse:0.13195
```

○ 계속

```
[120]  train-rmse:0.06210    eval-rmse:0.12568
[130]  train-rmse:0.05440    eval-rmse:0.12314
[140]  train-rmse:0.04884    eval-rmse:0.12194
[150]  train-rmse:0.04506    eval-rmse:0.12096
[160]  train-rmse:0.04182    eval-rmse:0.12071
[170]  train-rmse:0.03935    eval-rmse:0.12068
[180]  train-rmse:0.03665    eval-rmse:0.12032
[190]  train-rmse:0.03436    eval-rmse:0.12019
[200]  train-rmse:0.03190    eval-rmse:0.12008
[210]  train-rmse:0.03003    eval-rmse:0.11995
[220]  train-rmse:0.02776    eval-rmse:0.11979
[230]  train-rmse:0.02641    eval-rmse:0.11973
[240]  train-rmse:0.02507    eval-rmse:0.11950
[250]  train-rmse:0.02366    eval-rmse:0.11957
[260]  train-rmse:0.02207    eval-rmse:0.11950
[270]  train-rmse:0.02110    eval-rmse:0.11935
[280]  train-rmse:0.01978    eval-rmse:0.11937
[290]  train-rmse:0.01898    eval-rmse:0.11932
[300]  train-rmse:0.01817    eval-rmse:0.11924
[310]  train-rmse:0.01740    eval-rmse:0.11916
[320]  train-rmse:0.01677    eval-rmse:0.11914
[330]  train-rmse:0.01599    eval-rmse:0.11907
[340]  train-rmse:0.01492    eval-rmse:0.11908
[350]  train-rmse:0.01428    eval-rmse:0.11901
[360]  train-rmse:0.01363    eval-rmse:0.11895
[370]  train-rmse:0.01291    eval-rmse:0.11893
[380]  train-rmse:0.01229    eval-rmse:0.11893
[390]  train-rmse:0.01164    eval-rmse:0.11895
Stopping. Best iteration:
[372]  train-rmse:0.01278    eval-rmse:0.11890

[I 2020-10-20 13:22:38,692] Trial 49 finished with value: 0.11895083023832993 and
parameters: {'max_depth': 7, 'colsample_bytree': 0.6244752498895471, 'sublsample':
0.21343523881653348}. Best is trial 19 with value: 0.11669973219457845.
```

Out
```
{'max_depth': 3,
 'colsample_bytree': 0.42079984564692874,
 'sublsample': 0.45459753965983585}
```

Optuna를 실행한 출력 결과를 가지고 코드 4-87의 하이퍼파라미터를 설정하겠습니다.

▼ 코드 4-87 하이퍼파라미터 설정하기

In
```python
xgb_params = {
"learning_rate":0.05,
"seed":1234,
"max_depth":6,
"colsample_bytree":0.330432640328732,
"sublsample":0.7158427239902707
}
```

XGBoost로 모델 학습하기

코드 4-88은 LightGBM의 코드와 거의 같습니다. 학습 및 검증 데이터셋의 작성 부분이 LightGBM에서 XGBoost로 바뀌는 점에 주의합시다.

▼ 코드 4-88 최적화하기

In
```python
models_xgb = []
rmses_xgb = []
oof_xgb = np.zeros(len(train_X))
for train_index, val_index in kf.split(train_X):
    X_train = train_X.iloc[train_index]
    X_valid = train_X.iloc[val_index]
    y_train = train_Y.iloc[train_index]
    y_valid = train_Y.iloc[val_index]
    xgb_train = xgb.DMatrix(X_train, label=y_train)
    xgb_eval = xgb.DMatrix(X_valid, label=y_valid)
    evals = [(xgb_train, "train"), (xgb_eval, "eval")]
    model_xgb = xgb.train(xgb_params,
                          xgb_train,
                          evals=evals,
                          num_boost_round=1000,
                          early_stopping_rounds=20,
                          verbose_eval=20,
                          )
    y_pred = model_xgb.predict(xgb_eval)
    tmp_rmse = np.sqrt(mean_squared_error(y_valid, y_pred))
    print(tmp_rmse)
    models_xgb.append(model_xgb)
    rmses_xgb.append(tmp_rmse)
    oof_xgb[val_index] = y_pred
```

[0] train-rmse:10.94265 eval-rmse:10.96235
Multiple eval metrics have been passed: 'eval-rmse' will be used for early stopping.

Will train until eval-rmse hasn't improved in 20 rounds.
[20]   train-rmse:3.94007   eval-rmse:3.95433
[40]   train-rmse:1.43024   eval-rmse:1.43956
[60]   train-rmse:0.53180   eval-rmse:0.54188
[80]   train-rmse:0.21352   eval-rmse:0.23444
[100]   train-rmse:0.10454   eval-rmse:0.14554
[120]   train-rmse:0.06933   eval-rmse:0.12392
[140]   train-rmse:0.05624   eval-rmse:0.11910
[160]   train-rmse:0.04864   eval-rmse:0.11730
[180]   train-rmse:0.04286   eval-rmse:0.11652
[200]   train-rmse:0.03860   eval-rmse:0.11610
[220]   train-rmse:0.03521   eval-rmse:0.11581
[240]   train-rmse:0.03216   eval-rmse:0.11554
[260]   train-rmse:0.03017   eval-rmse:0.11533
[280]   train-rmse:0.02811   eval-rmse:0.11518
[300]   train-rmse:0.02611   eval-rmse:0.11506
[320]   train-rmse:0.02415   eval-rmse:0.11493
[340]   train-rmse:0.02254   eval-rmse:0.11492
[360]   train-rmse:0.02101   eval-rmse:0.11480
[380]   train-rmse:0.01963   eval-rmse:0.11465
[400]   train-rmse:0.01837   eval-rmse:0.11467
Stopping. Best iteration:
[385]   train-rmse:0.01932   eval-rmse:0.11464

0.11469383009116588

(...생략...)

[0] train-rmse:10.95371 eval-rmse:10.93854
Multiple eval metrics have been passed: 'eval-rmse' will be used for early stopping.

Will train until eval-rmse hasn't improved in 20 rounds.
[20]   train-rmse:3.94401   eval-rmse:3.92934
[40]   train-rmse:1.43138   eval-rmse:1.41784
[60]   train-rmse:0.53180   eval-rmse:0.52705
[80]   train-rmse:0.21352   eval-rmse:0.22522
[100]   train-rmse:0.10516   eval-rmse:0.14020
[120]   train-rmse:0.07135   eval-rmse:0.12147

◑ 계속

```
[140]   train-rmse:0.05844    eval-rmse:0.11696
[160]   train-rmse:0.05015    eval-rmse:0.11549
[180]   train-rmse:0.04471    eval-rmse:0.11464
[200]   train-rmse:0.03986    eval-rmse:0.11432
[220]   train-rmse:0.03621    eval-rmse:0.11391
[240]   train-rmse:0.03319    eval-rmse:0.11346
[260]   train-rmse:0.03021    eval-rmse:0.11304
[280]   train-rmse:0.02714    eval-rmse:0.11307
Stopping. Best iteration:
[260]   train-rmse:0.03021    eval-rmse:0.11304

0.11307496592470481
```

In `sum(rmses_xgb)/len(rmses_xgb)`

Out 0.12046257416014039

결과를 CSV 파일로 내보내기

필자 환경에서는 LightGBM 이상으로 좋은 점수가 나왔습니다. 이 결과도 캐글에 제출해야 하므로 CSV 파일로 저장합니다. 우선 테스트 데이터에서 예측 값을 계산합니다(코드 4-89). 아나콘다 (윈도), 맥에서 주피터 노트북을 이용할 때는 코드 4-90을 실행합니다.

❤ 코드 4-89 테스트 데이터에서 예측 값 산출하기

In
```python
xgb_test = xgb.DMatrix(test_X)
```

In
```python
preds_xgb = []
for model in models_xgb:
    pred = model.predict(xgb_test)
    preds_xgb.append(pred)
```

In
```python
preds_array_xgb = np.array(preds_xgb)
preds_mean_xgb = np.mean(preds_array_xgb, axis=0)
preds_exp_xgb = np.exp(preds_mean_xgb)
submission["SalePrice"] = preds_exp_xgb
```

▼ 코드 4-90 CSV 파일로 내보내기(아나콘다(윈도), 맥으로 주피터 노트북 이용)

```
In    submission.to_csv("./submit/houseprices_submit03.csv", index=False)
```

캐글에서는 코드 4-91을 실행합니다.

▼ 코드 4-91 CSV 파일로 내보내기(캐글)

```
In    submission.to_csv("houseprices_submit03.csv", index=False)
```

캐글에 결과 제출하기

3.9절을 참고하여 캐글에 CSV 파일을 제출하고 점수를 확인합니다. 점수는 0.12708이 되었습니다(그림 4-15).

▼ 그림 4-15 XGBoost 예측 결과

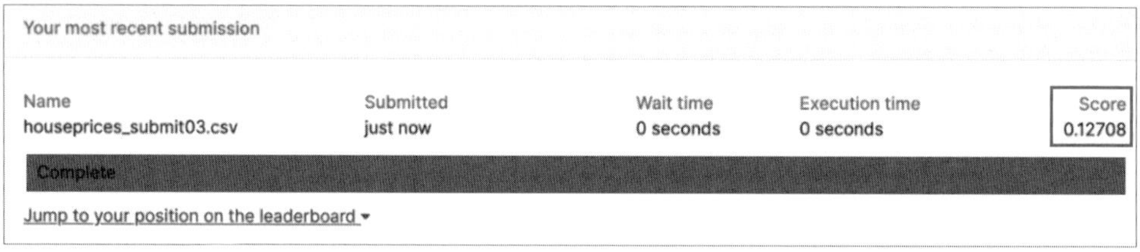

4.10.4 XGBoost와 LightGBM 결과 조합

이제 끝으로 XGBoost와 LightGBM 결과를 조합해 보겠습니다.

다양한 예측 모델을 하나의 (메타) 모델로 결합하는 방법을 앙상블이라고 합니다. 여러 모델을 준비하고 각 모델의 예측 결과를 다수결로 선택하여 단일 모델에 비해 정확도를 높이는 것이 목표입니다. 이 책에서는 자세한 사항을 생략했지만, 직관적으로 이해할 수 있게 설명하자면 랜덤 결과보다 정확도가 높은 모델이 여러 개 있고 모델끼리 서로 독립적이라면 모델 여러 개가 모두 잘못될 확률은 낮다는 것이 앙상블 정확도가 높은 이유입니다. '모델이 서로 충분히 독립적이다'는 것은 예측 결과를 내는 방법이 유사한 모델이 아니라 변수, 알고리즘, 사용 데이터 등이 서로 다르기 때문에 결과를 각각 다른 방법으로 구한다는 의미입니다.

앙상블은 일반적으로 각 모델의 예측 결과에 가중치를 부여하고 결합합니다(정확한 모델에 더 많은 가중치를 주는데, 마치 두 사람 의견이 있을 때 더 현명한 쪽 의견을 강조하는 것과 같습니다).

XGBoost의 예측 결과와 LightGBM의 예측 결과 평균 구하기

여기서는 XGBoost의 예측 결과와 LightGBM의 예측 결과를 각각 0.5 가중치로 결합하여 평균을 구하겠습니다(코드 4-92). 이 결과도 캐글에 제출할 것이므로 CSV 파일로 내보내겠습니다. 아나콘다(윈도), 맥에서 주피터 노트북을 이용할 때는 코드 4-93을 실행합니다.

❤ 코드 4-92 XGBoost의 예측 결과와 LightGBM의 예측 결과 평균 구하기

```
In   preds_ans = preds_exp_xgb * 0.5 + preds_exp * 0.5
```

```
In   submission["SalePrice"] = preds_ans
```

❤ 코드 4-93 예측 결과를 CSV 파일로 내보내기(아나콘다(윈도), 맥에서 주피터 노트북 이용)

```
In   submission.to_csv("./submit/houseprices_submit04.csv", index=False)
```

캐글에서는 코드 4-94를 실행합니다.

❤ 코드 4-94 예측 결과를 CSV 파일로 내보내기(캐글)

```
In   submission.to_csv("houseprices_submit04.csv", index=False)
```

캐글에 결과 제출하기

3.9절을 참고하여 캐글에 CSV 파일을 제출하고 점수를 확인합니다. 점수는 0.12622가 되었습니다(그림 4-16). XGBoost와 LightGBM을 조합해서 각각의 모델로 예측한 것보다 한층 더 높은 정확도를 만들 수 있었습니다.

❤ 그림 4-16 XGBoost와 LightGBM 예측 결과의 앙상블

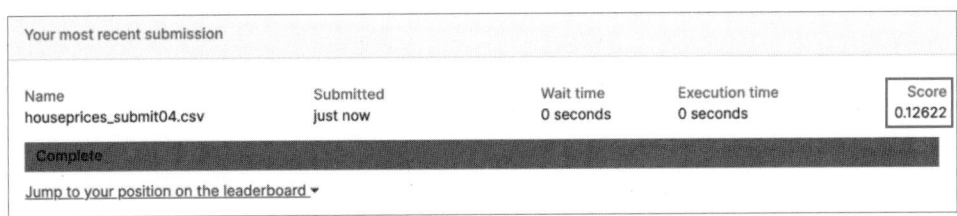

참고로 랜덤 포레스트를 더한 앙상블은 정확도가 향상되지 않았기 때문에 이 책에서는 생략합니다. 하지만 LightGBM*0.4+XGBoost*0.4+random forest*0.2 등 랜덤 포레스트의 가중치를 적게

하여 조합하면 더 나은 결과가 나오는 경우도 있습니다. 적당한 값을 주면서 실험하면 좋을 것 같습니다.

4.11 추가 분석 ①: 통계 기법을 이용한 클러스터 분석

지금까지는 SalePrice에 영향을 미치는 변수를 대상으로 분석해 보았습니다. 이제는 몇 가지 다른 관점에서 데이터를 분석해 보겠습니다.

4.11.1 통계 기법을 써서 주택 분류

먼저 지금 주택들이 어떤 그룹으로 분류되는지 살펴보겠습니다. 앞 장에서는 특정한 변수 값을 기준으로 분류했는데, 여기서는 통계 기법을 사용하여 분류하겠습니다.

결측치가 있는 행 삭제하기

우선 라벨 인코딩이 끝난 데이터에서 결측치가 있는 행을 삭제하겠습니다(코드 4-95).

▼ 코드 4-95 결측치가 있는 행 삭제하기

```
In   train_df_le_dn = train_df_le.dropna()
```

```
In   train_df_le_dn
```

Out	Id	MSSubClass	MSZoning	LotFrontage	LotArea	Street	LotShape	LandContour	Utilities	LotConfig	...
0	1	60	3	65.0	8450	1	3	3	0	4	...
1	2	20	3	80.0	9600	1	3	3	0	2	...
2	3	60	3	68.0	11250	1	0	3	0	4	...
3	4	70	3	60.0	9550	1	0	3	0	0	...
4	5	60	3	84.0	14260	1	0	3	0	2	...
...	...	...	...	...	...	...	...	...	...	...	...
1455	1456	60	3	62.0	7917	1	3	3	0	4	...
1456	1457	20	3	85.0	13175	1	3	3	0	4	...
1457	1458	70	3	66.0	9042	1	3	3	0	4	...
1458	1459	20	3	68.0	9717	1	3	3	0	4	...
1459	1460	20	3	75.0	9937	1	3	3	0	4	...

YrSold	SaleType	SaleCondition	SalePrice	hasHighFacility	Age	TotalSF	Total_Bathrooms	hasPorch	SalePrice_log
2008	8	4	208500.0	0	5	2566.0	4.0	1	12.247694
2007	8	4	181500.0	0	31	2524.0	3.0	1	12.109011
2008	8	4	223500.0	0	7	2706.0	4.0	1	12.317167
2006	8	0	140000.0	0	91	2473.0	2.0	1	11.849398
2008	8	4	250000.0	0	8	3343.0	4.0	1	12.429216
...	...	...	...	...	...	...	...	...	...
2007	8	4	175000.0	0	8	2600.0	3.0	1	12.072541
2010	8	4	210000.0	0	32	3615.0	3.0	1	12.254863
2010	8	4	266500.0	1	69	3492.0	2.0	1	12.493130
2010	8	4	142125.0	0	60	2156.0	2.0	1	11.864462
2008	8	4	147500.0	0	43	2512.0	3.0	1	11.901583

1445 rows × 84 columns

데이터 정규화하기

앞 절에서 확인한 대로 여기서 다루는 데이터에는 넓이나 연수, 호수 등 다양한 차원의 데이터가 포함되어 있으니 먼저 데이터를 정규화하겠습니다. 정규화란 데이터 척도를 맞추는 것입니다. 정규화 방법은 여러 가지가 있는데, 여기서는 모든 변수를 평균 0, 분산 1로 맞추겠습니다. 파이썬에서는 sklearn의 preprocessing을 이용하여 간단하게 정규화할 수 있습니다. 단 Id는 정규화 및 이후 클러스터 분석에 필요하지 않으므로 drop( )으로 삭제합니다(코드 4-96).

❤ 코드 4-96 데이터 정규화하기

```
In   from sklearn import preprocessing
```

```
In   train_scaled = preprocessing.scale(train_df_le_dn.drop(["Id"], axis=1))
```

```
In   train_scaled
```

```
Out   array([[ 0.06961655, -0.04576815, -0.20634574, ...,  1.73609279,
               0.45960003,  0.58679504],
             [-0.87716853, -0.04576815,  0.51294406, ...,  0.64013207,
               0.45960003,  0.2338818 ],
             [ 0.06961655, -0.04576815, -0.06248778, ...,  1.73609279,
               0.45960003,  0.7635842 ],
             ...,
             [ 0.30631282, -0.04576815, -0.15839309, ..., -0.45582865,
               0.45960003,  1.21136395],
             [-0.87716853, -0.04576815, -0.06248778, ..., -0.45582865,
               0.45960003, -0.38843119],
             [-0.87716853, -0.04576815,  0.27318079, ...,  0.64013207,
               0.45960003, -0.29396731]])
```

np.array를 데이터프레임 형식으로 바꾸기

정규화한 결과는 코드 4-96의 결과처럼 np.array 형식이기 때문에 데이터프레임 형식으로 되돌
려 놓겠습니다(코드 4-97).

❤ 코드 4-97 np.array 형식을 데이터프레임 형식으로 되돌리기

```
In   train_scaled_df = pd.DataFrame(train_scaled)
     train_scaled_df.columns = train_df_le_dn.drop(["Id"], axis=1).columns
```

```
In   train_scaled_df
```

	MSSubClass	MSZoning	LotFrontage	LotArea	Street	LotShape	LandContour	Utilities	LotConfig	LandSlope	...
0	0.069617	-0.045768	-0.206346	-0.288764	0.058926	0.744525	0.310054	-0.026316	0.601627	-0.222579	...
1	-0.877169	-0.045768	0.512944	-0.075476	0.058926	0.744525	0.310054	-0.026316	-0.634124	-0.222579	...
2	0.069617	-0.045768	-0.062488	0.230544	0.058926	-1.387256	0.310054	-0.026316	0.601627	-0.222579	...
3	0.306313	-0.045768	-0.446109	-0.084750	0.058926	-1.387256	0.310054	-0.026316	-1.869875	-0.222579	...
4	0.069617	-0.045768	0.704755	0.788800	0.058926	-1.387256	0.310054	-0.026316	-0.634124	-0.222579	...
...	...	...	...	...	...	...	...	...	...	...	...
1440	0.069617	-0.045768	-0.350204	-0.387617	0.058926	0.744525	0.310054	-0.026316	0.601627	-0.222579	...
1441	-0.877169	-0.045768	0.752707	0.587568	0.058926	0.744525	0.310054	-0.026316	0.601627	-0.222579	...
1442	0.306313	-0.045768	-0.158393	-0.178967	0.058926	0.744525	0.310054	-0.026316	0.601627	-0.222579	...
1443	-0.877169	-0.045768	-0.062488	-0.053777	0.058926	0.744525	0.310054	-0.026316	0.601627	-0.222579	...
1444	-0.877169	-0.045768	0.273181	-0.012974	0.058926	0.744525	0.310054	-0.026316	0.601627	-0.222579	...

YrSold	SaleType	SaleCondition	SalePrice	hasHighFacility	Age	TotalSF	Total_Bathrooms	hasPorch	SalePrice_log
0.139388	0.312223	0.207359	0.387825	-0.325762	-1.046470	0.038930	1.736093	0.4596	0.586795
-0.612163	0.312223	0.207359	0.031995	-0.325762	-0.188288	-0.017716	0.640132	0.4596	0.233882
0.139388	0.312223	0.207359	0.585509	-0.325762	-0.980456	0.227753	1.736093	0.4596	0.763584
-1.363715	0.312223	-3.446710	-0.514930	-0.325762	1.792130	-0.086502	-0.455829	0.4596	-0.426767
0.139388	0.312223	0.207359	0.934750	-0.325762	-0.947449	1.086897	1.736093	0.4596	1.048721
...	...	...	...	...	...	...	...	...	...
-0.612163	0.312223	0.207359	-0.053668	-0.325762	-0.947449	0.084787	0.640132	0.4596	0.141076
1.642491	0.312223	0.207359	0.407594	-0.325762	-0.155281	1.453753	0.640132	0.4596	0.605037
1.642491	0.312223	0.207359	1.152202	2.854821	1.065977	1.287858	-0.455829	0.4596	1.211364
1.642491	0.312223	0.207359	-0.486925	-0.325762	0.768914	-0.514051	-0.455829	0.4596	-0.388431
0.139388	0.312223	0.207359	-0.416089	-0.325762	0.207795	-0.033901	0.640132	0.4596	-0.293967

1445 rows × 83 columns

k-means로 클러스터 분석하기

데이터를 비슷한 속성의 집단으로 나누는 방법은 여러 가지가 있는데, 대표적인 클러스터 분석 방법인 k-means를 사용하겠습니다(그림 4-17).

▼ 그림 4-17 k-means를 이용한 클러스터 분석

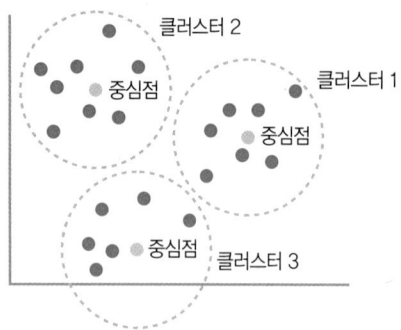

k-means로 클러스터 분석

먼저 중심점을 무작위로 결정하고, 각 데이터를 가장 가까운 중심점의
군집에 속하게 한 후 군집의 중심점을 다시 계산하는 프로세스를 반복한다.

k-means 방법은 먼저 클러스터 중심점 k개를 랜덤하게 정한 후 각 데이터와 중심점들의 거리를
구해서 가장 가까운 클러스터 중심점에 데이터를 배속시키는 방법입니다. 그다음 클러스터 내 데
이터 중심점을 다시 계산한 후 재계산된 중심점을 기준으로 가까운 데이터들을 재배치합니다. 이
런 과정을 반복하여 가장 가까운 데이터끼리 군집을 이루게 하는 방법입니다.

k-means용 라이브러리 불러오기

파이썬에서는 k-means용 라이브러리를 임포트하여 k-means 클러스터 분석을 실행할 수 있습
니다(코드 4-98).

▼ 코드 4-98 k-means용 라이브러리 임포트하기

```
In    from sklearn.cluster import KMeans
```

k-means의 결과를 고정하고자 랜덤 시드를 설정합니다(코드 4-99).

▼ 코드 4-99 랜덤 시드 설정하기

```
In    np.random.seed(1234)
```

클러스터 수를 지정하여 분류하기

클러스터 분석으로 미리 분류하고 싶은 클러스터 수를 n_clusters로 지정해야 합니다. 여기서는 클러스터 네 개로 분류해 보겠습니다(코드 4-100).

▼ 코드 4-100 클러스터 수를 지정하여 분류하기

```
In   house_cluster = KMeans(n_clusters=4).fit_predict(train_scaled)
```

원래 데이터에 클러스터 정보 부여하기

코드 4-100의 결과를 원래 데이터프레임에 km_cluster라는 열로 추가하여 클러스터 정보를 부여합니다(코드 4-101).

▼ 코드 4-101 각 주택마다 클러스터 정보 부여하기

```
In   train_scaled_df["km_cluster"] = house_cluster
```

클러스터별 데이터 수 확인하기

클러스터별 데이터 수(여기서는 주택 수)는 코드 4-102와 같이 구합니다.

▼ 코드 4-102 클러스터별 데이터 수 확인하기

```
In   train_scaled_df["km_cluster"].value_counts()
```

```
Out   2    479
      0    382
      1    362
      3    222
      Name: km_cluster, dtype: int64
```

클러스터별 특징 시각화하기

클러스터 분석은 어떤 특징에 따라 군집을 형성할까요? 클러스터별 특징을 시각화해 봅시다. 여기서는 변수 몇 개로 좁혀 확인하겠습니다(코드 4-103).

▼ 코드 4-103 클러스터별 특징 시각화하기

```
In   cluster_mean = train_scaled_df[["km_cluster","SalePrice","TotalSF","OverallQual",
     "Age","Total_Bathrooms","YearRemodAdd","GarageArea","MSZoning","OverallCond",
     "KitchenQual","FireplaceQu"]].groupby("km_cluster").mean().reset_index()
```

시각화하기 쉽도록 groupby 결과의 행과 열을 .T로 바꾼 후 클러스터 번호를 열로 둡니다(코드 4-104).

▼ 코드 4-104 행과 열을 바꾼 후 시각화하기

```
In   cluster_mean = cluster_mean.T
```

```
In   cluster_mean
```

Out		0	1	2	3
	km_cluster	0.000000	1.000000	2.000000	3.000000
	SalePrice	0.222880	−0.761508	−0.406044	1.734328
	TotalSF	0.125920	−0.588086	−0.357916	1.514537
	OverallQual	0.508859	−0.729747	−0.502748	1.399102
	Age	−0.926538	1.256542	0.169207	−0.819732
	Total_Bathrooms	0.582752	−0.819131	−0.252195	0.877097
	YearRemodAdd	0.763323	−0.794432	−0.372478	0.785640
	GarageArea	0.269526	−0.738410	−0.193211	1.157178
	MSZoning	−0.392025	0.397916	0.079151	−0.145070
	OverallCond	−0.395953	0.233206	0.260835	−0.261741
	KitchenQual	−0.215618	0.328606	0.480437	−1.201435
	FireplaceQu	0.122809	0.296435	0.127317	−0.969403

```
In   cluster_mean[1:].plot(figsize=(12, 10), kind="barh", subplots=True, layout=(1, 4),
                           sharey=True)
```

```
Out   array([[<AxesSubplot:title={'center':'0'}>,
           <AxesSubplot:title={'center':'1'}>,
           <AxesSubplot:title={'center':'2'}>,
           <AxesSubplot:title={'center':'3'}>]], dtype=object)
```

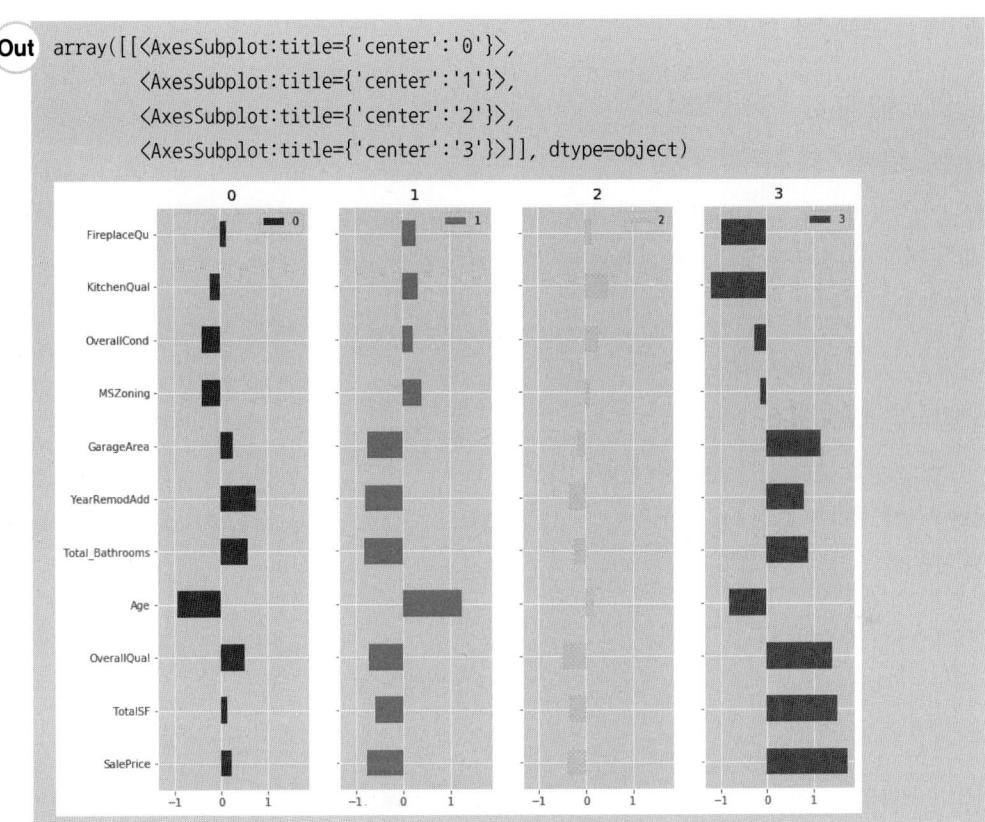

k-means의 결과 고찰하기

k-means의 결과는 다음과 같습니다.

- 클러스터 0은 오래되고 낮은 주택이지만, 최근 리모델링하고 있어 전체적인 품질은 평균보다 약간 높은 주택군입니다.

- 클러스터 1은 최근에 지은 주택이지만, 좁고 전체적으로 품질이 낮은 저렴한 주택군입니다.

- 클러스터 2는 평균적인 주택군입니다.

- 클러스터 3은 오래되고 낮은 주택이지만, 부엌 이외에는 전체적으로 품질이 높고 고가의 주택군입니다.

4

캐글 경진대회 도전 ②: 주택 가격 예측

4.11.2 주성분 분석

지금 우리는 변수를 그대로 사용해서 클러스터를 분석했습니다. 그런데 변수가 많으면 클러스터 분석을 해석하기 어려울 수 있으니 차원 축소(차원 압축) 방법을 사용합니다. 차원 축소란 원래 변수의 특징을 바탕으로 여러 변수를 대표하는 새로운 변수를 만들어 전체적인 수를 줄이는 방법입니다. 여기서는 차원 축소에 널리 사용되는 주성분 분석(Principal Component Analysis, PCA) 방법을 소개하겠습니다.

주성분 분석 알아보기

주성분 분석을 주택 가격 예측 데이터로 설명하면 다음과 같습니다. 주택 가격 예측 데이터에는 217쪽에서 설명한 대로 TotalBsmtSF(지하 넓이), 1stFlrSF(1층 넓이), 2ndFlrSF(2층 넓이) 변수가 있습니다. 이를 대표하는 새로운 변수로 '전체 넓이'라는 변수를 부여하는 것입니다.

▼ 그림 4-18 주성분 분석 개념

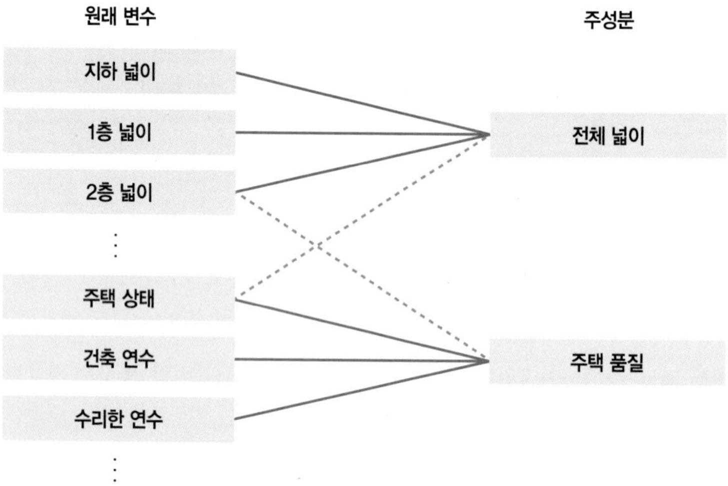

주성분 분석 방법

실제 주성분 분석 처리는 다음 순서로 진행됩니다.

우선 전체 데이터의 평균을 구합니다. 거기에서 가장 분산이 커지는 방향을 결정하면 이것이 제1 주성분이 됩니다.

다음으로 제1주성분과 수직인 축을 구합니다. 이것이 제2주성분입니다.

그 후 가장 가까운 주성분 축에 수직 방향으로 분산이 최대가 되는 축을 구하는 과정을 반복합니다(그림 4-19).

▼ 그림 4-19 주성분 분석 순서(설명을 위해 변수 두 개로 그림을 그렸지만, 실제로는 변수의 수만큼 차원이 있다)

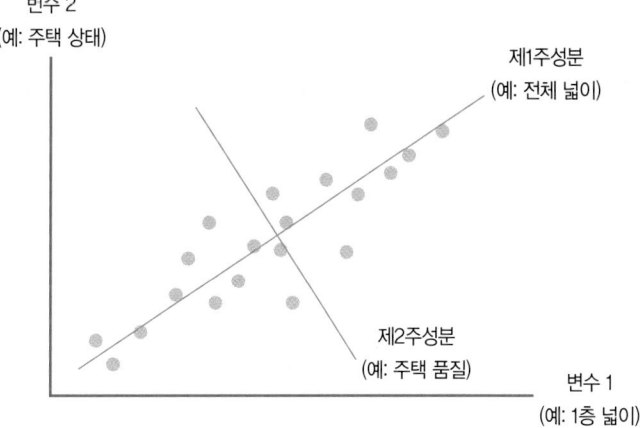

주성분 분석용 라이브러리 불러오기

파이썬에서 주성분 분석을 하려면 sklearn에서 PCA 패키지를 가져와야 합니다(코드 4-105).

▼ 코드 4-105 PCA 패키지 임포트하기

```
In  from sklearn.decomposition import PCA
```

표준화된 데이터에 대해 주성분 분석하기

만들고자 하는 주성분 수를 n_components로 지정합니다. 여기서는 최종적으로 2차원으로 시각화될 것을 염두에 두고 주성분 수를 2로 정한 후 나중에 x축과 y축의 값으로 지정하겠습니다. 주성분 분석을 할 때 각 변수의 척도가 다르면 모든 변수의 중요도를 동일하게 하기 위해 미리 표준화를 진행하는 것이 좋습니다. 여기서는 앞서 학습 데이터를 표준화한 train_scaled의 데이터가 있기 때문에 이것을 이용하여 주성분 분석을 하겠습니다(코드 4-106).

▼ 코드 4-106 주성분 수 지정하기

```
In  pca = PCA(n_components=2)
    house_pca = pca.fit(train_scaled).transform(train_scaled)
```

In `house_pca`

Out
```
array([[ 2.64787419, -1.14285459],
       [ 0.59160483, -0.80198671],
       [ 3.27273499, -0.86686425],
       ...,
       [ 1.78389831,  3.57901089],
       [-3.03539316, -0.98957337],
       [-0.66050633, -1.19908827]])
```

출력 결과를 데이터프레임 형식으로 변환하여 원래 데이터프레임과 결합하기

코드 4-106의 결과를 데이터프레임 형식으로 변환하고 열명을 pca1, pca2로 하겠습니다. 그 결과를 원래 데이터프레임과 결합해 보겠습니다(코드 4-107).

▼ 코드 4-107 출력 결과를 데이터프레임 형식으로 변환하여 원래 데이터프레임과 결합하기

In
```
house_pca_df = pd.DataFrame(house_pca)
house_pca_df.columns = ["pca1","pca2"]
```

In
```
train_scaled_df = pd.concat([train_scaled_df,house_pca_df], axis=1)
```

In `train_scaled_df`

Out

	MSSubClass	MSZoning	LotFrontage	LotArea	Street	LotShape	LandContour	Utilities	LotConfig	LandSlope
0	0.069617	-0.045768	-0.206346	-0.288764	0.058926	0.744525	0.310054	-0.026316	0.601627	-0.222579
1	-0.877169	-0.045768	0.512944	-0.075476	0.058926	0.744525	0.310054	-0.026316	-0.634124	-0.222579
2	0.069617	-0.045768	-0.062488	0.230544	0.058926	-1.387256	0.310054	-0.026316	0.601627	-0.222579
3	0.306313	-0.045768	-0.446109	-0.084750	0.058926	-1.387256	0.310054	-0.026316	-1.869875	-0.222579
4	0.069617	-0.045768	0.704755	0.788800	0.058926	-1.387256	0.310054	-0.026316	-0.634124	-0.222579
...	...	...	...	...	...	...	...	...	...	...
1440	0.069617	-0.045768	-0.350204	-0.387617	0.058926	0.744525	0.310054	-0.026316	0.601627	-0.222579
1441	-0.877169	-0.045768	0.752707	0.587568	0.058926	0.744525	0.310054	-0.026316	0.601627	-0.222579
1442	0.306313	-0.045768	-0.158393	-0.178967	0.058926	0.744525	0.310054	-0.026316	0.601627	-0.222579
1443	-0.877169	-0.045768	-0.062488	-0.053777	0.058926	0.744525	0.310054	-0.026316	0.601627	-0.222579
1444	-0.877169	-0.045768	0.273181	-0.012974	0.058926	0.744525	0.310054	-0.026316	0.601627	-0.222579

◐ 계속

...	SalePrice	hasHighFacility	Age	TotalSF	Total_Bathrooms	hasPorch	SalePrice_log	km_cluster	pca1	pca2
...	0.387825	-0.325762	-1.046470	0.038930	1.736093	0.4596	0.586795	0	2.647874	-1.142743
...	0.031995	-0.325762	-0.188288	-0.017716	0.640132	0.4596	0.233882	2	0.591605	-0.801637
...	0.585509	-0.325762	-0.980456	0.227753	1.736093	0.4596	0.763584	0	3.272735	-0.866956
...	-0.514930	-0.325762	1.792130	-0.086502	-0.455829	0.4596	-0.426767	1	-1.522228	2.171157
...	0.934750	-0.325762	-0.947449	1.086897	1.736093	0.4596	1.048721	3	5.718597	0.948546
...	...	...	...	...	...	...	...	...	...	...
...	-0.053668	-0.325762	-0.947449	0.084787	0.640132	0.4596	0.141076	0	1.340956	-0.241171
...	0.407594	-0.325762	-0.155281	1.453753	0.640132	0.4596	0.605037	2	1.782666	0.841906
...	1.152202	2.854821	1.065977	1.287858	-0.455829	0.4596	1.211364	0	1.783898	3.579623
...	-0.486925	-0.325762	0.768914	-0.514051	-0.455829	0.4596	-0.388431	2	-3.035393	-0.990233
...	-0.416089	-0.325762	0.207795	-0.033901	0.640132	0.4596	-0.293967	2	-0.660506	-1.199289

1445 rows × 86 columns

주성분 분석 결과 시각화하기

제1주성분(pca1)을 x축으로, 제2주성분(pca2)을 y축으로 했을 때 주성분 분석 결과를 시각화하겠습니다. 조금 전 클러스터 분석 결과와 컬러를 맞추려고 클러스터 번호로 색상을 지정합니다(코드 4-108).

❤ 코드 4-108 주성분 분석 결과 시각화하기

```
In   my_colors = plt.rcParams['axes.prop_cycle'].by_key()['color']
```

```
In   for cl in train_scaled_df['km_cluster'].unique():
         plt.scatter(train_scaled_df.loc[train_scaled_df["km_cluster"]==cl,'pca1'],
                 train_scaled_df.loc[train_scaled_df["km_cluster"]==cl,
                 'pca2'], label=cl,c=my_colors[cl], alpha=0.6)
     plt.legend()
     plt.show()
```

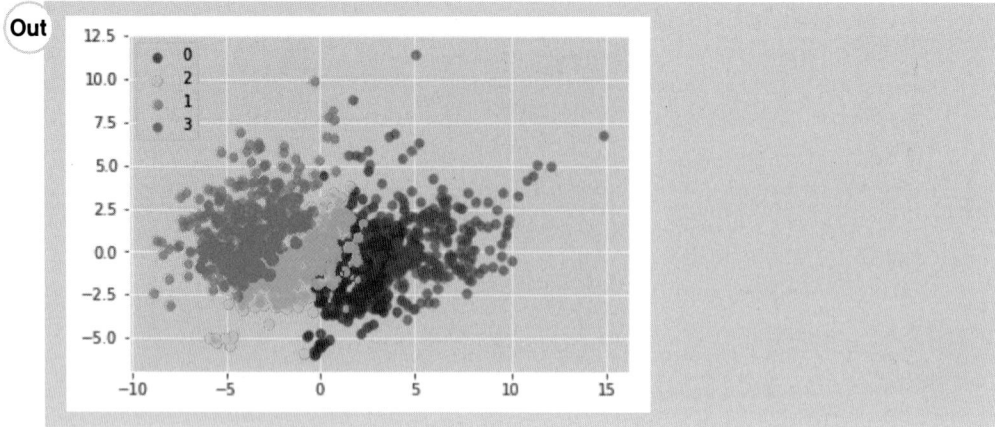

pca.components_를 설정함으로써 제1주성분 및 제2주성분에 어떤 변수가 기여하는지 확인할 수 있습니다. 이런 값을 확인하면서 분석자는 x축과 y축 의미를 판단합니다. 열명을 pca.components_ 값에 추가한 후 행과 열을 바꾸어 쉽게 알아보게 하려면 코드 4-109와 같이 작성합니다.

❤️ 코드 4-109 보기 쉽게 행과 열 변환하기

In
```python
pca_comp_df = pd.DataFrame(pca.components_, columns=train_scaled_df.drop(["km_
            cluster","pca1","pca2"], axis=1).columns).T
pca_comp_df.columns = ["pca1","pca2"]
```

In
```python
pca_comp_df
```

Out

	pca1	pca2
MSSubClass	−0.007451	−0.045197
MSZoning	−0.067692	0.062006
LotFrontage	0.089335	0.138855
LotArea	0.084628	0.168670
Street	0.010013	0.010760
...	...	...
Age	−0.197903	0.246229
TotalSF	0.218012	0.188240
Total_Bathrooms	0.189083	0.029206
hasPorch	0.091475	0.031042
SalePrice_log	0.249131	0.058950

83 rows × 2 columns

258

이와 같이 k-means나 주성분 분석을 이용하여 클러스터 분석을 실시해서 데이터 전체 경향을 파악할 수 있습니다. 실제 작업에서는 클러스터별로 측정값을 변경할 수 있으며, 클러스터별 목표 달성률을 확인할 수 있습니다. 예측 작업의 새 기능으로 클러스터를 추가할 수도 있습니다. 사실 필자가 참여한 월마트의 상품별 일일 매출을 예측하는 경진대회인 M5 Forecasting-Accuracy(https://www.kaggle.com/c/m5-forecasting-accuracy)에서는 제품 분류와는 별도로 월별 매출 추이에 따라 제품을 12개 클러스터로 나눈 후, 클러스터 번호를 피처 수량으로 사용하여 정확도를 높일 수 있었습니다(이 대회에서는 은메달에 해당하는 결과를 가지고 있었지만 제출하지 못해서 결국 메달을 놓치고 말았습니다).

4.12 추가 분석 ②: 고급 주택의 조건을 분석하고 시각화

지금까지 LightGBM 등을 이용하여 SalePrice를 예측했습니다.

4.12.1 결정 트리로 시각화

이제 SalePrice가 특별히 높은 가격의 주택은 어떤 조건의 주택인지 결정 트리를 이용하여 시각화해 보겠습니다.

SalePrice 분포 확인하기

우선 경진대회 데이터의 SalePrice 분포를 한 번 더 확인합니다(코드 4-110).

▼ 코드 4-110 SalePrice의 분포 확인하기

```
In   train_df_le['SalePrice'].plot.hist(bins=20)
```

Out `<AxesSubplot:ylabel='Frequency'>`

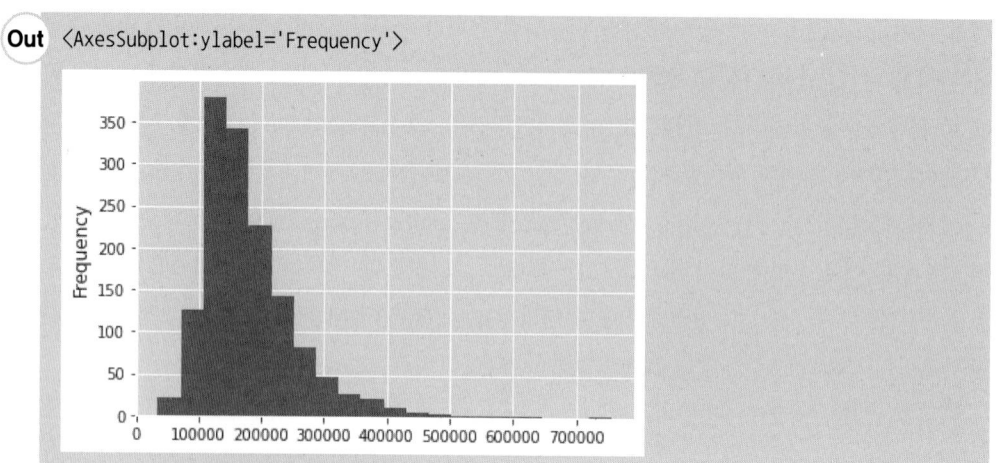

In `train_df_le['SalePrice'].describe()`

```
Out  count      1445.000000
     mean     179072.294118
     std       75905.045476
     min       34900.000000
     25%      129900.000000
     50%      162000.000000
     75%      213000.000000
     max      755000.000000
     Name: SalePrice, dtype: float64
```

코드 4-110의 결과를 보면 평균 약 18만 달러, 가격 범위는 10~20만 달러 초반의 가격대가 대부분입니다. 여기서는 전체 주택 중 가격이 상위 10%일 경우 고급 주택으로 정의하겠습니다.

상위 10%의 가격 조사하기

상위 10%의 가격을 알아보려면 quantile()을 사용해야 합니다. 이것은 지정한 백분율 위치를 반환하는 것입니다. 예를 들어 0.5라고 하면 2분위, 즉 SalePrice 순으로 데이터를 나열했을 때 정확히 중간 위치에 있는 데이터의 SalePrice를 보여 줍니다. quantile(0.9)로 설정하면 SalePrice를 오름차순으로 배열했을 때 90%가 되는 위치, 즉 상위 10%의 SalePrice 값을 취득할 수 있습니다(코드 4-111).

❤ 코드 4-111 상위 10%의 가격 확인하기

In `train_df['SalePrice'].quantile(0.9)`

Out `278000.0`

고급 주택 변수 추가하기

27만 8000달러 이상이면 상위 10%에 해당하는 고급 주택인 것 같습니다. 이제 새로 high_class
변수를 추가해서 27만 8000달러 이상의 주택은 1, 그렇지 않은 주택은 0으로 설정하겠습니다. 코
드 3-82에서 했던 대로 데이터프레임명.loc[행의 조건 범위, 대체하고 싶은 열명]=대체하고 싶은 값 형
태로 high_class 값을 조건부로 할당할 수 있습니다(코드 4-112).

❤ 코드 4-112 high_class 변수 추가하기

In `train_df_le.loc[train_df["SalePrice"] >= 278000, "high_class"] = 1`

이대로는 high_class 조건을 만족하지 못하면 NaN이 되어 버리므로 fillna(바꾸려는 값) 함수를
사용하여 NaN을 0으로 메꿉니다(코드 4-113).

❤ 코드 4-113 조건을 충족하지 못하는 경우 0으로 변환하기

In `train_df_le["high_class"] = train_df_le["high_class"].fillna(0)`

In `train_df_le.head()`

Out

	Id	MSSubClass	MSZoning	LotFrontage	LotArea	Street	LotShape	LandContour	Utilities	LotConfig	...
0	1	60	3	65.0	8450	1	3	3	0	4	...
1	2	20	3	80.0	9600	1	3	3	0	2	...
2	3	60	3	68.0	11250	1	0	3	0	4	...
3	4	70	3	60.0	9550	1	0	3	0	0	...
4	5	60	3	84.0	14260	1	0	3	0	2	...

❶ 계속

SaleType	SaleCondition	SalePrice	hasHighFacility	Age	TotalSF	Total_Bathrooms	hasPorch	SalePrice_log	high_class
8	4	208500.0	0	5	2566.0	4.0	1	12.247694	0.0
8	4	181500.0	0	31	2524.0	3.0	1	12.109011	0.0
8	4	223500.0	0	7	2706.0	4.0	1	12.317167	0.0
8	0	140000.0	0	91	2473.0	2.0	1	11.849398	0.0
8	4	250000.0	0	8	3343.0	4.0	1	12.429216	0.0

5 rows × 85 columns

중요도가 높은 변수에 초점을 맞춘 결정 트리 만들기

결정 트리를 사용하여 시각화할 때 모든 변수를 사용하는 대신 앞서 LightGBM을 사용한 모델에서 중요도가 높았던 변수들에 초점을 맞추는 방법을 알아보겠습니다. 이런 방법을 사용하면 결정 트리 하나만 사용했을 때보다 정확하고 이해하기 쉬운 결과를 만들 수 있습니다.

결정 트리를 시각화하는 라이브러리 설치하기

파이썬을 이용하여 결정 트리를 시각화할 수 있는 pydotplus 라이브러리를 설치합니다.

❤ 명령 프롬프트/터미널

```
pip install pydotplus==2.0.2
```

캐글에서는 다음 명령을 셀에서 실행하여 pydotplus 라이브러리를 설치합니다.

❤ 캐글

```
!pip install pydotplus
```

Note ≣ | 2021년 7월 21일 기준으로 pydotplus는 캐글 노트북상에서 지원되지 않습니다. 이하 실습은 로컬 컴퓨터의 주피터 노트북상에서 실행하기 바랍니다.

Notebook에서 시각화하는 데 필요한 라이브러리 설치하기

Notebook에서 시각화하려면 graphviz가 필요하기 때문에 graphviz 라이브러리를 설치합니다. 또 파이썬의 호환성 라이브러리인 six 라이브러리도 설치합니다(Conda 명령어로 주피터를 설치하면 six가 함께 설치되므로 여기서 다시 설치할 필요가 없습니다).

아나콘다(윈도)를 사용할 때는 다음 명령을 실행합니다.

▼ 명령 프롬프트

```
pip install graphviz==0.14.1
pip install six==1.15.0
```

> Note ≡ | **아나콘다(윈도) 환경에서 graphviz 설치로 오류가 발생할 때 대처법[2]**
>
> 아나콘다(윈도)에서 프로그램을 실행할 때 Graphviz's executables are not found 오류가 발생할 수 있습니다. 이는 graphviz의 EXE 파일을 찾을 수 없다는 오류이므로, 이 오류가 표시되면 PATH를 추가해야 합니다.
>
> 먼저 **제어판 〉 시스템 및 보안 〉 시스템 〉 고급 시스템 설정**을 선택하거나 **내 PC**에서 마우스 오른쪽 버튼을 누르고 **속**

2　**역주** 여전히 오류가 발생한다면 다음과 같이 윈도에 직접 graphviz를 설치하고 실행합니다.

1. 먼저 다음 사이트에 방문하여 Windows 섹션에서 자신의 환경에 맞는 파일을 내려받습니다.
   URL https://graphviz.org/download/

▼ 그림 4-20 graphviz 설치 1

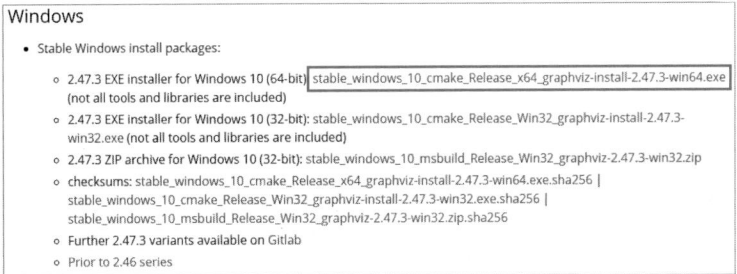

2. 내려받은 파일을 실행합니다. 설치 중 다음 창이 열리면 **Add Graphviz to the system PATH for all users**를 선택합니다.

▼ 그림 4-21 graphviz 설치 2

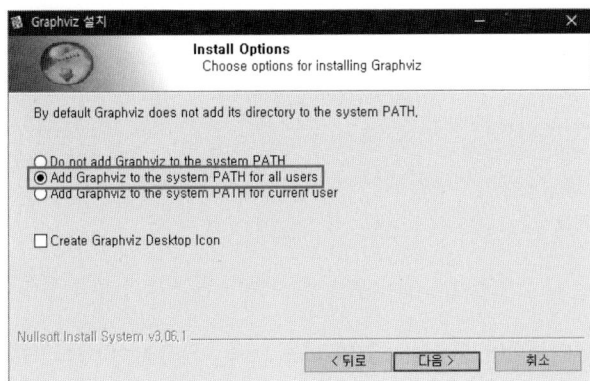

3. 설치 후 컴퓨터를 재실행합니다.

성을 선택하여 **고급 시스템 설정** 탭으로 이동합니다. 여기서 **고급 > 환경 변수**를 클릭합니다. **환경 변수** 창이 열리면 **시스템 변수** 항목에서 PATH 변수를 클릭한 후 **편집**을 눌러 환경 변수 편집 창을 엽니다. 이제 **새로 만들기**를 클릭하여 다음과 같이 graphviz 위치를 추가합니다. graphviz 위치는 사용 환경에 따라 다른데, 일반적으로 다음과 같이 적습니다.

```
C:\Users\(username)\Anaconda3\Library\bin\graphviz
```

또 graphviz 라이브러리 위치는 코드 4-114와 같이 실행하여 확인할 수 있습니다. 이 실행 결과에서 추가할 PATH를 확인한 후 (코드 4-114의 결과로 출력되는 PATH 중 하나)\graphviz 형태로 실행하기 바랍니다.

▼ 코드 4-114 graphviz 라이브러리 위치 알아보기

```
import sys
import pprint


#pprint.pprint(sys.path)
```

맥은 brew에서 graphviz 라이브러리를 설치합니다. 또 파이썬의 호환성 라이브러리인 six 라이브러리도 설치합니다.

▼ 터미널

```
brew install graphviz
pip install six
```

라이브러리 불러오기

필요한 라이브러리 설치가 완료되면 코드 4-115에 나온 라이브러리 세 개를 임포트합니다.

▼ 코드 4-115 라이브러리 임포트하기

```
from sklearn import tree
import pydotplus
from six import StringIO
```

중요도가 높은 변수로 압축하기

train_df_le 중 앞서 LightGBM을 이용하여 중요도가 높이 나온 tree_x, high_class로 지정된 것을 tree_y로 만들겠습니다(코드 4-116).

▼ 코드 4-116 tree_x와 tree_y 지정하기

```
In   tree_x = train_df_le[["TotalSF","OverallQual","Age","GrLivArea","GarageCars",
              "Total_Bathrooms","GarageType","YearRemodAdd","GarageArea","CentralAir",
              "MSZoning","OverallCond","KitchenQual","FireplaceQu","1stFlrSF"]]
     tree_y = train_df_le[["high_class"]]
```

깊이를 지정하여 결정 트리 작성하기

원래는 LightGBM에서 다룬 것처럼 하이퍼파라미터를 조정할 수도 있지만, 여기서는 max_depth(최대 트리 깊이)만 4로 설정해서 트리가 너무 깊어지지 않도록 한 후 결정 트리를 실행하겠습니다(코드 4-117).

▼ 코드 4-117 결정 트리 작성하기

```
In   clf = tree.DecisionTreeClassifier(max_depth=4)
     clf = clf.fit(tree_x, tree_y)
```

결정 트리의 출력 결과 확인하기

결정 트리 작성이 끝나면 이제 시각화합니다. 코드 4-118과 같이 Notebook 내에서 결정 트리의 출력 결과를 확인할 수 있습니다.

▼ 코드 4-118 결정 트리의 출력 결과 확인하기

```
In   dot_data = StringIO()
     tree.export_graphviz(clf, out_file=dot_data, feature_names=tree_x.columns)
     graph = pydotplus.graph_from_dot_data(dot_data.getvalue())
```

```
In   from IPython.display import Image
     Image(graph.create_png())
```

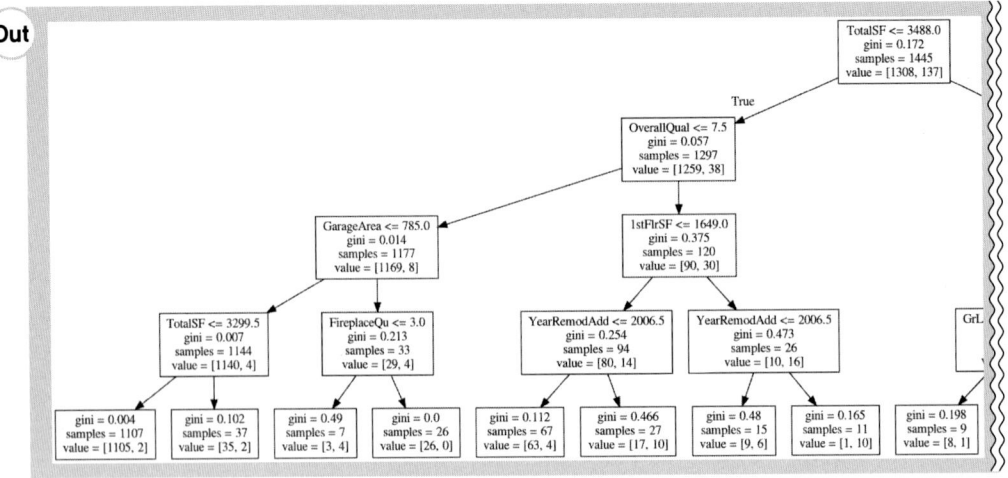

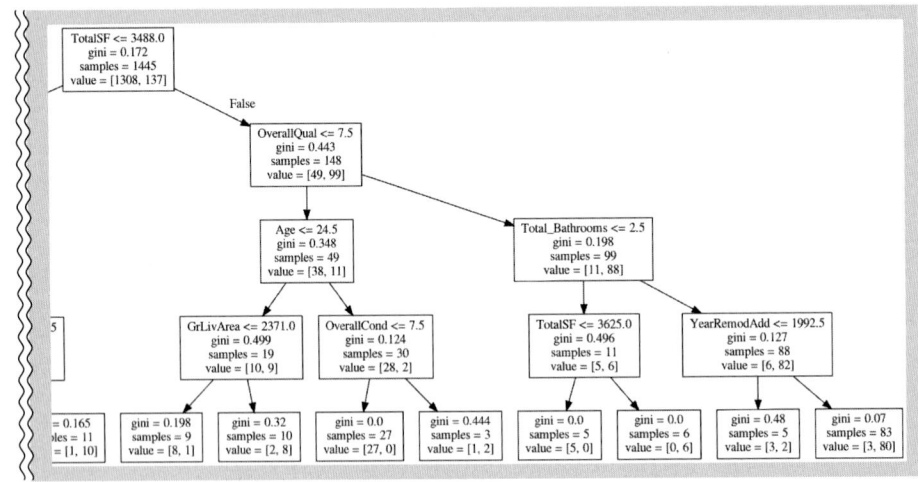

코드 4-118의 결과에서 고급 주택 조건은 다음과 같다는 것을 알 수 있습니다.

- TotalSF가 3489 이상, OverallQual가 8 이상, GrLivArea가 1814 이상, YearRemodAdd가 1993 이상
- OverallQual가 8 이상, 1stFlrSF가 1650 이상, YearRemodAdd가 2007 이상

고급 주택은 최근에 새로 단장되었으므로 규모가 클 뿐만 아니라 전체적인 품질도 높은 것 같습니다. 결정 트리의 실행법을 LightGBM보다 뒤에 소개한 것은 LightGBM보다 정확도가 떨어지고 예측 작업에서 결정 트리를 사용할 때가 거의 없기 때문입니다.

그러나 LightGBM으로 알아낸 중요도를 바탕으로 결과를 시각화하거나 이처럼 고급 주택의 조건을 알아보면서 특징 값 간 관계를 이용하여 새로운 특징 값을 생성하는 힌트를 얻을 수도 있습니다. 꼭 효율적으로 활용해 봅시다.

주택 가격 예측 편, 수고했습니다!
어떤 새로운 것들을 발견했나요?

memo

5장

새로운 데이터 과학 능력 향상을 위한 팁

지금까지 캐글 경진대회 출품 예제들로 데이터 사이언스의 입문 과정을 공부해 보았습니다. 기본적인 데이터 분석 절차를 따라해 보며 실제 파이썬 코드를 학습할 수 있었다고 생각합니다. 이제 계속적으로 학습할 수 있게 캐글 마스터와 대화하고, 유용한 팁 등을 소개해 보겠습니다.

5.1 캐글 마스터와 특별 인터뷰

5.2 캐글에서 권장하는 스타터 노트북

5.3 GCP의 AI 플랫폼 분석 절차

5.1 캐글 마스터와 특별 인터뷰

우선 캐글 마스터 wrb0312님과 인터뷰를 진행하여 캐글을 시작한 계기, 캐글 마스터가 되는 방법, 캐글에서 배운 것을 업무와 어떻게 연결하는지 등 알아보겠습니다.

> 캐글 아이디: wrb0312
>
> 직업: 광고 회사 데이터 사이언티스트
>
> 캐글 경력: 2년(2018년부터 본격적으로 참여)

캐글은 언제부터 시작하셨나요?

대학원생때 처음으로 시작했습니다. 같은 연구실의 동료가 팀원으로 초대하여 참여하게 되었습니다.

팀의 일원으로 캐글을 시작하셨군요. 어떤 대회였습니까?

Statoil/C−CORE Iceberg Classifier Challenge라는 이미지 경진대회였습니다(그림 5-1). 바다 이미지에 빙산이 포함되어 있는지 아닌지를 판단하는 것이 주제였습니다.

결과는 어땠나요?

금메달을 땄습니다. 함께 팀을 이룬 친구 덕분에 어부지리로 받은 것이겠지만, 결과를 알고 무척 기뻤습니다. 여러 모델을 앙상블해 보는 등 평소에 할 기회가 많지 않던 기술들을 다루어 보는 좋은 경험이었습니다. 컨볼루션 신경망(Convolutional Neural Network, CNN)은 평소 연구에서 사용하던 기술이라 이 부분만큼은 저도 팀에 기여했다고 생각합니다.

그 후 캐글 대회에는 지속적으로 참여하고 있나요?

끝까지 제대로 참여한 것은 네 개 정도입니다. 대회 주제가 재미있으면 데이터를 보고 싶은 마음에 일단 참여합니다. 다만 혼자 참여한 대회는 도중에 이탈해 버릴 때도 있었습니다. 경진대회든 직장에서든 다 마찬가지겠지만, 진행 경과를 누군가와 토론하고 서로 격려하면서 진행하는 편이 나은 것 같습니다. 캐글 대회에는 반드시 팀을 짜지 않아도 Discussion과 Vote, Comment 등 커뮤니케이션을 위한 기능이 많이 있으니 이런 기능을 잘 활용하면 좋다고 생각합니다.

❤ 그림 5-1 Statoil/C-CORE Iceberg Classifier Challenge

URL https://www.kaggle.com/c/statoil-iceberg-classifier-challenge

캐글에 참가하는 목적은?

두 가지 정도의 이유가 있는 것 같습니다. 첫째는 직장에서와 마찬가지로 내가 어디까지 할 수 있는지, 어느 정도의 능력이 있는지를 확인하고 싶기 때문입니다. 캐글은 순위와 메달이라는 명확한 결과가 따라오기 때문에 메달 획득이라는 객관적인 성과를 남기고 싶은 목적이 있지요. 둘째는 데이터 과학 영역에 언제나 새로운 기술이 등장하기 때문에 이것을 습득하기 위해서입니다. 다양한 경진대회의 상위 팀 노트북을 보면 공통적인 절차나 방법 등이 있습니다. 경진대회별로 존재하는 섬세한 기술도 있지만 이런 공통적인 방법, 기본적인 분석 흐름이야말로 회사 업무에도 응용할 수 있는 범용적인 노하우가 아닐까 생각합니다.

캐글 대회 참여가 회사 업무에도 많은 도움이 되는 것 같군요.

네, 사실 저는 지금 회사에 입사하기 전까지 테이블 데이터를 제대로 다루어 본 적이 없습니다. 테이블 데이터의 분석 방법은 캐글에서 배운 셈이지요. 실제 업무에도 대회와 마찬가지로 결과를 제출해야 하는 납기일이 있습니다. 따라서 정확도가 높은 베이스라인 모델을 빠른 시간 내에 만드는 것이 중요한데, 앞서 말한 기본적인 분석 흐름 과정을 익히면 도움이 됩니다. 업무에는 예측 모델을 만드는 것뿐만 아니라, 수학적 최적화나 다른 형태의 출력이 요구되기도 합니다. 데이터 검색은 어떤 업무에서나 필요하므로 데이터 검색과 관련된 노트북 등은 특히 많은 도움이 됩니다.

지금까지 참여한 경진대회 중 인상 깊었던 것이 있습니까?

최근 참여한 M5 Forecasting-Accuracy 경진대회인 것 같습니다(그림 5-2). 시계열 데이터 경진대회는 과거에도 몇 번 있었는데, 지금까지 대회에서 익힌 것들과 해당 대회 특유의 과제로 고려해야 할 것들을 다루면서 그간의 분석 코드를 정리할 수 있는 기회가 되었습니다. 개인적으로는 비공개 리더보드에 제출한 결과 중 상위권이 있었는데 그것을 선택하지 않아서 크게 shake-down[1]되어 안타까웠습니다. 대회가 끝난 후 상위권 솔루션을 보니 이런 현상을 방지하고자 다양한 검증을 하고 있었습니다. 많은 것을 배운 대회였습니다.

▼ 그림 5-2 M5 Forecasting-Accuracy

URL https://www.kaggle.com/c/m5-forecasting-accuracy

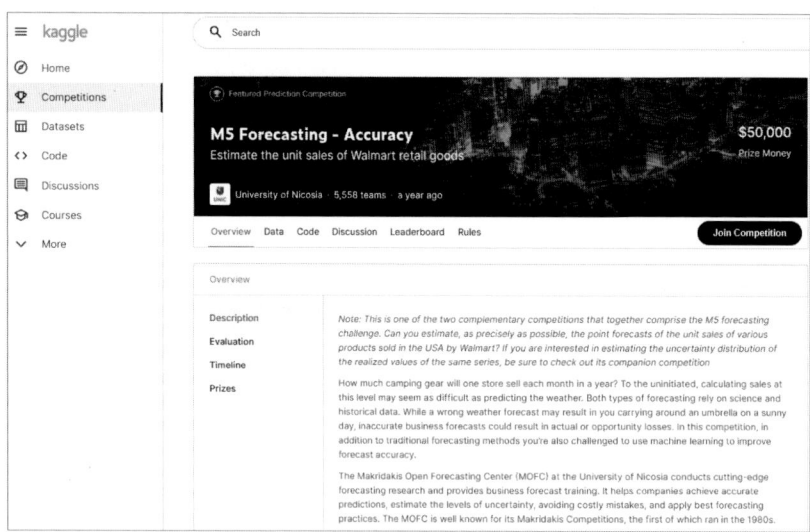

다른 캐글 마스터나 캐글 그랜드마스터에게 물어보고 싶은 것이 있다면?

대회를 마치면 상위권 솔루션들이 공개되기도 하므로 그들의 접근 방법을 알 수 있습니다. 궁금한 것은 그 방법을 찾을 때까지 어떤 과정과 시행착오를 거쳤을까 하는 것이지요. 이 때문에 저는 가능한 대회 초반부터 참여하면서 상위에 랭크된 사람들의 Discussion 등을 꾸준히 챙겨 봅니다. 물론 이것만으로 다 알 수는 없을 테니 직접 물어보는 것이 제일 좋겠지요. 제가 참여한 대회 참가자들이 만든 스터디 세션이 있으면 적극적으로 참여하고 싶습니다.

---

1 역주 공개 리더보드에 비해 비공개 리더보드의 결과가 떨어지는 것을 의미합니다.

캐글에서 목표가 있다면?

우선은 솔로 골드를 따내는 것이 목표입니다. 또 지금까지 회귀나 분류를 주제로 하는 대회에 주로 참여해 왔기 때문에 detection 계열이나 음향 신호 등의 대회는 아직 참여한 적이 없습니다. 앞으로는 그동안 도전하지 않은 주제의 대회에도 참여해 보고 싶네요.

앞으로 캐글에 참여하고 싶은 사람, 데이터 사이언스를 공부해 보려는 사람에게 조언한다면?

우선 함께할 사람을 주위에서 찾아보는 것이 좋을 것 같네요. 함께 팀을 짜면 동기 부여도 되고 어떤 대회가 시작되었는지, 어떤 해법이 있을지를 이야기하는 과정에서 새롭게 알게 되는 것들도 있을 것입니다. 그런 사람이 주위에 없다면 캐글 관련 모임이나 슬랙에 참여한다든지, 트위터에서 캐글러를 팔로우하는 것부터 시작하면 좋을 것 같습니다. 데이터 사이언스의 공부에도 이와 같은 조언을 드릴 수 있겠네요.

KAGGLE

5.2 / 캐글에서 권장하는 스타터 노트북

캐글에는 대회마다 다양한 노트북이 게시되어 있습니다. 그중에는 Starter Notebook, 튜토리얼 등 시작하는 이를 위해 자발적으로 만든 노트북들을 알기 쉬운 설명과 함께 공개하는 것도 있습니다.

여기서는 특히 초보자가 사용하기 쉬운 추천 노트북을 소개하고자 합니다. 지금 언급하는 노트북은 모두 영어로 되어 있지만 지금까지 이 책 내용을 읽었다면 쉽게 이해할 수 있을 것이며, 향후 데이터 분석에 매우 유용하게 사용할 수 있을 것입니다.

필자는 이 책에서 다루었던 타이타닉 생존자 예측하기(Titanic: Machine Learning from Disaster)와 주택 가격 예측하기(House Prices: Advanced Regression Techniques) 외에 테이블 형식의 문제도 선택했습니다.

5.2.1 판매량 예측하기 경진대회

❤ 그림 5-3 Predict Future Sales Competition

URL https://www.kaggle.com/c/competitive-data-science-predict-future-sales/overview

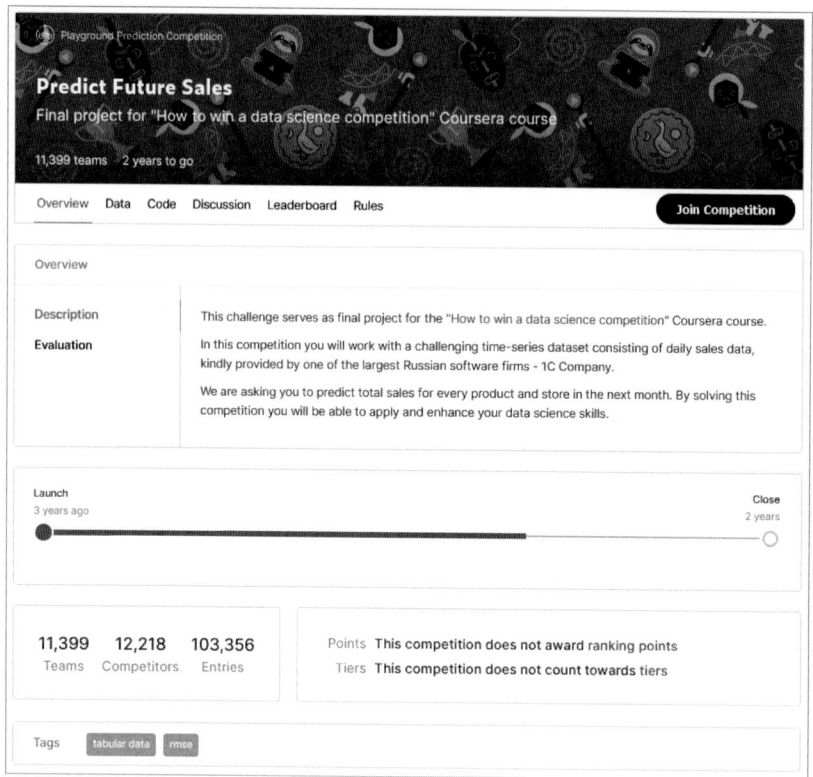

Predict Future Sales Competition(그림 5-3)은 온라인 학습 플랫폼 Coursera(https://www.coursera.org/)의 How to Win a Data Science Competition(https://www.coursera.org/learn/competitive-data-science) 과정 중 마지막 프로젝트로 사용되는 경진대회입니다.

다양한 캐글 수상자들이 구체적인 방법으로 경쟁에서 승리하는 방법을 강의하기 때문에 강의 자체는 매우 유명합니다. 필자 역시 캐글을 처음 시작해서 좀처럼 상위권에 들어갈 수 없을 때 이 과정에서 '어떤 방법으로 진행해야 하는지'를 배웠습니다.

온라인 코스의 마지막 과제는 매장별, 카테고리별, 아이템별 일일 판매량을 이용하여 아이템의 향후 월별 판매량을 예측하는 것입니다. 이 책에서 다루지 않은 판매 데이터와 시계열 데이터는 다음 노트북에서 다양한 통찰력을 얻을 수 있을 것입니다.

- Model stacking, feature engineering and EDA

  URL https://www.kaggle.com/dimitreoliveira/model-stacking-feature-engineering-and-eda

- Simple and Easy Aprroach using LSTM

  URL https://www.kaggle.com/karanjakhar/simple-and-easy-aprroach-using-lstm

5.2.2 PUBG 최종 순위 예측하기(커널만 해당) 경진대회

배틀 로얄형 FPS 게임으로 유명한 PUBG를 기반으로 하는 특이한 경진대회입니다(그림 5-4).

▼ 그림 5-4 PUBG Finish Placement Prediction(Kernels Only) 경진대회

URL https://www.kaggle.com/c/pubg-finish-placement-prediction

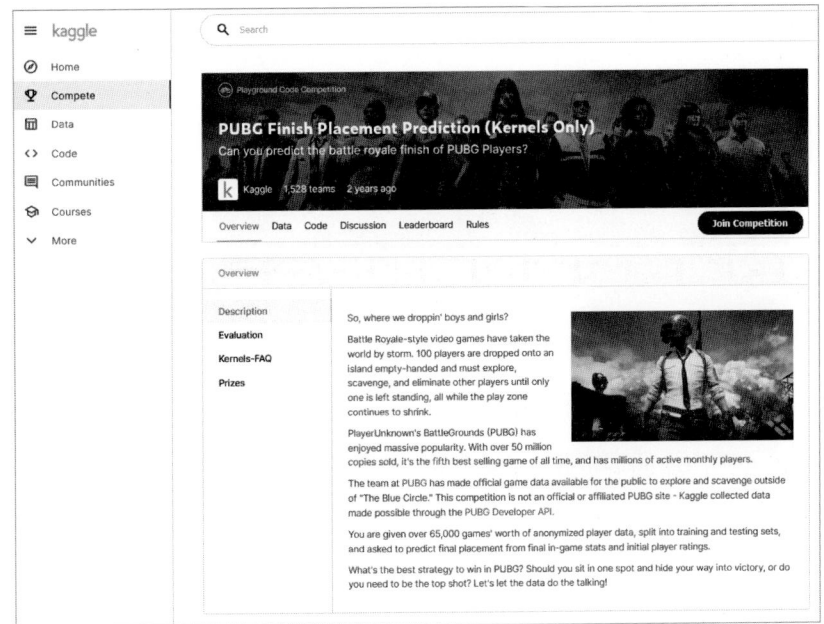

PUBG는 플레이어 100명 중 마지막 1명까지 살아남기 위해 싸우는 게임입니다. 그런데 이 대회에서는 플레이어당 적을 죽인 횟수, 총 도보 거리, 획득한 무기 수, 사용된 회복 아이템 수 등 데이터가 주어지고 각 선수의 최종 순위를 예측합니다. 마치 놀이터 같고 메달 경쟁이 없음에도 이 경진대회의 주제가 주는 매력은 필자가 열광적으로 참여하게 했습니다(게임 자체와 데이터 분석 모두). 여러분이 게이머라면 다음 노트북을 즐기면서 학습할 수 있을 것입니다.

- PUBG Finish Placement Prediction: playground

  URL https://www.kaggle.com/c/pubg-finish-placement-prediction

- EDA is Fun!

  URL https://www.kaggle.com/deffro/eda-is-fun

5.2.3 IEEE-CIS 부정 거래 탐지하기 경진대회

전자 상거래 거래 정보(단말기, 구매 상품, 금액 등)를 분석하여 부정 거래를 탐지하는 경진대회입니다(그림 5-5).

▼ 그림 5-5 IEEE-CIS Fraud Detection 경진대회

URL https://www.kaggle.com/c/ieee-fraud-detection

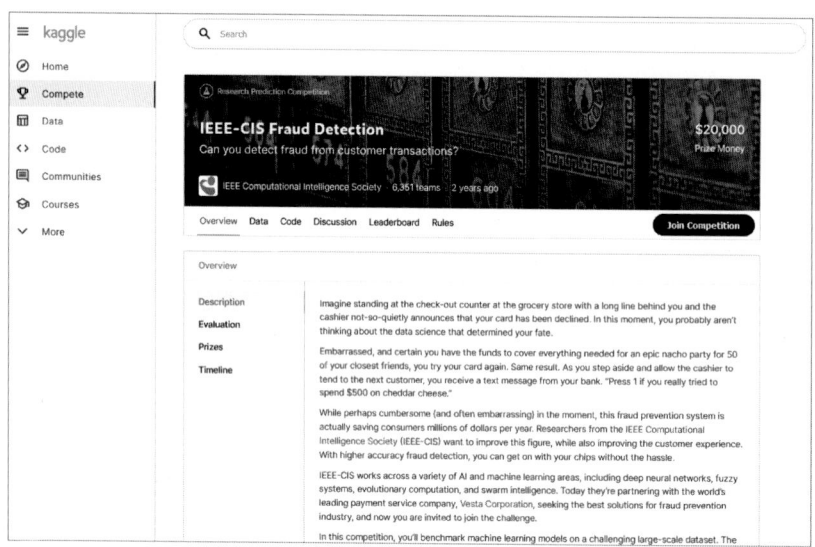

기존 특징 값 통계를 계산하고 이를 결합하여 새로운 특징 값을 만들고, 반대로 PCA를 사용하여 중복 특징 값을 모으는 것이 중요한 대회입니다.

그 밖에 상위에 랭크된 솔루션에는 거래를 하여 사용자를 식별하는 유효성 검사 기법 등이 공개되어 있으므로, 더 학습하고 싶다면 다음 노트북 외에도 다양한 노트북과 Discussion을 확인하는 것이 좋습니다.

- Extensive EDA and Modeling XGB Hyperopt

  URL https://www.kaggle.com/kabure/extensive-eda-and-modeling-xgb-hyperopt

- **LightGBM Single Model and Feature Engineering**

    `URL` https://www.kaggle.com/tolgahancepel/lightgbm-single-model-and-feature-engineering

5.3 GCP의 AI 플랫폼 분석 절차

캐글에는 대용량 데이터를 취급하는 경진대회도 많습니다. 이 때문에 내 컴퓨터 환경에서 분석이 어려울 때는 클라우드를 이용하여 분석할 수 있습니다. 여기서는 구글의 클라우드 플랫폼(Google Cloud Platform, 이하 GCP)을 이용하는 방법을 알아보겠습니다.

5.3.1 GCP의 AI 플랫폼에 관하여

GCP에는 각종 서버를 설정하고 ssh로 로그인하는 방법이 있고, 사양을 선택하면 즉시 주피터 노트북 환경에서 분석을 시작할 수 있는 AI 플랫폼을 이용하는 방법도 있습니다. 이 책에서는 AI 플랫폼을 이용하는 방법을 설명하겠습니다. GCP 외에 클라우드 서비스 등은 유료 서비스이므로 높은 사양을 갑자기 설정하지 말고 가격을 먼저 확인하는 것이 좋습니다. 이 책을 번역하는 2021년 1월 현재 신규 이용자는 300달러가량의 무료 시험 버전을 이용할 수 있으니, 우선 무료 버전을 사용해 보는 것이 좋겠습니다(그림 5-6).

▼ 그림 5-6 GCP 무료 시험 버전(2021년 1월 현재)

5.3.2 GCP 이용

무료 평가판으로 GCP를 이용할 때 설정과 무료 평가판 기간 종료 후에도 계속해서 이용할 때 설정을 간단히 설명하겠습니다.

무료 평가판으로 GCP를 이용할 때 설정

1. 자신의 구글 계정으로 로그인하여(그림 5-7) GCP 사이트(https://console.cloud.google.com/)에 접속합니다. 무료 평가판을 사용하려면 오른쪽 위의 **활성화**를 클릭합니다.

▼ 그림 5-7 활성화 클릭

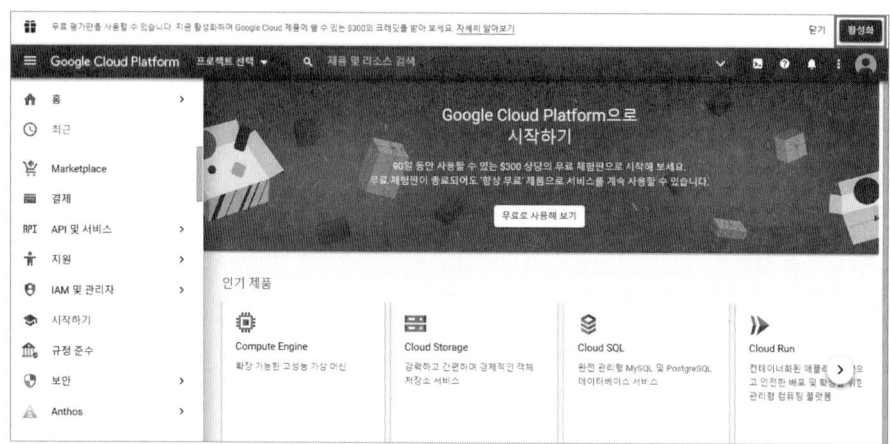

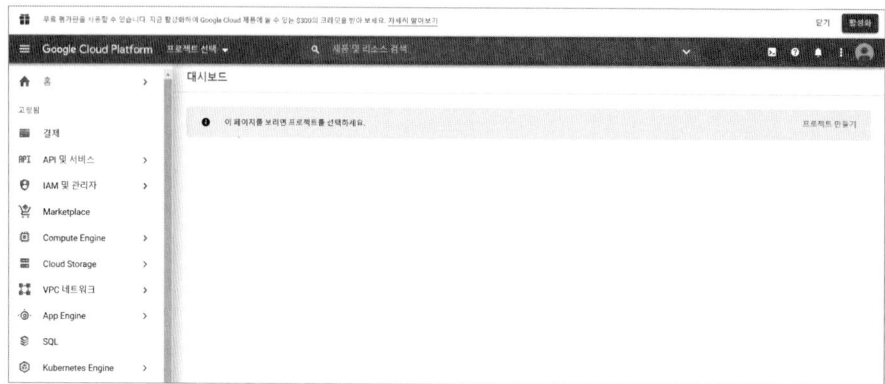

2. 1/2단계에서 **❶ Google Cloud Platform 무료 평가판 서비스 약관**을 체크하고(그림 5-8) **❷ 계속**을 클릭합니다.

❤ 그림 5-8 1/2단계

3. 2/2단계에서 계정 유형, 이름 및 주소 등 고객 정보를 입력하고 **계속**을 클릭합니다.

❤ 그림 5-9 2/2 단계

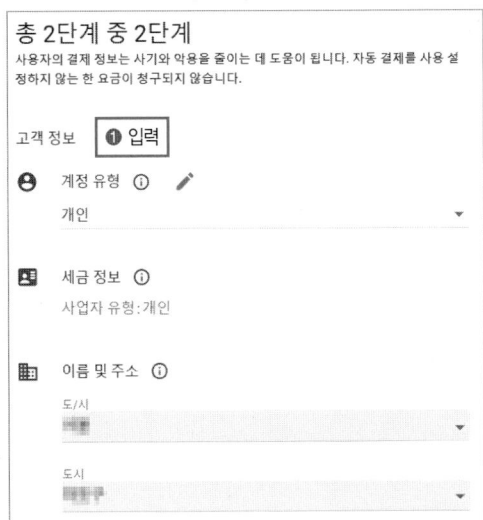

4. 고객 정보 입력에 개인 정보와 코드까지 입력하면 결제 옵션이 나타납니다. 카드를 등록한 후 **무료 평가판 시작하기**를 클릭하여 등록을 진행합니다.

▼ 그림 5-10 결제 옵션

결제 옵션

📅 자동 결제

비용이 발생한 후에만 서비스를 결제합니다. 청구 기준액에 도달하거나 지난 자동 결제일로부터 30일이 경과하면 둘 중 더 이른 날짜에 비용이 자동 청구됩니다.

결제 수단 ⓘ

카드 번호

\# | _____

카드 번호를 입력하세요.

계속 진행하면 Google이 귀하의 결제 프로필 정보를 이 계정에 연결하고 Google 제품 전체에서 동일한 정보를 공유하고 사용할 수 있도록 Google 개인정보처리방침에 동의하는 것으로 간주됩니다. 이 정보는 언제든지 Google 계정에서 삭제할 수 있습니다.

무료 평가판 시작하기 ——— ❷ 클릭

5. 등록이 완료되면 환영 메시지가 표시됩니다. **닫기**를 클릭합니다.

▼ 그림 5-11 환영 메시지

◯ Google Cloud Platform

███ ██, 환영합니다.

무료 체험판에는 90일간 사용할 수 있는 $300 크레딧이 포함되어 있습니다. 보다 나은 서비스를 제공할 수 있도록 4가지 질문에 답해 주세요.

❶ 조직 또는 니즈를 가장 잘 설명하는 것이 무엇인가요?

답변 선택 * ▼

1개를 선택해야 합니다.

다음

❷ Google Cloud를 방문하신 이유가 무엇인가요?

❸ Google Cloud로 어떤 작업을 하고 싶으신가요?

❹ 담당하는 역할을 가장 잘 설명하는 것이 무엇인가요?   클릭

닫기   완료

6. 이제 이용할 준비가 되었습니다. 다음과 같이 GCP 첫 화면이 나옵니다.

▼ 그림 5-12 GCP에 로그인한 화면

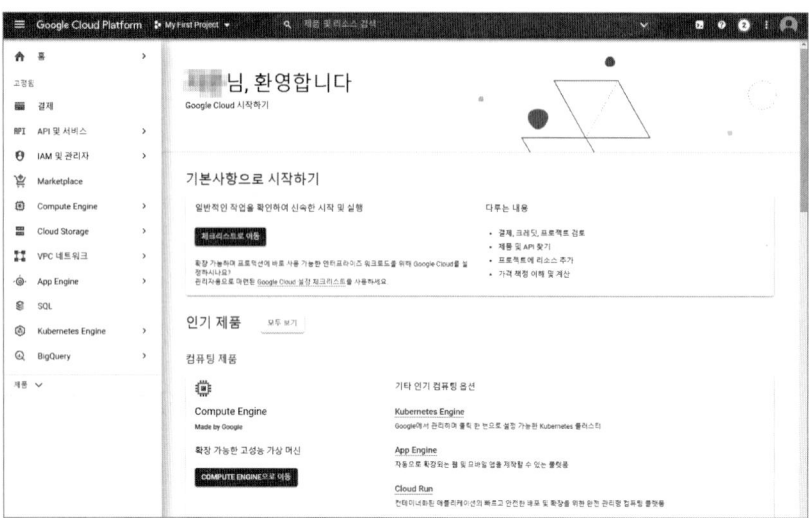

무료 평가판 기간 종료 후에도 GCP를 이용할 때 설정

무료 평가판 기간이 지난 후에도 이용할 때, 무료 기간 동안의 프로젝트를 계속 사용하거나 신규 프로젝트를 생성할 수 있습니다.

1. ❶ 왼쪽 위의 My First Project라는 프로젝트명을 클릭하고 ❷ 프로젝트 선택 화면에서 **새 프로젝트**를 클릭합니다. 새 프로젝트 화면에서 ❸ 프로젝트 이름에는 임의의 프로젝트명을 입력하고, ❹ 위치는 '조직 없음'인 채로 ❺ **만들기**를 클릭합니다(그림 5-13).

▼ 그림 5-13 새 프로젝트 생성

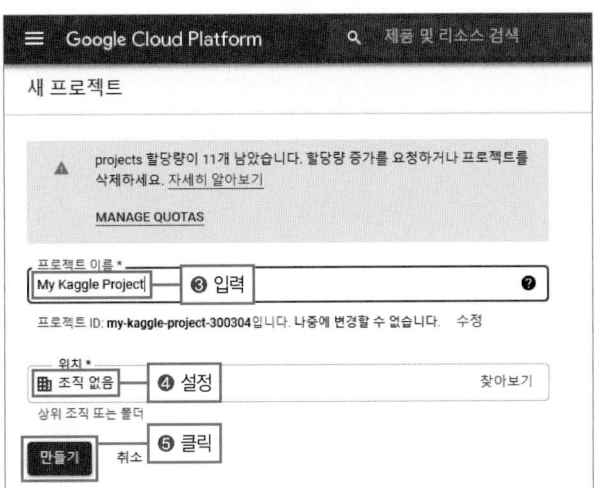

2. 프로젝트가 생성되면 왼쪽 위의 **My First Project**를 다시 한 번 클릭합니다. 조금 전 만든 새 프로젝트가 생성된 것을 알 수 있습니다. 프로젝트명을 클릭하면 생성한 프로젝트가 선택됩니다(그림 5-14).

▼ 그림 5-14 신규 프로젝트 생성

3. 각종 서비스를 이용할 수 있도록 결제 카테고리를 설정하겠습니다. 무료 평가판 상태로 이용할 때 이 설정은 필요 없습니다(**여기서부터 유료입니다**).

왼쪽 위의 ❶ ≡ 메뉴를 클릭하고 ❷ **결제**를 선택합니다(그림 5-15).

▼ 그림 5-15 왼쪽 메뉴에서 결제 선택

4. 나의 결제 계정 개요 화면을 확인할 수 있습니다(그림 5-16).

▼ 그림 5-16 결제 계정 개요 화면

Note ≡ | 계정이 없을 때는 그림 5-16에서 **결제 계정 관리**를 클릭한 후 내 결제 계정 화면이 나오면 **계정 만들기**를 클릭합니다(그림 5-17).

❤ 그림 5-17 계정 만들기

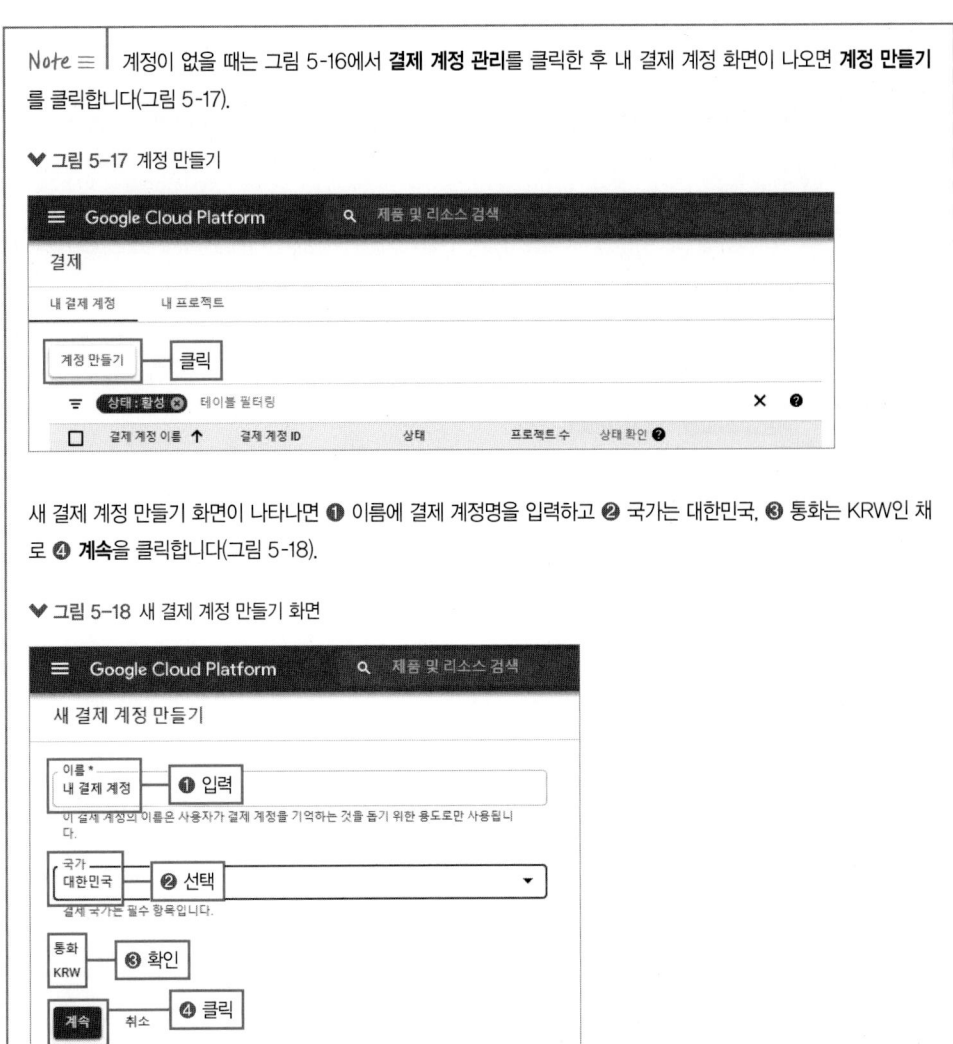

새 결제 계정 만들기 화면이 나타나면 ❶ 이름에 결제 계정명을 입력하고 ❷ 국가는 대한민국, ❸ 통화는 KRW인 채로 ❹ **계속**을 클릭합니다(그림 5-18).

❤ 그림 5-18 새 결제 계정 만들기 화면

그림 5-17 화면에 새로 만들어진 계정명이 나타나면 이를 클릭합니다. 그러면 그림 5-16 화면으로 넘어갑니다.

이제 결제 계정 개요 화면에서 이번 달 청구 금액을 확인할 수 있습니다. 의도치 않게 고액 요금이 발생하지 않도록 주의합시다. 결제 정보 입력을 성공적으로 마치면 GCP의 각종 서비스를 이용할 수 있습니다.

5.3.3 GCP에 데이터 업로드

먼저 GCP에 데이터를 업로드해 봅시다. GCP 서비스 중 대용량 데이터 스토리지에 해당하는 것은 Storage입니다.

1. 왼쪽 위의 ❶ ≡ 메뉴를 클릭하고 스크롤바를 아래로 내려 저장소 카테고리에 있는 ❷ **Cloud Storage** 〉 ❸ **브라우저**를 선택합니다(그림 5-19).

▼ 그림 5-19 왼쪽 메뉴에서 [Cloud Storage] 〉 [브라우저] 선택

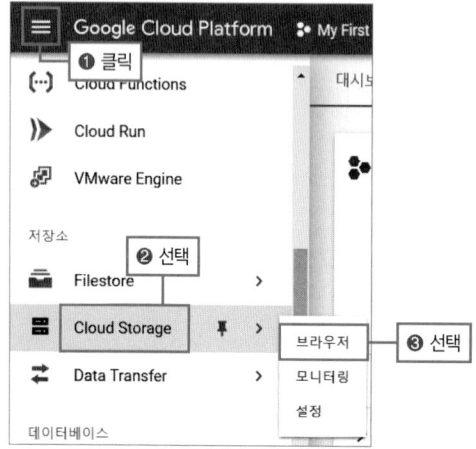

2. Storage는 버킷 단위로 용량을 정의하고 데이터를 저장합니다. 먼저 가운데에 있는 **버킷 만들기**를 클릭하여(그림 5-20) 새로운 버킷 작성 화면을 엽니다.

▼ 그림 5-20 [버킷 만들기] 클릭

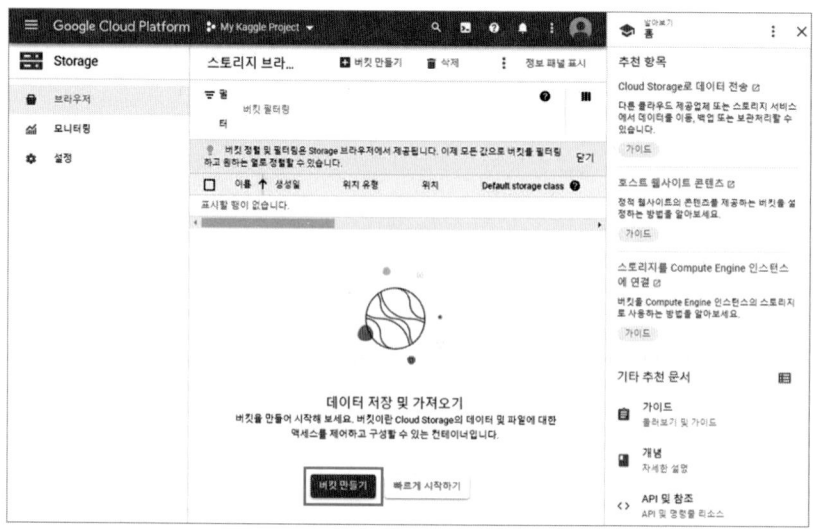

3. ❶ **버킷 이름 지정**에 이름을 입력하고 ❷ **계속**을 클릭합니다. 여기서는 kagglebook_kr이라
고 지정했습니다. ❸ **데이터 저장 위치 선택**의 위치 유형은 캐글 경진대회를 위해 사용하려는
것이고 데이터를 두 곳 이상의 장소에 중복해서 보존할 필요도 없으므로 Multi-region에서
Region으로 선택하는 것이 좋습니다. ❹ 위치는 asia-northeast3 (서울)을 선택합니다. 데이
터의 기본 스토리지 클래스 선택, 객체 액세스를 제어하는 방식 선택, 고급 설정(선택사항)은
기본 설정 그대로 두고 ❺ **만들기**를 클릭합니다(그림 5-21).

▼ 그림 5-21 버킷 만들기

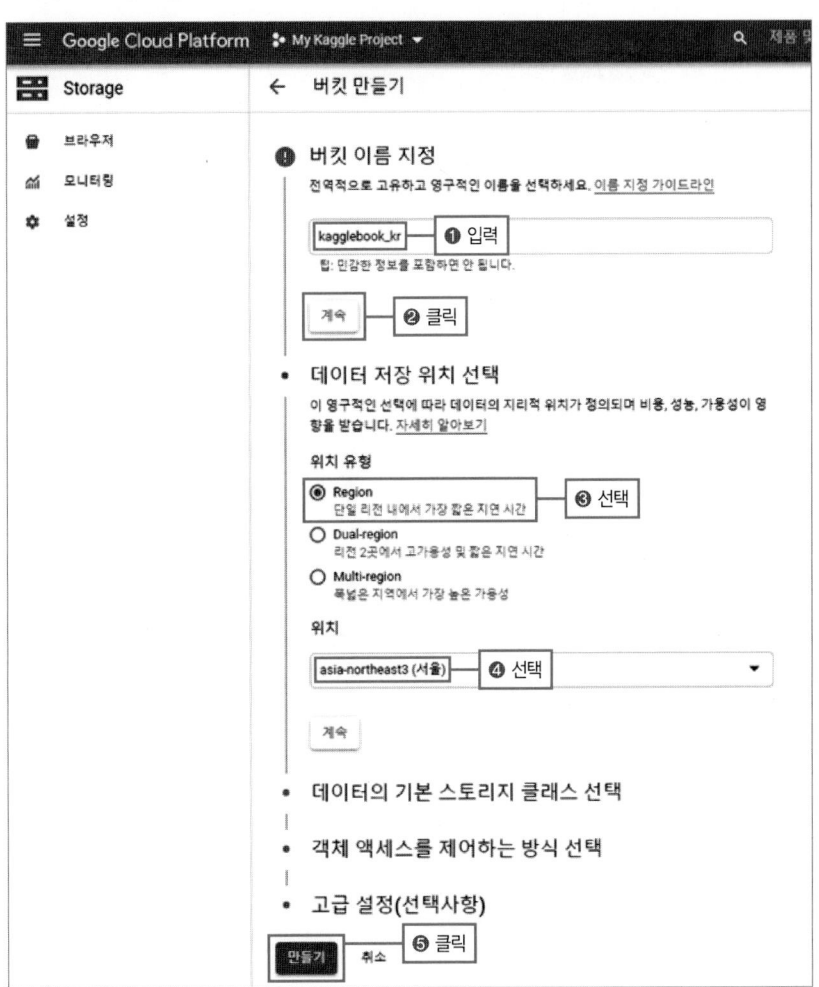

4. 버킷을 생성했다면 이제 필요에 따라 폴더를 만듭니다. 3장에서 소개한 디렉터리 구성과 같다면 ❶ **폴더 만들기**를 클릭하고, ❷ 폴더 이름(여기서는 titanic)을 입력한 후 ❸ **만들기**를 클릭합니다. 또 ❹ **titanic 폴더명**을 클릭하여 ❺~❼ data 폴더를 만듭니다. ❽ 작성한 폴더명(data)을 클릭하면 data 폴더로 넘어가는데, 이 안에 파일을 업로드합니다. ❾ **파일 업로드**를 클릭한 후 파일명을 선택하거나(❿-1) 윈도에서는 화면에 파일을 드래그하여(❿-2) 업로드할 수 있습니다(그림 5-22).

❤ 그림 5-22 폴더 만들기 및 버킷 파일 업로드

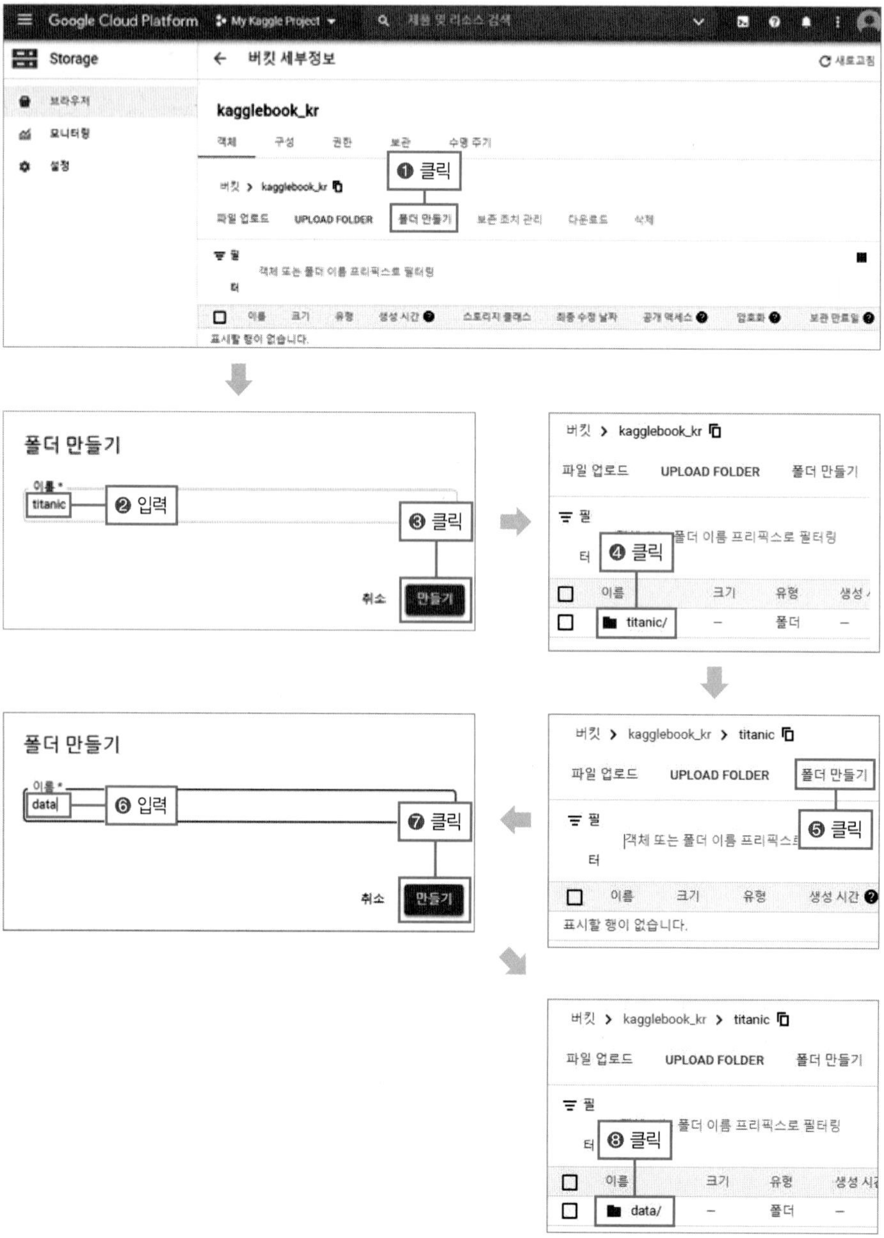

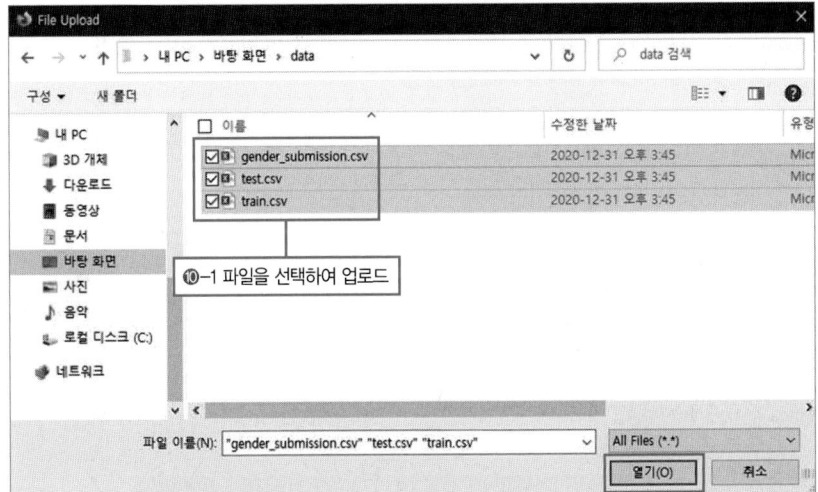

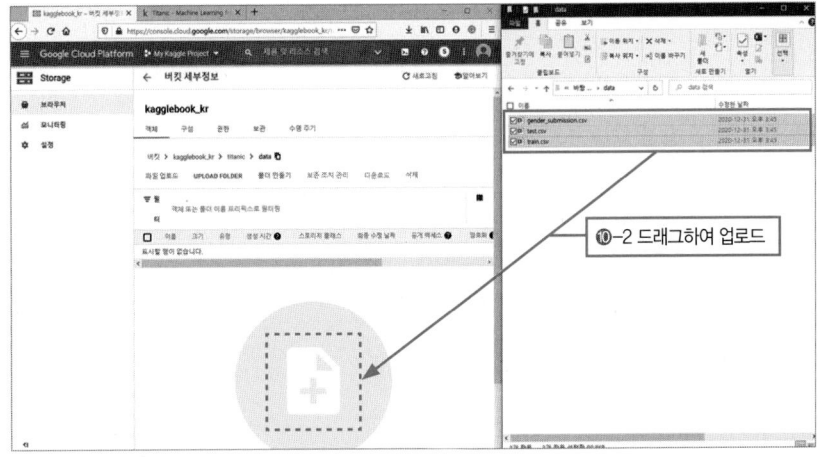

5.3.4 GCP의 AI 플랫폼 이용

Storage 준비가 끝나면 이제 GCP상에서 노트북을 쉽게 사용할 수 있는 AI 플랫폼을 이용해 보겠습니다.

1. ❶ 왼쪽 위의 ≡ 메뉴를 클릭하고 ❷ AI Platform 〉 ❸ 노트북을 선택합니다(그림 5-23).

❤ 그림 5-23 폴더 만들기 및 버킷 파일 업로드

2. 처음 이용하면 Notebooks API를 사용할지 묻는 화면이 나옵니다. 사용을 클릭합니다(그림 5-24).

❤ 그림 5-24 Notebooks API 사용

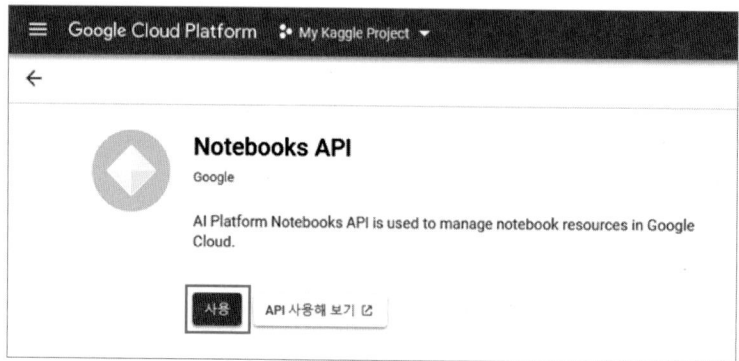

3. 잠시 기다리면 노트북 API가 설치됩니다. 이제 다시 **AI Platform 〉 노트북**을 선택하면 노트북 인스턴스를 설정할 수 있습니다(그림 5-25). 새로운 인스턴스를 설정하려면 화면 위의 **새 인스턴스**를 클릭합니다.

❤ 그림 5-25 새 인스턴스 설정

4. 여러 종류의 인스턴스를 설정하는 팝업 메뉴가 나타나는데 **Customize instance**를 선택합니다(그림 5-26).

❤ 그림 5-26 Customize instance 선택

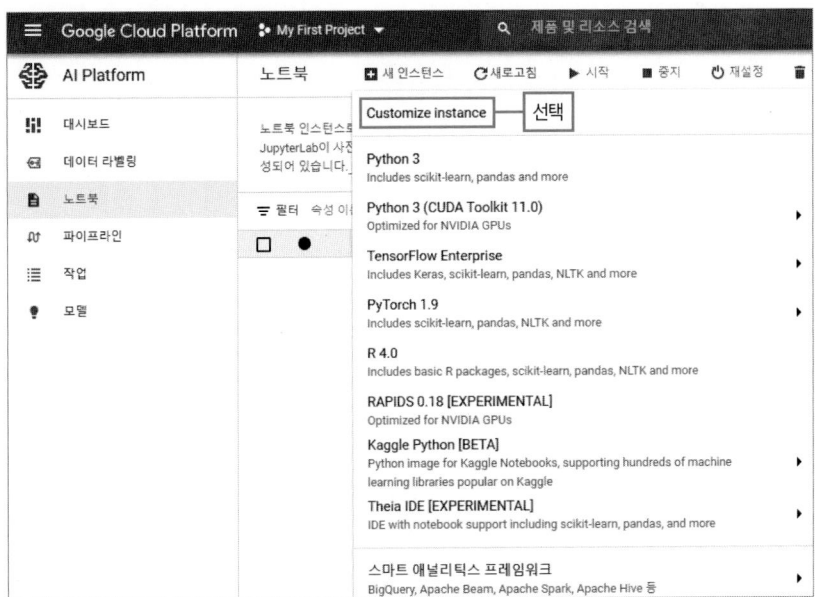

5. 먼저 ❶ 인스턴스 이름을 입력합니다. ❷~❸ 리전과 영역은 선택된 그대로 두어도 됩니다. ❹ 운영체제는 Debian 10을 그대로, ❺ 환경은 Python 3 (with Intel® MKL)을 사용하겠습니다. ❻ 머신 유형은 n1-standard-4 (4 vCPUs, 15 GB RAM)을 선택합니다. ❼ GPU 유형은 지금 선택된 영역, 환경, 머신 유형상 사용할 수 있는 GPU가 없으므로 None인 상태로 둡니다. 디스크, 네트워킹 등 기타 항목은 그대로 두겠습니다. ❽ 이제 **만들기**를 클릭하여 인스턴스를 만듭니다(그림 5-27).

❤ 그림 5-27 인스턴스 만들기 화면

Note ☰ | **인스턴스의 각종 사양**

GCP를 시험 삼아 사용한다면 기본값으로 설정한 후 나중에 변경하는 편이 좋습니다. 사용하는 도중 더 빨리 처리하고 싶거나 큰 데이터를 다루던 중 메모리 오류가 발생하는 등 필요에 따라 CPU 사양을 올려 주면 됩니다. 또 자신이 선택한 사양에 비해 사용 중인 상황에 여유가 있을 때마다 화면에 사양 변경에 관한 권장 사항이 표시됩니다. 사양을 낮추면 비용이 절약됩니다.

---

6. 조금 전 만든 인스턴스가 목록에 표시되면 인스턴스 이름 옆의 **JUPYTERLAB 열기**를 클릭합니다(그림 5-28).

▼ 그림 5-28 [JUPYTERLAB 열기] 클릭

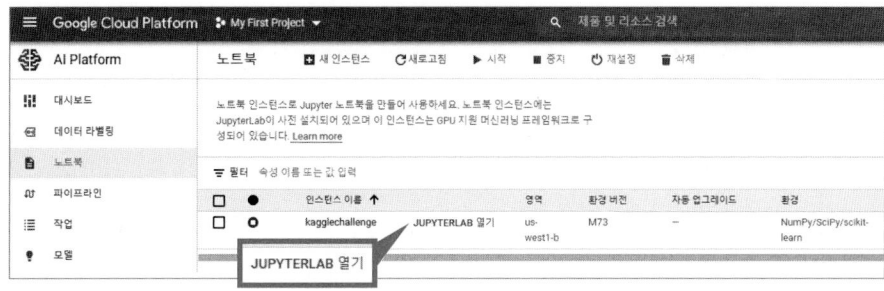

7. AI 플랫폼의 노트북 이용 화면이 표시됩니다(그림 5-29). 이제 평소 이용하던 노트북처럼 사용하면 됩니다.

▼ 그림 5-29 AI 플랫폼의 노트북 이용 화면

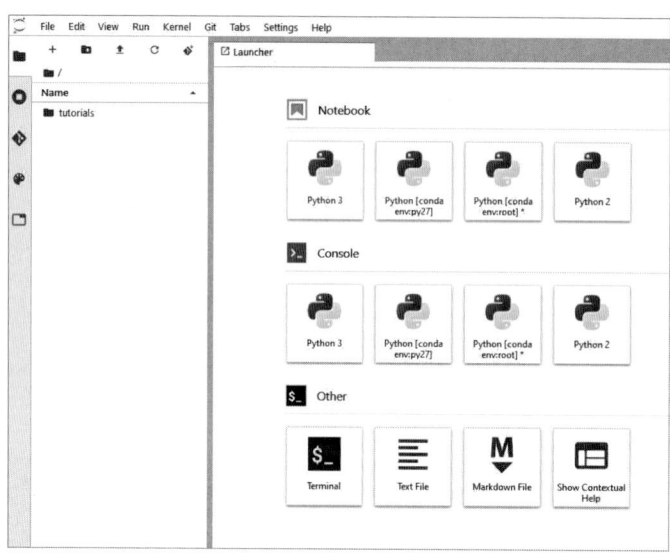

5.3.5 GCP의 AI 플랫폼에서 Storage 데이터 사용

마지막으로 GCP의 AI 플랫폼에서 Storage의 데이터를 어떻게 사용할 수 있는지 알아보겠습니다.

1. 시작 화면에서 Notebook 안의 **Python 3**를 클릭하여 파이썬 3의 노트북 파일을 작성합니다(그림 5-30).

▼ 그림 5-30 파이썬 3의 노트북 파일 작성

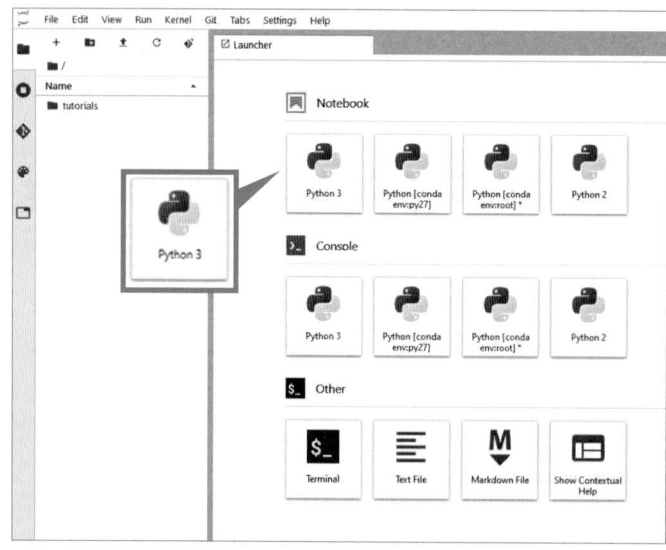

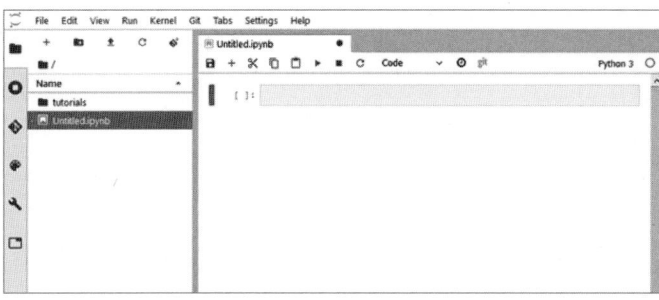

2. 코드 5-1과 같이 패키지를 설치하여 Storage에 접근할 수 있습니다.

▼ 코드 5-1 Storage에 접근할 수 있는 패키지 설치하기

```
from google.cloud import storage as gcs
import io
from io import BytesIO
import glob
```

3. CSV 파일을 읽고자 판다스도 불러옵니다(코드 5-2).

▼ 코드 5-2 판다스 불러오기

```
import pandas as pd
```

4. Storage 내에 접근하려면 패키지명 등 정보를 입력해야 합니다. project_name은 Storage를 작성할 때 정한 프로젝트명, bucket_name은 파일을 저장하고 있는 버킷명, folder_path는 파일을 저장한 경로를 입력합니다(코드 5-3).

▼ 코드 5-3 Storage 내에 접근하는 버킷명 등 정보 입력하기

```
project_name = "My Kaggle Project" # 프로젝트명
bucket_name = "kagglebook_kr" # 버킷명
folder_path = "titanic/data/" # 파일을 저장한 경로
```

5. 코드 5-3을 기초로 Storage의 버킷을 호출합니다(코드 5-4).

▼ 코드 5-4 Storage의 버킷 호출하기

```
client = gcs.Client(project_name)
bucket = client.get_bucket(bucket_name)
```

6. CSV 파일을 버킷에서 읽고자 코드 5-5의 함수를 정의합니다.

▼ 코드 5-5 함수 정의하기

```
def get_csv_from_gcp(file_name):
    train_path = folder_path + file_name
    blob = gcs.Blob(train_path, bucket)
    content = blob.download_as_string()
    df = pd.read_csv(BytesIO(content))
    return df
```

7. 코드 5-6과 같이 임의의 파일을 Storage에서 호출할 수 있습니다.

▼ 코드 5-6 임의의 파일을 Storage에서 호출하기

```
train_df = get_csv_from_gcp("train.csv")
test_df = get_csv_from_gcp("test.csv")
submission = get_csv_from_gcp("gender_submission.csv")
```

8. AI 플랫폼의 노트북에서 3~4장 분석을 수행한 후 작성한 CSV 파일을 Storage에 업로드하는 방법을 알아보겠습니다. 먼저 노트북 환경에서 작성한 분석 파일이 df라는 이름으로 준비되어 있다고 할 때, 이를 다음과 같이 CSV 파일로 내보내겠습니다(3장 및 4장의 결과를 CSV로 저장하기 부분을 참고하기 바랍니다).

▼ 코드 5-7 노트북 환경에서 분석을 수행한 후 CSV 파일 작성하기

```
df.to_csv("sample_submission.csv", index=False)
```

9. 만든 파일을 이용하여 코드 5-8과 같이 작성하면 Storage에 해당 파일을 업로드할 수 있습니다.

▼ 코드 5-8 Storage에 파일 업로드하기

```
blob = bucket.blob("sample_submission.csv")
blob.upload_from_filename(filename="sample_submission.csv")
```

그 밖에도 내 컴퓨터에서 주피터 노트북을 이용할 때와 마찬가지로 클라우드상에서 분석을 실행할 수 있습니다.

5.3.6 새로운 라이브러리 추가

1. 분석에 필요한 어느 정도의 파이썬 라이브러리는 기본적으로 설치되어 있지만, 새로운 라이 브러리를 설치해야 할 때는 AI 플랫폼의 Notebook 셀에 !pip install (라이브러리명)(파이썬 3를 사용하면 !pip3 install (라이브러리명))을 입력하여 실행합니다. 또는 AI 플랫폼의 왼쪽 위의 +를 클릭하여 Launcher를 호출한 후 **Terminal**을 선택합니다(그림 5-31).

❤ 그림 5-31 플랫폼의 Launcher 화면. 이 중 Other에 있는 [Terminal] 클릭

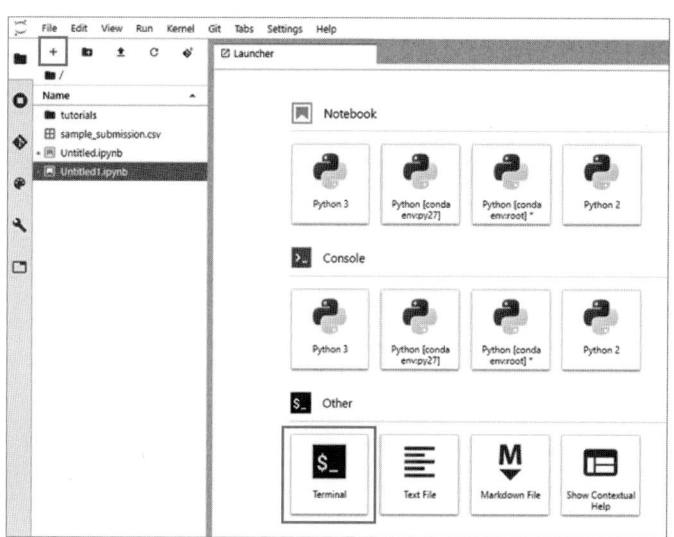

2. 터미널 화면이 표시되고 로컬 환경과 마찬가지로 pip install (라이브러리명) 또는 pip3 install (라이브러리명) 같은 명령어를 입력하여 라이브러리를 설치할 수 있습니다. 이후부터 는 해당 인스턴스상에서 설치된 라이브러리를 실행할 수 있습니다(그림 5-32). 이 책에서 사용 하는 환경은 파이썬 3뿐이므로 pip와 pip 3 모두 파이썬 3에 대한 라이브러리가 동일하게 설 치됩니다. 그러나 AI 플랫폼처럼 파이썬 2와 파이썬 3 중 어느 하나를 선택할 수 있다면 pip에 맞는 파이썬 버전을 지정하거나 pip(파이썬 2), pip3(파이썬 3)를 구분하여 사용해야 합니다.

❤ 그림 5-32 AI 플랫폼에서 Terminal 화면

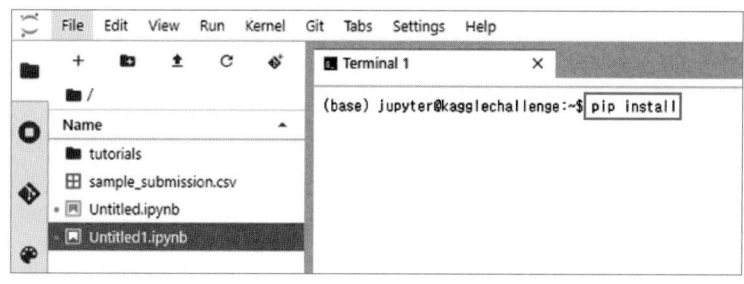

5.3.7 인스턴스 이용 중지

분석을 마쳤다면 인스턴스 이용을 중지하는 것을 잊지 마세요.

1. 해당 인스턴스를 선택한 후 화면 위의 **중지**를 클릭하면 잠시 후 인스턴스 사용을 중지할 수 있습니다(그림 5-33).

▼ 그림 5-33 인스턴스 중지

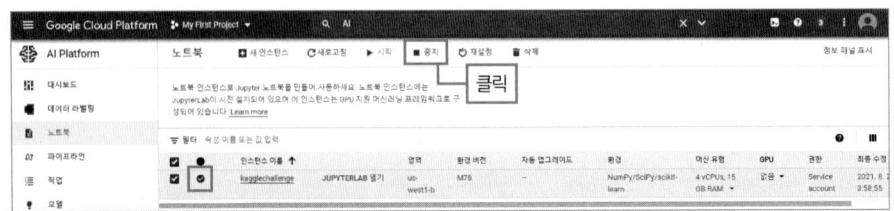

부록에서 캐글을
좀 더 설명합니다!

캐글 마스터가 되다:
전업 캐글러로서 삶과
지진 예측 3위 솔루션

부록 A는 2019년 12월 구글 재팬에서 열린 "캐글 데이즈 도쿄 2019" 행사
에서 무라타 히데키 씨가 발표한 프레젠테이션 내용입니다.

A.1 자기 소개

A.2 전업 캐글러로서 1년 반

A.3 LANL 지진 예측 3위 솔루션

A.1 자기 소개

안녕하세요. '전업 캐글러로서 1년 반 & LANL 지진 예측 3위 솔루션'이라는 주제로 프레젠테이션을 진행하게 되었습니다. 캐글에서 currypurin 계정으로 활동하고 있는 전업 캐글러입니다.

저는 캐글의 데이터 분석 경진대회를 사랑합니다. 현재 캐글에서 금메달 두 개, 은메달 두 개, 동메달 네 개라는 성적을 올렸습니다.[1] 오늘은 '전업 캐글러로서 1년 반'과 'LANL 지진 예측 3위 솔루션'이라는 두 가지 내용으로 프레젠테이션을 하려고 합니다.

A.2 전업 캐글러로서 1년 반

먼저 '1년 반 동안 전업 캐글러로 살아온 이야기'를 하고 싶습니다. 저뿐만 아니라 여기 계신 분들은 누구나 '캐글을 계속 하고 싶다, 24시간 캐글만 하고 싶다' 이렇게 생각해 보셨을 거예요. 이 프레젠테이션이 일을 그만두도록 부추기게 될지도 모르겠군요. 프레젠테이션이 끝난 후 어떻게 하면 전업 캐글러가 될 수 있는지, 전업 캐글러는 무엇이 힘든지 등 질문이 있을 때는 언제든지 대답해 드릴 테니 트위터 등에서 물어보기 바랍니다.

'전업 캐글러가 뭐지?' 하는 분들도 계실 거예요. 전업 캐글러란 캐글에만 전념하는 삶입니다. "전업 캐글러는 스트레스받지 않아요?"라고 물어보기도 하는데, 저는 전혀 스트레스가 없어요. '전업 캐글러'는 일반적으로 '무직'이기 때문에 무직 상태인 것에 스트레스받는 사람에게는 추천할 수 없겠지요. 하지만 전업 캐글러인 것에 자부심을 가질 수 있는 사람에게는 적극 추천해요. 다만 기본적으로는 수입이 없기 때문에 쉽지 않은 진로일 수 있습니다.

---

1 부록에서는 Gold 메달을 금메달, Silver 메달을 은메달, Bronze 메달을 동메달로 표기했습니다.

전업 캐글러의 하루 사용법을 알려 드리자면 먼저 아침에 일어나서 캐글, 점심 먹고 캐글, 저녁과 아이들을 돌보고 또 캐글이라는 느낌이에요. 물론 전업 캐글러로서 이런 스케줄이 최고겠지만, 살다 보면 자질구레한 일들을 처리해야 할 때도 많아 항상 이렇게 매일을 보내지는 못합니다.

A.2.1 전업 캐글러가 된 이유

전업 캐글러가 된 시기는 2018년 2월쯤입니다. "캐글에 모든 시간을 쓰고 싶기 때문에 일을 그만두겠습니다. 1년 안에 캐글 마스터가 되겠습니다." 하고 선언했지요. 아내와 아기가 있었는데, 아내에게 몹시 혼이 났습니다.

캐글 전업을 선언하기 전에는 재무성[2]에서 2011년 7월부터 2015년 6월까지 일했습니다. 이때는 보통 한 달에 200시간 정도 야근을 했습니다. 매일 약 8시간씩 일한 후 야근으로 똑같이 8시간을 더 일했다는 의미입니다. 바쁜 시기에는 매일 재무성 내에 숙박하며 머물렀어요.

이 장시간 노동으로 다른 곳에서도 일할 수 있는 정도의 업무 기술을 얻었다면 '젊을 때라면 한번 할 만하지 않나'라고 생각할 수 있겠지요. 중요하고 보람 있는 일이기는 했지만, 안타깝게도 오래 한다고 해서 어떤 기술이 몸에 붙는 일은 아니었습니다. 그 때문에 '지금 일을 오래 계속할 수는 없을 것 같다'는 이야기를 상사에게 했고, 그 후 외부 회사에 3년간 출장 근무를 하게 되었습니다. 그 회사는 직원 복지가 훌륭했던 곳으로, 야근이 없는 이른바 '9시 출근, 5시 퇴근' 근무 환경이었습니다. 그곳에서 퇴근 후 시간을 갖게 된 2017년 2월부터 머신 러닝을 공부하기 시작했습니다.

이후 머신 러닝 스터디 모임을 주최하는 등 계속 공부하고 캐글에도 관심을 가져 2018년 4월에는 '캐글의 튜토리얼(https://note.com/currypurin/n/nf390914c721e)'이라는 동인지를 만들어 공개하기도 했습니다. 2018년 6월, 결국 저는 공무원을 퇴직하고 전업 캐글러가 되었습니다. 캐글 경진대회라고는 고작 타이타닉 하나밖에 못했을 때였음에도 말이지요.

A.2.2 전업 캐글러가 되고 난 후 1년간

그림 A-1은 전업 캐글러가 되고 난 후 1년간 이룬 전적입니다.

---

2 역주 우리나라로 치면 기획재정부입니다.

▼ 그림 A-1 전업 캐글러가 되고 나서 1년간 이룬 전적

결과		
2018. 8: Santander 가치 예측	8위(금)	
2018. 8: 주택 신용 부도 위험	986위	
2018. 10: 태풍 경진대회(캐글 외)	점수 없음	
2018. 12: PLAsTiCC 천문학적 분류	16위(은)	
2019. 2: Elo 판매자 카테고리 권장 사항	359위	
2019. 3: VSB 전력선 오류 감지	78위	
2019. 4: PetFinder.my 입양 예측	27위(은)	캐글 마스터가 되다.
2019. 5: LANL 지진 예측	3위(금)	두 번째 금메달 획득

2018년 8월 처음 참가한 Santander 가치 예측 대회에서 8등으로 솔로 금메달을 획득하는 기적이 일어납니다. (캐글러라면) 아는 분들이 많을 텐데 데이터 누설이 꽤 있었던 대회입니다. 그 후 2018년 12월 PLAsTiCC Astronomical Classification(천문학적 분류) 경진대회에서 16위 은메달, 2019년 4월 PetFinder.my Adoption Prediction(입양 예측) 경진대회에서 27위 은메달을 획득했어요. 여기서 캐글 마스터가 되었고 목표를 달성했습니다. 2019년 5월에는 잠시 후 소개할 LANL Earthquake Prediction(지진 예측) 경진대회에서 3위로 금메달을 획득했는데, 저에게는 두 번째 금메달이었습니다.

전업 캐글러 기간으로 1년 정도를 예정했었는데 제 실력이 당초 예상했던 것만큼 향상되지 않았습니다. 그럼에도 전업 캐글러를 그만두고 싶지는 않다고 생각했습니다. 그래서 아내에게 반년 정도만 전업 캐글러를 더 하게 해 달라고 부탁했지요. 그리고 12월까지 캐글 그랜드마스터가 되겠다는 목표를 세웠습니다. 어제 어떤 모임에서 누군가가 '그러고도 어떻게 이혼을 면하셨어요?'라고 묻더군요. 아무튼 아내에게 허락을 얻어 냈습니다.

A.2.3 캐글 그랜드마스터를 목표로 한 반년

"앞으로 이 진로를 계속할지 그만둘지를 걸고, 남은 반년 동안 캐글을 하자."라고 다짐했습니다. 캐글 그랜드마스터까지 남은 금메달이 세 개이기 때문에 전업으로 한다면 반년 안에 딸 자신이 있었습니다. 그런데 전혀 성공하지 못했습니다. 그림 A-2는 반년 동안 이룬 전적입니다.

▼ 그림 A-2 캐글 그랜드마스터를 목표로 한 반년 동안 전적

결과	
2019. 9: APTOS 2019 Blindness Detection(실명 감지)	1513위
2019. 11: Severstal : Steel Defect Detection(강철 결함 감지)	185위
2019. 12: ASHRAE-Great Energy Predictor Ⅲ(에너지 예측기 세 번째)	순위 알 수 없음
2020. 1: 2019 Data Science Bowl(데이터 사이언스볼)	순위 알 수 없음

> 데이터 테이블을 이용한 대회가 별로 없어서 이미지 경진대회에 주력했으나 유감스러운 결과만…….

A.2.4 전업 캐글러로서 1년 반을 회고하며

되돌아보면 전업 캐글러가 되어 첫 번째로 도전한 경진대회에서 솔로 금메달이라는 최고의 스타트를 끊었지만, 그 후 생각만큼 성적을 내지 못했습니다. 한 달에 한 대회를 하겠다는 각오를 다지며 임했었는데, 이제 와 생각하니 3개월에 한 게임 정도의 스케줄로 임했으면 좋았을 것 같습니다.

또 대회 종료 후 대처 방법도 반성하게 됩니다. 상위권 솔루션들을 모두 이해하고 내 것으로 만들었어야 했지만, 저는 이 부분에 조금 소홀했기 때문에 결과도 따라오지 않았습니다.

팀 병합으로 배울 수 있는 것이 많았습니다. 그러다 보니 '조금 더 적극적으로 팀 병합을 할걸' 하는 생각도 듭니다. 팀을 병합하려면 다른 사람에게 뒤지지 않는 장점이 있어야 하므로 내가 잘하는 것을 만들어 두었으면 좋았을 걸 하는 후회도 있지요.

사실 저는 다시 한 번 아내에게 부탁해서 전업 캐글러를 계속하고 싶습니다. 하지만 아무래도 더 이상은 무리라고 생각해서 내년(2020년)[3]에는 다시 취업하려고 합니다.

전업 캐글러를 하길 잘했냐고 물어보면, 잘했다고 답하겠습니다. 캐글 커뮤니티는 최고라고 생각합니다. 2020년 1월 즈음에 전업 캐글러를 그만둘 예정이지만, 다시 기회가 주어진다면 계속하고 싶습니다. 캐글은 전업 캐글러를 그만두고도 할 수 있기 때문에 내년(2020년)에는 캐글 그랜드 마스터까지 남은 금메달 세 개를 획득하는 것을 최우선으로 할 것입니다.

---

3 프레젠테이션 당시 시점으로 표기하고 있습니다.

A.3 LANL 지진 예측 3위 솔루션

LANL Earthquake Prediction(지진 예측 경진대회, https://www.kaggle.com/c/LANL-Earthquake-Prediction)의 3위 솔루션을 설명하겠습니다. 이 경진대회에는 팀 동료와 시행착오를 겪으면서 의문점을 해소해 나가는 것이 꽤나 즐거웠습니다. 특히 모델링에서 굉장히 많이 고민하면서 열심히 했습니다.

A.3.1 경진대회의 개요

이 대회의 주제는 실험실에서 유사한 지진을 여러 번 발생시키고, 그때 발생하는 소리 데이터를 사용해서 몇 초 후 지진이 발생할지를 예측하는 것입니다. 평가 지표는 평균 절대 오차(Mean Absolute Error, MAE)로, 이는 정답과 예측 값 차이의 절댓값을 평균하여 계산합니다.

A.3.2 학습 데이터

학습 데이터(그림 A-3)는 2열의 데이터입니다. 그중 첫 번째 열은 acoustic_data, 즉 소리의 진폭입니다. 두 번째 열은 time_to_failure, 즉 몇 초 후 지진이 발생하는지 보여 줍니다.

그림 A-3의 데이터를 보면 12, 6, 8, 5, 8이라는 소리 진폭이 나열되어 있습니다. 1행은 진폭이 12면 '1.4690999832 후에 지진이 발생한다'는 의미가 됩니다.

이런 형식의 데이터가 행 6억 개로 나열되어 있는 약 4MHz(1초에 400만 개 값을 가지는) 데이터입니다.

❤ 그림 A-3 학습 데이터

	학습 데이터	

● 학습 데이터는 6억 행×2열(acoustic_data & time_to_failure)

	acoustic_data	time_to_failure
0	12	1.4690999832
1	6	1.4690999821
2	8	1.4690999810
3	5	1.4690999799
4	8	1.4690999788

time_to_failure는
대략 4MHz

~

	acoustic_data	time_to_failure
629145475	7	9.7597955192
629145476	9	9.7597955181
629145477	10	9.7597955170
629145478	6	9.7597955159
629145479	5	9.7597955148

학습 데이터 전부를 그래프로 담아 보면 그림 A-4와 같습니다.

❤ 그림 A-4 학습 데이터를 그림으로 표시

	학습 데이터	

● 학습 데이터는 6억 행×2열(acoustic_data & time_to_failure)

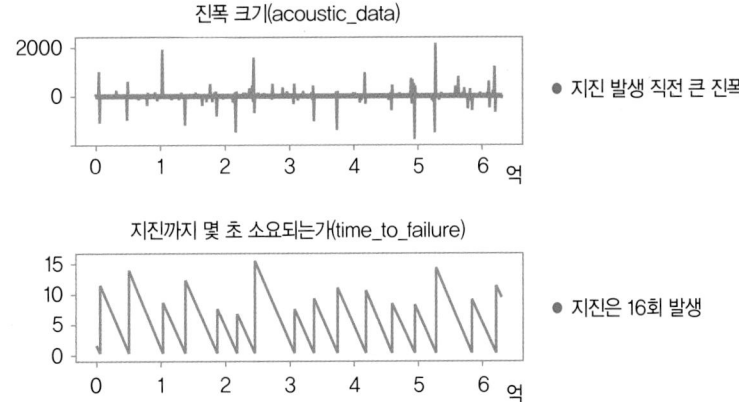

진폭 크기(acoustic_data)

● 지진 발생 직전 큰 진폭

지진까지 몇 초 소요되는가(time_to_failure)

● 지진은 16회 발생

그림 A-4에서 아래쪽 그래프가 time_to_failure를 가시화한 것입니다.

y축이 0인 곳(맨 바닥 부분)에서 지진이 일어났으며, 학습 데이터 전체에서 16회 발생했습니다.

위쪽 그래프는 acoustic_data를 가시화한 것입니다.

지진이 일어나기 직전에는 큰 진폭이 발생하며, 지진이 일어난 직후에는 진폭의 분산이 작다가 서서히 커지는 데이터입니다.

A.3.3 테스트 데이터

테스트 데이터는 그림 A-5와 같이 15만 행의 acoustic_data가 2624개 있습니다. 타깃(예측 목표)인 time_to_failure는 예측해야 하는 부분이므로 값이 주어지지 않기 때문에 acoustic_data의 1열만으로 데이터가 되어 있습니다.

2624개 각 데이터에 대해 몇 초 후 지진이 발생할지 예측하여 제출합니다. 공개 리더보드의 점수는 테스트 데이터의 13%를 사용한 결과이며, 비공개 리더보드의 점수는 테스트 데이터의 87%로 계산한 결과입니다.

▼ 그림 A-5 테스트 데이터

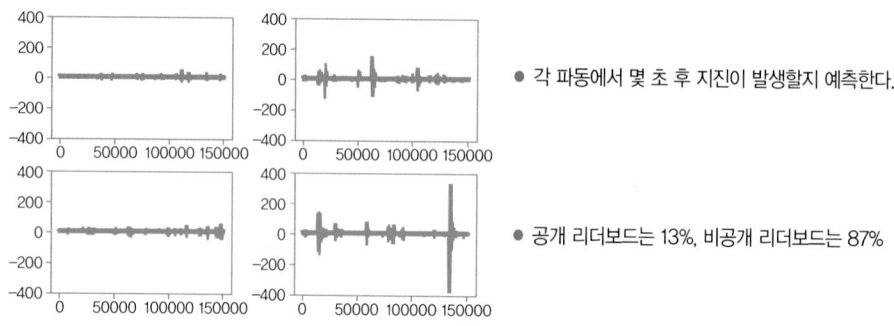

A.3.4 학습 방법

지금부터는 '어떻게 학습했는지' 설명하겠습니다. 학습 데이터에는 데이터가 6억 행이 있었는데, 그것을 테스트 데이터와 똑같이 15만 행마다 분할해서 특징 값을 뽑고 학습했습니다.

예를 들어 처음부터 15만 행마다 분할하여 각각의 최댓값(max), 최솟값(min), 평균(mean), 표준 편차(std) 등 특징 값을 네 개 뽑아 LightGBM으로 학습할 수 있었습니다. 그 결과 feature importance의 표준 편차가 중요해지면서 공개 리더보드의 점수가 1.794가 되었습니다(그림 A-6).

❤ 그림 A-6 학습 방법

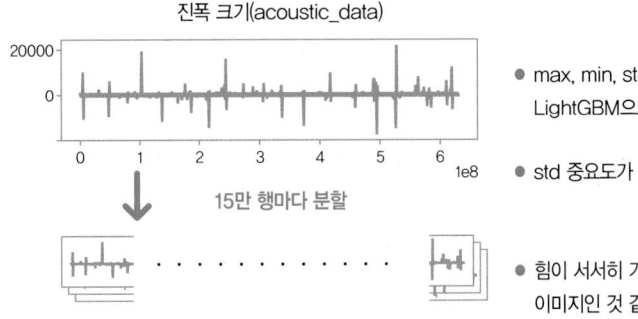

학습 방법 예

진폭 크기(acoustic_data)

15만 행마다 분할

- max, min, std, mean 등 특징 값 네 개를 LightGBM으로 학습한 Public Leaderboard: 1.794

- std 중요도가 높음

- 힘이 서서히 가해져 소리가 점점 커지는 이미지인 것 같음

A.3.5 상위 입상 열쇠

상위 입상 열쇠는 대회를 위해 사용한 데이터가 경진대회 개최자의 논문 데이터에도 사용되었다는 점을 알게 된 것입니다.

개최자 논문을 참고해서 리더보드 프로빙(leaderboard probing)[4]으로 테스트 데이터의 공개 리더보드 최댓값이나 평균값을 알 수 있었습니다. 또 이것으로 테스트 데이터의 공개 리더보드 부분과 비공개 리더보드 부분이 어디쯤인지 추측할 수 있었습니다. 그 추측 결과를 잘 활용하여 상위를 차지했다고 생각합니다.

A.3.6 리더보드 프로빙

리더보드 프로빙(그림 A-7)은 캐글의 Discussion[5]에서 논의되었습니다.

테스트 데이터의 예측 값을 All0(모두 0으로 바꾸어 제출한다는 의미)으로 제출하면 공개 리더보드의 점수가 4.017이 되고, 공개 리더보드의 타깃 평균값은 4.017이 됩니다.

---

4 공개 리더보드의 점수를 참고로, 공개 리더보드 계산에 사용되는 테스트 데이터 정보나 평가 지표 파라미터 등을 얻는 방법입니다.

5 https://www.kaggle.com/c/LANL-Earthquake-Prediction/discussion/91583

마찬가지로 All11, All10, All9를 제출하면서 공개 리더보드의 타깃 최댓값을 찾았습니다. All11의 점수 6.982와 All10의 점수 5.982 차이는 1인데, All10의 점수 5.982와 All9의 점수 5.017 차이는 1보다 작으므로 All10과 All9 사이에 최댓값이 있음을 알 수 있습니다.

리더보드 프로빙에서 얻은 공개 리더보드의 평균값과 최댓값 정보는 나중에 다시 사용하므로 기억하기 바랍니다.

❤ 그림 A-7 리더보드 프로빙

리더보드 프로빙

Discussion: https://www.kaggle.com/c/LANL-Earthquake-Prediction/discussion/91583

$$\frac{\Sigma_1^n |y_i - pred_i|}{n}$$

평가 지표 MAE

- All0으로 제출 → Public Leaderboard 4.017
  → Public Leaderboard 타깃의 평균값은 4.017

- All11로 제출 → Public Leaderboard 6.982
  All10으로 제출 → Public Leaderboard 5.982
  All9로 제출 → Public Leaderboard 5.017
  → Public Leaderboard 타깃의 최댓값은 All9~All10 사이

A.3.7 점수 변화

개최 기간이 약 6개월로 긴 경진대회였지만, 저는 경진대회 종료 1개월 정도 전인 4월 29일부터 참가했습니다. 그림 A-8은 참여 기간의 점수 변화입니다. 조금씩 공개 리더보드의 점수를 개선한 후 마지막으로 비공개 리더보드의 점수를 개선했습니다.

❤ 그림 A-8 점수 변화

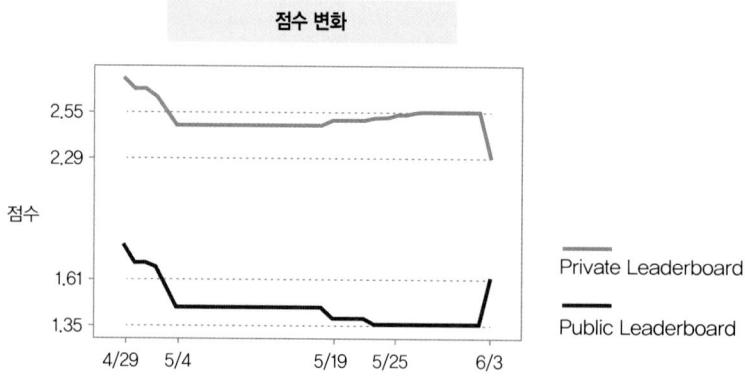

점수 변화

점수

Private Leaderboard
Public Leaderboard

2.55
2.29
1.61
1.35

4/29 5/4   5/19 5/25   6/3

A.3.8 공개 리더보드의 베스트 모델

여기서는 공개 리더보드가 80위 정도까지 올랐을 때 사용한 방법을 설명하겠습니다(그림 A-9). 우선 학습 데이터에서 2만 4000개를 랜덤으로 선택하고, 거기서 각각 15만 개 데이터를 1 그룹으로 만들어 특징 값을 작성했습니다.

특징 값은 공개된 노트북을 참고하여 2000개 정도 만들었습니다. 교차 검증 분할은 각 지진을 한 그룹으로 하는 Group KFold를 사용했습니다.

XGBoost를 이용하여 Discussion에서 공유하던 '타깃을 제곱근으로 변환하여 학습 및 예측하는 방법'을 적용해 보니 공개 리더보드의 점수가 개선되었습니다. 반면 LightGBM이나 CatBoost는 좋은 점수가 나오지 않았습니다.

▼ 그림 A-9 공개 리더보드의 베스트 모델

Public Leaderboard의 베스트 모델

Public Leaderboard: 80위   1.35003   96

- 2만 4000개를 랜덤으로 선택하여 이를 기점으로 학습 데이터의 특징 값 작성
- 노트북을 참고하여 2000개 정도의 특징 값 작성
- Group KFold
- XGBoost
- 타깃의 제곱근으로 변환하여 학습하는 방법 사용
- LightGBM, CatBoost는 좋은 점수가 나오지 않음

A.3.9 개최자 논문

9일 남은 시점에서 동료와 팀을 병합했습니다. 병합 후 둘이 의논하다가 아주 중요한 Discussion이 있다는 것을 알게 되었습니다. Are data from p4677?[6]이라는 Discussion에서 개최자가 쓴 논문에 사용한 데이터인 p4677을 활발하게 논의하고 있었습니다.

논문 내용은 재미있었습니다. 논문에서는 "어떤 데이터가 지진 발생 몇 초 후 데이터인지는 0.95 정도의 정확도로 예측할 수 있었다(그림 A-10의 Time since failure(s) 참고).", "어떤 데이터가 지진 발생 몇 초 전 데이터인지 예측하기는 어려웠다(그림 A-10의 Time to failure(s) 참고)."라고 설명하고 있었습니다.

---

6 https://www.kaggle.com/c/LANL-Earthquake-Prediction/discussion/90664

개최자가 이번 경진대회에서 하고 싶었던 것은 후자에 해당하는 '지진 발생 몇 초 전 데이터인지를 예측하는' 것이었습니다.

그림 A-10의 Time since failure(s) 부분의 오른쪽 그림은 x축이 정답 데이터, y축이 예측 데이터인 그래프입니다. 지진 발생 직후에는 높은 정밀도로 예측할 수 있었음을 알 수 있습니다.

❤ 그림 A-10 개최자 논문

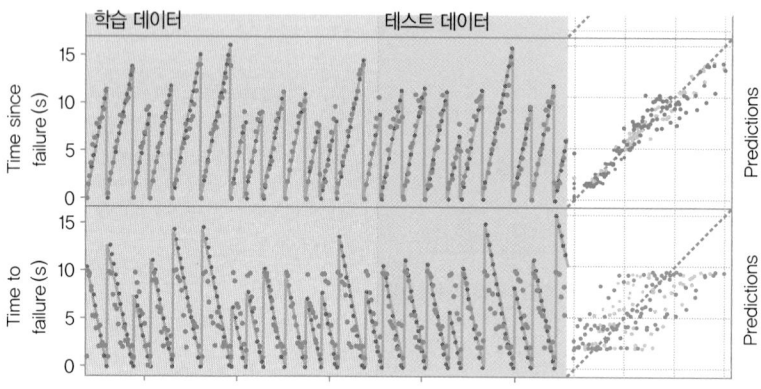

A.3.10 논문에 사용한 데이터와 대회 데이터는 동일한가?

Discussion에서는 '개최자가 발표한 논문[7]에 사용된 데이터와 대회에서 사용되는 데이터가 같은가'라는 논의가 있었고, 우리 팀도 동일한지 검토했습니다.

그림 A-11의 위쪽 그래프는 경진대회의 데이터를, 아래쪽은 개최자의 논문 데이터를 배열해 놓은 것입니다. 상당히 비슷하게 생겼지만 조금 달랐습니다. 경진대회 데이터의 5~6번째로 솟아오른 부분이 개최자의 논문 데이터와 다르고, 학습 데이터 범위도 대회 데이터 쪽이 더 길었습니다.

하지만 다른 부분들은 완전히 일치해서 '개최자 논문의 데이터와 경진대회 데이터는 같다'는 가정 하에 경진대회를 진행하기로 했습니다.

---

7 https://arxiv.org/pdf/1810.11539.pdf

테스트 데이터를 논문 데이터라고 가정하면서 테스트 데이터의 2624개가 가정한 테스트 데이터의 어느 부분에 대응하는지 힌트를 조금이라도 찾기만 하면, 좋은 예측을 할 수 있을 것 같았습니다. 하지만 이런 분포를 알고 있다 해도 그다음에 무엇을 하면 좋은 예측이 가능할지는 여전히 알기 어려웠습니다.

❤ 그림 A-11 경진대회의 데이터(위쪽), 개최자의 논문 데이터(아래쪽)

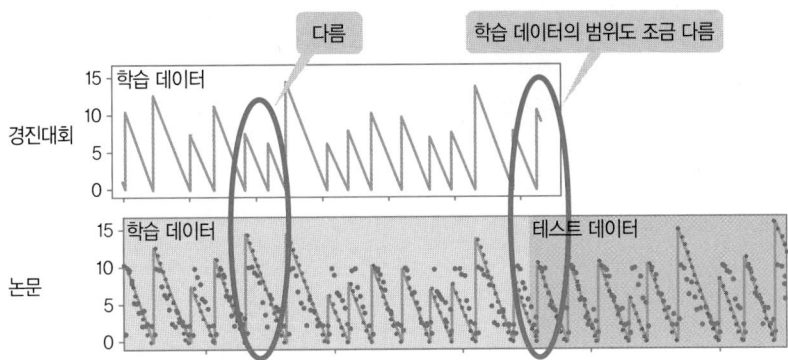

A.3.11 개최자의 논문 정보와 리더보드 프로빙 정보를 조합하다

여기서 공개 리더보드의 데이터가 13%고 비공개 리더보드의 데이터가 87%라는 것, 그리고 리더보드 프로빙으로 얻은 공개 리더보드의 타깃 평균값이 4.017, 공개 리더보드의 타깃 최댓값이 9에서 10 사이에 있으므로 공개 리더보드를 계산하는 데 사용되는 데이터 위치를 알아낼 수 있을 것 같다고 생각했습니다.

공개 리더보드의 타깃 평균값은 4.017이지만, 테스트 데이터에서 랜덤하게 13%를 추출하여 4.017이 될 확률은 매우 낮습니다. 따라서 공개 리더보드와 비공개 리더보드의 데이터는 랜덤하게 선택된 것이 아니라 각각 연속되는 부분이 아닐까 하고 추측했습니다.

그러나 리더보드 프로빙에서 얻은 정보인 "공개 리더보드의 타깃 평균값은 4.017이고, 최댓값은 9~10"이라는 조건을 만족시키는 곳은 어디에도 없었습니다. 하지만 양 끝이 공개 리더보드의 데이터라고 가정하면 조건을 만족시키는 분할을 할 수 있기 때문에 '양 끝이 공개 리더보드의 데이터가 아닌가' 하는 가설을 세웠습니다. 구체적으로는 그림 A-12의 굵은 선 부분입니다.

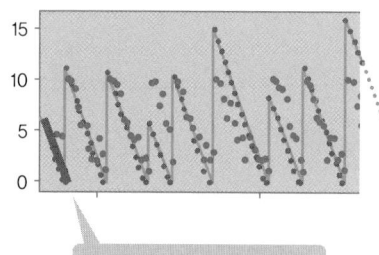

❤ 그림 A-12 리더보드 프로빙에 대한 Discussion

리더보드 프로빙에 대한 Discussion

테스트 데이터의 타깃

- 공개 리더보드에 사용되는 데이터는 랜덤 추출이 아닌데, 랜덤 추출의 평균이 5 미만이 될 확률은 낮기 때문이다.
- 공개 리더보드에 사용되는 부분이 연결될 경우 리더보드 프로빙에서 얻은 조건을 충족하지 못한다.

양 끝이 공개 리더보드라면 모든 조건을 만족할 것 같다.

다른 후보도 없기 때문에 이를 믿고 모델링

이 가설을 확인하고자 여기가 공개 리더보드의 데이터일 것이라는 가정하에 예측을 진행하여 몇 차례 제출했지만, 최고 점수를 갱신하지는 못했습니다.

하지만 다른 후보도 없는 상태였으므로 이 가설을 믿고 모델링하기로 했습니다. 구체적으로는 굵은 선 부분이 공개 리더보드의 데이터고, 그 사이 부분이 비공개 리더보드의 데이터라고 가정하여 비공개 리더보드의 점수가 최고가 되도록 타깃을 예측했습니다.

이를 위해 어떤 방법을 쓰면 좋을지 고민한 끝에 생각해 낸 방안은 다음 두 가지입니다.

- **1안**: 학습 데이터를 비공개 리더보드의 데이터에 가깝도록 샘플링합니다.
- **2안**: 학습 데이터의 타깃을 조정합니다.

저는 직감적으로 2안이 잘될 것 같았고, 이에 2안부터 시도하기로 했습니다.

이는 비공개 리더보드의 데이터는 지진 발생부터 다음 지진까지가 10초 이상인 것이 많고, 개최자 논문에서 지진 발생 후 초는 비교적 정확히 예측되었다고 나와 있었기 때문입니다.

학습과 예측 흐름이 그림 A-13에 나와 있습니다. 학습 데이터의 타깃을 조정하고자 지진 발생 후 다음 지진까지 초 수를 10으로 변환했습니다. 그러면 지진 발생부터 1초 후 데이터에서는 타깃이 9, 2초 후 데이터에서는 타깃이 8과 같이 됩니다. 그래서 테스트 데이터에 대해 굵은 선처럼 예측할 수만 있다면 비공개 리더보드의 점수가 더 좋아질 것으로 가정했습니다.

▼ 그림 A-13 학습과 예측 흐름

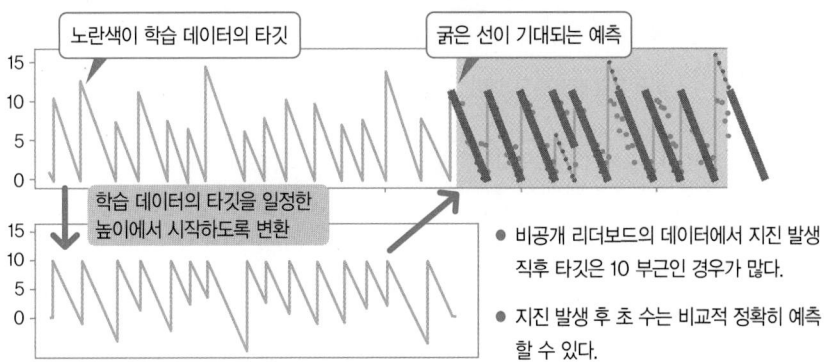

이 검증 데이터셋을 바탕으로 여러 학습 데이터의 타깃을 조정하는 방법을 시험해 보고, 검증 점수가 제일 높은 방법을 채택하기로 했습니다.

그래서 그림 A-14와 같이 3분할하는 검증 데이터셋을 만들어 교차 검증을 했습니다. 검증 데이터셋에 이용되지 않은 부분은 지진의 규모가 작은 것 같아 제외했습니다. 테스트 데이터셋과 가까운 데이터를 검증 데이터셋에 포함시키는 것이 좋았을지, 아니면 더 좋은 검증 방법이 있었을지 여전히 고민하게 됩니다.

▼ 그림 A-14 3분할 검증 데이터셋의 작성

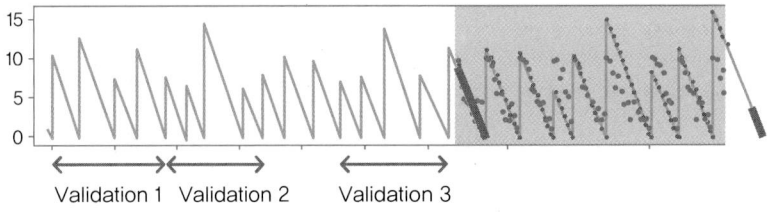

검증 데이터셋의 작성

- 검증 데이터셋을 세 개 만들고 교차 검증
- 검증 데이터셋에 사용하지 않은 부분은 미니 지진이 발생할 것 같아 제외된 부분
- 나중에 생각해 보니 테스트 데이터와 가까운 데이터를 검증 데이터셋으로 활용하는 편이 더 좋지 않았을까 싶기도 하다.

이런 방식으로 타깃 조정 방법을 모색했다.

이 검증 데이터셋을 바탕으로 여러 학습 데이터의 타깃을 조정하는 방법을 시험해 보고, 검증 점수가 제일 높은 방법을 채택하기로 했습니다.

최종 모델에서 좀 더 나은 교차 검증 점수를 받았으므로, 그림 A-15와 같이 일정한 높이에서 다음 지진이 발생하는 시각을 향해 선을 긋고 면적이 최소가 되는 높이(그림 A-15의 h)를 결정하는 방

313

법으로 하고 있습니다. 이렇게 학습 데이터의 타깃을 수정하여 LightGBM으로 학습 및 예측을 한 결과, 저희 팀이 3위를 차지했습니다.

▼ 그림 A-15 3분할 검증 데이터셋을 이용한 모델

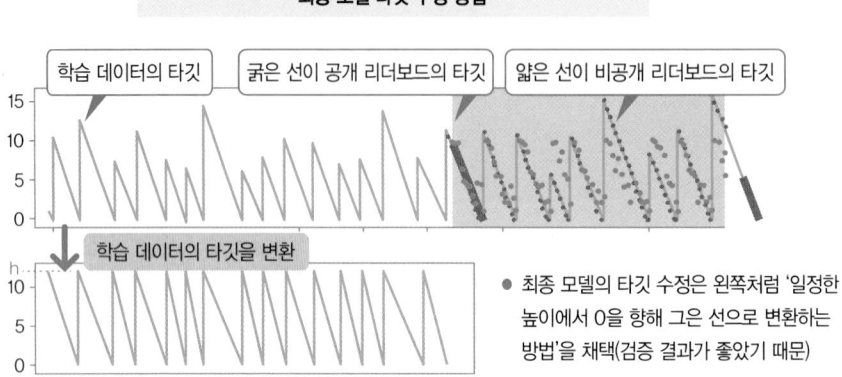

여기까지 되돌아보면, 결국 팀을 병합하여 데이터 누설이나 리더보드 프로빙의 Discussion을 논의하고, 여러 가지로 다르게 생각했던 것이 도움이 된 것 같습니다. 개최자 논문의 데이터를 경진대회에서도 사용한다는 정보도 유용했고요. 저는 이런 모든 것을 전제로 승부하는 것이 상당히 즐거웠습니다.

생각해 보니 최종 모델은 양쪽 모두 LightGBM을 주로 사용했는데, XGBoost나 CatBoost 등 다른 모델도 활용하는 편이 안전할 것 같습니다.

지진 예측 경진대회 발표는 이것으로 마치겠습니다. 이 자리에 1등 팀, 2등 팀도 있는데, 제가 이런 발표를 해서 죄송하네요. 제가 할 수 있었던 전업 캐글러 이야기와 지진 경진대회 3위를 차지한 이야기를 나누어 보았습니다. 고맙습니다.

국내 캐글 그랜드 마스터 인터뷰: 이유한

부록 B는 유튜브 조코딩 채널에서 캐글 그랜드마스터 이유한 님과 진행한 인터뷰 내용입니다.

B.1 인터뷰 소개

B.2 인터뷰 내용

B.1 인터뷰 소개

캐글 그랜드마스터 이유한 님의 인터뷰로 기억에 남는 캐글 대회, 그랜드마스터가 되는 방법, 추천할 만한 강의나 책, 캐글 공부 노하우 등을 알아보겠습니다.

B.2 인터뷰 내용

간단한 자기 소개 부탁드립니다.

안녕하세요. 이유한입니다. 현재 카카오브레인(kakaobrain)에서 인공지능을 연구하고 기획하고 서비스를 제공하는 일을 맡고 있습니다.

지금 이직하신 곳이 카카오브레인이고, 이전에 계셨던 곳은 어디인지 알 수 있을까요?

한국원자력연구원에 있었어요.

한국원자력연구원에서는 어떤 일을 하셨나요?

인공지능 기술 중에 이상 징후 감지라는 기술이 있는데, 진짜 이상한 징후를 미리 감지하는 거예요. 그래서 이런 기술을 가지고 안전한 원자력을 위해 연구하기도 했고, 이외에도 시각 정보와 언어적 정보를 합쳐서 어떤 질문에 대답하는 시스템도 연구했어요.

카카오브레인에서는 어떤 업무를 하시나요?

사실 이제 2일차라서, 인공지능을 만들 때 우리가 데이터를 주고 인공지능이 학습하잖아요. 사실 학습을 어떻게 하느냐가 진짜 중요한 부분이에요. 그래서 이런 부분을 좀 더 깊게 연구할 것 같아요.

현재 하고 계신 분야가 인공지능 리서치 쪽인데, 그 분야가 굉장히 다양하다고 들었어요. 데이터 사이언티스트, 데이터 엔지니어, 리서치 이렇게 나뉘는 기준은 무엇인가요?

참 좋은 질문이면서 어려운 질문이네요. 이것이 나누기가 어려운데 사실 회사마다 조금씩 다르기도 해요. 그리고 외국과 한국이 다르기도 하고요.

리서치와 프로덕트가 있으면 그것으로 좀 나뉘는 것 같고, 그다음에는 코딩을 얼마나 하느냐 이런 것으로 나누기도 하는 것 같아요. 그래서 리서치를 하는 사이언티스트는 말 그대로 인공지능의 학습 방법이나 모델 개발, 어떤 문제가 생겼을 때 해결하는 방법을 좀 더 연구적으로 한다고 이야기할 수 있을 것 같아요.

그리고 엔지니어는 좀 더 프로덕트 측면에서 다가가는 경향이 있어요. 리서치 엔지니어도 있고, 데이터 엔지니어도 있어요. 사실 데이터 사이언티스트는 굉장히 방대해요. 어떻게 보면 데이터 애널리스트의 일을 하기도 하고, 리서치 부분도 하고, 프로덕트에 기여하기도 해요. 다양한 일을 하기 때문에 데이터 사이언티스트나 리서치, 이렇게 딱딱 나눌 수는 없는 것 같아요. 그런데 기업들의 채용 공고에서 요구하는 것을 보면 어느 정도 카테고리가 나누어지기는 해요. 그것도 한번 참고하면 좋을 것 같아요.

인공지능 리서치 사이언티스트의 업무 라이프 스타일은 어떤가요?

전 직장에서는 시간과 공간 제약이 없어 굉장히 유연하게 일했어요. 사실 연구는 시간과 공간 제약을 뛰어넘는 일이라고 생각해요. 예를 들어 제가 운전하면서 머릿속으로 연구를 생각할 수 있잖아요. 사실 이런 것도 연구의 일환이죠. 그리고 다른 일을 할 때도 갑자기 뭔가 떠오를 수 있잖아요. 그래서 연구는 굉장히 유연하다고 말씀드릴 수 있어요.

리서치 사이언티스트만의 장점은 무엇인가요?

일단 학습이니까 인공지능을 학습시키고 조금 기다려야 되잖아요. 그런 막간의 여유랄까요? 이런 깨알 같은 여유가 있어요.

인공지능을 학습시키는 데 보통 얼마나 걸리나요?

다양해요. 사실 모델이 작으면 진짜 몇 초만에 끝나기도 하고, 크면 며칠이 걸리기도 해요.

정해진 시간은 없지만 끊임없이 생각해야 하니까 엄청 힘든 직업일 수 있겠네요.

그렇죠. 이제는 일 중심이죠. 이 문제를 풀어낼 때까지 수단과 방법, 시간까지도 가리지 않고 해야 되는 것 같아요.

현재 데이터 사이언스나 인공지능 분야의 수요는 어떤가요?

엄청나죠. 링크드인(구인구직 플랫폼) 같은 사이트만 보아도 이런 직군에 대한 내용이 엄청 많이 올라와요.

데이터 사이언스로 가려면 무조건 석·박사 이상은 해야 하나요?

실력만 있으면 어디든 갈 수 있어요. 이것은 확실한데, 보통 학위 과정이면 결국 연구를 하는 거잖아요. 그래서 본인이 연구 직군에 가고 싶다면 최소한 연구 경험은 있어야 된다고 봐요. 이 같은 질문을 받을 때면 저는 오히려 무엇을 하고 싶으냐고 되물어요.

본인이 인공지능 분야로 좋은 논문을 쓰고 싶다거나 새로운 모델이나 방법론을 만들고 싶다면 차라리 학위를 따는 것이 낫고, 실제로 개발을 해서 뭔가를 하고 싶거나 엔지니어링 쪽이 더 좋다고 하면 학위를 따지 않고 바로 하는 게 더 나을 수도 있어요.

무엇을 하고 싶은지 먼저 찾는 것이 제일 중요해요.

인공지능 분야의 수요가 많아지면서 비전공자들도 이쪽으로 많이 전환하려고 해요. 비전공자는 어떻게 준비하면 좋을까요?

일단 '비전공자'라는 말 자체를 고쳐야 될 것 같아요. 보통은 컴퓨터 전산학과 출신이 아닌 분들이 이런 이야기를 하는데, 사실 저도 화학공학자 출신이에요. 그럼 전 비전공자인가요? 저 화공과로 박사 학위를 땄는데, 그래도 비전공자는 아니잖아요.

이렇게 말하는 이유는 대다수가 내가 전에 배웠던 것을 버려야 한다고 생각하시더라고요. 인공지능은 IT 기업이 선두해 나가지만, 사실 인공지능은 산업 전반에 다 걸쳐 있어요. 그래서 본인의 전공과 인공지능을 합칠 수 있죠.

사실 해 보니까 인공지능이라고 해서 인공지능만 배우는 것이 아니더라고요. 개발은 컴퓨터로 하는 것이니까 결국에는 리눅스나 배시 등 전반적인 IT 지식이 필요해요.

비전공자가 인공지능 분야를 전공하려면 시간이 어느 정도 걸리나요?

최소 반년은 필요한 것 같아요. 제가 인공지능을 제대로 공부한 지가 이제 4년째예요. 저도 그 기간이 굉장히 길었고, 그 기간에는 정말 열심히 했어요. 그렇기 때문에 커리어 전환이 결코 쉽지는 않았어요. 단기간에, 몇 주만에 마스터할 수 있다는 진짜 아닌 것 같아요. 다만 굉장히 집중해서 공부해야 해요.

인공지능 분야는 통계학적 수학 지식도 중요할 것 같은데, 수학과 코딩 중에서 어떤 것이 더 중요한가요?

다 중요해요. 다 중요한데 여기서도 본인이 무엇을 하느냐에 따라 달라져요. 이 분야에서 굉장히 유명한 벤 다이어그램이 있어요. 도메인 지식-컴퓨터 지식-수학 지식이 있는데요. 이 세 개를 다 채운 사람은 극히 일부예요. 세 개를 다 공부하는 것은 진짜 어렵고요. 스스로 보았을 때 채우고 싶은 것을 먼저 채우면 좋을 것 같아요. 그렇지만 결국에는 이 세 개를 다 해야 해요. 언젠가는 무조건 만나니 피할 수 없어요.

캐글 코리아 커뮤니티 활동하면서 완전 문과 출신인 분들이 몇 개월 동안 정말 열심히 준비하여 대회에서 메달을 따시는 것도 보았어요. 그런데 이런 분들이 소수는 아니에요. 그러니 수학이나 코딩을 모른다고 해도 아예 불가능한 일은 아니죠.

이외에도 필요한 역량이 있을까요?

하나만 뽑자면 커뮤니케이션인 것 같아요. 한 프로젝트에 여러 직군의 사람이 모여서 하다 보니 서로 간 의사소통이 핵심이더라고요.

준비하시는 분들에게 추천할 만한 책이나 공부 노하우가 있나요?

제 공부 스타일은 헤드 퍼스트고, 쉽고 빠르게 반복해서 공부해요. 입문서를 여러 번 보고 내용을 이해했다면 좀 더 어려운 책을 보아요. 이렇게 서너 번 정도 하면 자신감이 좀 붙어요. 그런데 책만 읽으면 안 되고 실습도 꼭 병행해야 해요. 여기서 말하는 실습은 자신만의 프로젝트인데요, 저는 캐글 대회를 했어요. 쉬운 것부터 공부하되 이론과 실습을 최대한 같이 해야 가장 효율적이더라고요.

추천할 만한 강의나 책이 있으면 소개해 주세요.

강의로는 김성훈 교수님의 "모두를 위한 딥러닝"을 추천하고요. 책은 〈파이썬 라이브러리를 활용한 머신 러닝〉을 추천해요. 이 책은 입문서인데 내용이 방대하고 알찼어요. 한번 보고 나면 다음에 무엇을 해야 할지 알 수 있어요.

다음에는 본인이 선택해야 해요. 딥러닝 분야라고 한다면 딥러닝 책을 보는 것이죠. 딥러닝 책은 사실 엄청 많아요. 〈핸즈온 머신러닝〉, 〈케라스 창시자에게 배우는 딥러닝〉 등 진짜 많거든요. 여기서 선택 기준은 자기가 어떤 프레임워크를 쓸 것인지예요. 텐서플로, 파이토치를 쓸 것이냐에 따라 나뉠 것 같아요. 데이터 분야에서 더 공부하고 싶다면 데이터 엔지니어링으로 들어가야 하니까 데이터베이스 SQL을 공부하겠죠. 그런데 저는 이쪽은 깊게 모르겠어요. 이 분야는 루트들이 잘 정리된 다른 분들의 블로그 등을 참고하면 좋을 것 같아요.

머신 러닝과 딥러닝의 차이점은 무엇인가요?

간단하게 말해서 머신 러닝이라는 큰 동그라미가 있다면 딥러닝은 그 안에 들어가 있다고 보면 되어요. 예전에는 기계가 행위를 할 때 우리가 if 문 같은 조건을 다 입력했어요. 그런데 그렇게 불필요하게 하지 말고 진짜 학습으로 만들어지게 하는 방식이 머신 러닝이라고 보면 될 것 같아요. 데이터를 기반으로 학습시키고 그 안에서 무언가를 찾아가는 거죠. 그런데 여기서 어떻게 찾아갈 것이냐가 문제예요. 조금 더 다양하고 유연한 방법으로 찾아야 하는데, 이 방법들이 알고리즘적인 거예요. 그런 방법 중 하나가 ANN(Artificial Neural Network)인데, 인간 뉴런들의 반응을 활용해서 만드는 알고리즘이에요. 딥러닝은 이런 알고리즘이 깊어진 것이라고 볼 수 있어요.

이제 캐글을 이야기해 보죠. 캐글 그랜드마스터로서 캐글을 굉장히 잘 아실 것 같아요. 캐글을 모르는 분들에게 캐글 소개 좀 부탁드려요.

캐글은 데이터를 활용한 게임이에요. 게임인데 랭킹 시스템이죠. 머신 러닝 대회 중계 플랫폼으로, 대회를 대신 열어 주는 회사예요. 2010년에 설립했는데 2017년에 구글이 인수했어요.

캐글에는 여러 요소가 있지만, 가장 꽃이라고 할 수 있는 것은 바로 대회죠. 좀 더 자세히 말하면 컴퍼티션인데요. 기업에서 데이터와 상금, 프라이즈를 주고, 데이터를 가지고 문제를 내죠. 이 문제를 잘 풀 수 있는 인공지능을 만드는 대회예요. 그래서 가장 잘 만든 사람에게 프라이즈를 주는 거죠.

한국에서 그랜드마스터는 4명밖에 없는 건가요?

네, 4명이에요.

전 세계 0.1%, 대한민국에서 4명. 정말 대단하네요.

0.1%라고 하시는데, 그 기준을 말씀드릴게요. 캐글에 가입한 사람은 500만 명인데 한 번이라도 대회에 참여하면 랭킹 점수를 딸 수 있어요. 그런 사람들이 15만 명 정도가 되어요. 제가 그 15만 명에서 60 몇 등이라서 사람들이 0.1%라고 하시는 것 같아요. 사실 부담스럽기도 해요.

그랜드마스터가 되려면 어떤 조건들을 만족해야 하나요?

한 대회가 끝나면 랭킹별로 점수를 주어요. 등수마다 메달을 퍼센트로 지급하는데, 전체 참여자 중에서 1% 안에 들면 금메달을 수여해요. 그랜드마스터를 따려면 금메달이 총 다섯 개가 필요해요. 이 중에서 '솔로 금메달'은 최소 한 개는 꼭 있어야 해요. 캐글은 혼자 할 수도 있고 팀으로도 할 수 있는데, 혼자 해서 딴 금메달이 '솔로 금메달'이에요.

수상한 대회도 많으실 것 같아요. 대표적으로 어떤 문제들이 있었고, 그중 기억에 남는 대회가 있나요?

우선 첫 번째 금메달을 딴 대회가 기억나요. 분자 특성을 예측하는 대회였어요. 화공 전공을 살려서 첫 번째 금메달을 땄고, 3등을 했어요. 그 대회 이후에 연달아 금메달을 세 개 땄어요.

두 번째는 솔로 금메달을 딴 대회였고, 그때 금메달을 따고 울었어요.

그다음은 2020년 10월 코로나 백신 관련 대회인데요. mRNA 백신 관련 이슈가 많았잖아요. mRNA 백신은 쉽게 붕괴된다는 단점이 있어 보관이 매우 중요해요. 인공지능으로 성능이 좋고 잘 붕괴되지도 않는 백신을 찾으면 좋잖아요. 이것을 하는 대회였고, 이때 솔로 금메달을 땄어요. 진짜 힘들게 밤새워 준비했던, 고생했던 것이 생각나서 울었어요.

그럼 그때 제출했던 모델이 실제 백신을 만드는 아스트라제네카나 화이자 같은 회사에서 직접 사용되는 것인가요?

사실은 잘 모르겠어요. 그 대회를 주최한 곳이 스탠포드대학교의 다스랩이었어요. 이 대회는 리서치로 분류되는 대회였어요. 전 세계 데이터를 좋아하는 사람들이 한 달 동안 밤을 새면서 문제를 풀어요. 클라우드 기반의 연구 리서치라고 해야 할까요. 이때 나왔던 방법론들이 모두 공개가 되는데, 이런 연구들이 많이 있으니까 제약 회사에서 충분히 참고하지 않았을까 생각해요.

그런데 사실 잘 모르겠어요. 그렇지만 충분히 의미 있었고 개인적으로는 대회가 끝나도 계속 관심을 가지고 있어요. 그리고 주최 측에서 그쪽으로 관련해서 더 연구를 진행한다고 들었어요.

어떻게 보면 유한 님께서 코로나 바이러스 종식에 큰 역할을 하셨다고 이야기할 수도 있겠네요.

진짜 이렇게 말씀해 주시니까 정말 고맙네요. 벅차고 감동적이에요. 작년에 결혼했는데 코로나 때문에 마음 고생이 많았어요. 그래서 대회가 열렸을 때 내가 이것을 해야겠다고 마음먹었고, 또 3년 동안 인공지능을 공부했는데 의미 있는 곳에 이바지하는 것이 맞다고 생각했어요. 굉장히 보람찼던 대회였고, 아내도 매우 기뻐했어요. 칭찬도 해 주었고요.

공부한 것으로 의미 있는 일을 할 수 있어서 정말 보람찼어요

캐글 대회에서 우승하면 상금도 있다고 하던데, 상금은 얼마나 되나요?

대회마다 다른데, 큰 대회는 50만 달러예요. 한화로 약 6억 정도예요. 이렇게 큰 대회도 있고, 보통은 총 상금이 2만 5000~3만 달러 정도예요.

유한 님께서 받은 상금은 어느 정도일까요?

저는 3등을 두 번 했고, 두 번 했을 때가 5명이 팀을 이루어서 했어요. 상금을 1/5로 나누어서 액수는 좀 작았지만, 상금으로 기숙사비를 내고 노트북까지 샀어요.

대회에서 우승하면 스카우트 제의도 많이 오나요?

네, 진짜 많이 와요. 대회에서 단독 우승을 했다고 하면 엄청 오죠.

스카우트 제의가 왔을 때 연봉은 어느 정도예요?

누구나 알 수 있는 정보로 말씀 드리면 몇만 후반에서 10만 달러 정도예요.

캐글 입문자들이 무엇을 하면 좋을까요?

머신 러닝 대회이기 때문에 머신 러닝을 익히고 난 후 캐글에 도전하는 것이 수월하다고 생각해요. 그래서 기본서를 충분히 읽은 후 도전하면 좋아요. 캐글에는 타이타닉 대회 같은 튜토리얼 대회가 있어요. 사실 튜토리얼 대회만 하면 누구나 다 할 수 있어요. 그런데 실제 대회 수준은 진짜 어려워요. 실전 대회를 도전해야 실력이 늘거든요. 튜토리얼로 짧게 집중해서 한 후 실전 대회에 참여하면 내가 부족한 부분을 알게 되고, 랭킹으로 철저히 내 위치를 알 수 있죠.

캐글에 도전하고 수상하기까지 어느 정도 시간이 걸렸나요?

대략 7~8개월 정도인 것 같아요.

캐글 코리아 운영진인데, 캐글 코리아와 어떤 활동을 하는지 소개해 주세요.

비영리 페이스북 커뮤니티예요. 이름에 대해 말씀 드리고 싶은데, 캐글의 한국 지사는 아니에요. 캐글 본사에 우리 그룹을 이야기하고 이름을 사용해도 되느냐고 문의했어요. 수익을 창출하지 않는다는 조건으로 승인을 해서 이름을 사용하고 있어요. 캐글은 머신 러닝, 딥러닝 다 다루기 때문에 이런 주제를 모두 포함하는 단체이면서 비영리 단체예요.

캐글 코리아에서 주로 어떤 활동을 하시나요?

스터디 슬로건을 많이 밀었어요. 그래서 캐글 스터디를 했었고, 한창 때는 스터디 그룹을 23개까지 운영했어요. 구글 코리아와 같이 대회를 열기도 했고요. 지금 시기에는 오프라인 활동은 못 하니까 조금 힘드네요. 그래도 현재 할 수 있을 만한 것을 운영진과 논의하고 있어요.

캐글 코리아 가입은 어떻게 하나요?

캐글 코리아를 검색해서 가입하면 됩니다. 가입 신청하면 운영진이 승인해요.

캐글 코리아 자격 조건이 있나요?

자격 조건은 따로 없고, 누구나 다 가입할 수 있어요. 아! 물론 인터넷이 되어야 합니다.

인공지능을 하려면 컴퓨터가 고사양이어야 할 것 같은데 맞나요?

네. 컴퓨터로 하니까 아무래도 그렇죠. 저는 개인 컴퓨터는 잘 안 쓰고, 회사 서버를 주로 썼어요. 연구실을 다녔을 때는 공부 목적으로 연구실 컴퓨터를 사용했었고요. 회사 서버 컴퓨터는 다 고사양으로, 연산용 코어로 구성된 것들이었어요. 데스크톱용이라고 하더라도 고사양을 사용했어요. 딥러닝 모델을 만들려면 GPU 연산이 필요하기 때문에 좋은 GPU가 필요해요. 1080Ti, 회사 서버에는 엔비디아나 V100 제품을 사용했어요.

인공지능 분야를 공부하고 싶은데 그래픽 카드가 비싸서 조금 부담되는 분들도 계실 것 같아요. 이런 분들을 위한 다른 대안이 있을까요?

대안이 있죠. 정말 너무 좋은 질문이에요. 우선 NIA(한국지능정보사회진흥원), nipa(정보통신산업진흥원) 같은 정부 기관 등에서 장비를 대여해 주는 사업이 있어요. 물론 절차와 신청서가 필요해요.

다음으로는 구글 코랩(Google Colab)이 있어요. 한 달에 1만 원 정도 결제하면 계속 사용할 수 있을 거예요. 결제하지 않고 그냥 사용하면 런타임이 있어서 끊어야 하는데, 유료 요금제를 사용하면 좋다고 들었어요. 그래서 코랩도 추천해요.

인공지능을 학습하는 데 충분한 정도인가요?

사실 더 있으면 좋기는 한데요. 이것을 이겨 버린 한국인이 있어요. 최근에 끝난 뤼이디 대회나 작년 랜드마크 대회에서 1등을 한 분인데, 그분은 뤼이디 대회 때 순수 코랩 하나로 하셨더라고요. 저는 그분을 보고 반성했어요. 장비가 많아야 된다고 생각했었거든요. 사실 장비가 많아야 여러 시도를 해 볼 수 있으니까 장비가 많으면 좋은 것이 맞거든요. 그분은 정말 대단하신 거예요. 존경해요. 지금 캐글 전 세계 7등일 거예요.

인공지능 분야는 자신의 지식을 공유하는 문화가 있다던데, 유한 님도 활동하시나요?

아까 말씀 드린 캐글 코리아 활동도 하고요. 캐글 자체 내에서 자신의 코드나 생각을 공유할 수 있어요. 그 공유로 '좋아요'를 많이 받으면 메달을 받을 수도 있어요. 그래서 저도 공유하고요. 개인적으로는 유튜브를 찍으면서 튜토리얼 대회 같은 것도 공유하기도 합니다. 요새는 코딩 경험이 전혀 없는 아내와 함께 기본 파이썬 같은 것도 영상을 찍고 있어요.

인공지능의 미래 같은 것도 궁금해요.

개인적으로 일론 머스크랑 〈아이언맨〉을 굉장히 좋아해요. 미래에는 자비스(〈아이언맨〉에 나오는 인공지능 컴퓨터)가 존재하지 않을까 싶어요. 진짜 인공지능을 만들어야 한다면 그것을 꿈꾸고 만들었으면 좋겠어요. 인류에 도움이 되는 것을 만들면 좋겠어요.

데이터 사이언스 인공지능 쪽을 준비하시는 분들을 위해 조언 한 말씀 부탁 드립니다.

하고 싶은 말은 '포기하지 마라'입니다. 제가 좋아하는 말이 하나 있어요. '내가 만든 상은 내가 지금까지 배운 것이다'는 말인데요, 저도 4년 동안 공부했어요. 상금도 상금이지만, 결론적으로 실력을 갖추게 되었어요. 이렇게 실력을 갖추는 것이 중요한 것 같아요. 물론 막연할 때도 있겠지만 포기하지 말고, 이것으로 무언가를 하고 싶으면 그만한 각오를 가지고 해야 되는 것 같아요. 이왕이면 모든 것을 쏟아붓길 바라요. 정말 딱 6개월 만이라도 해 보았으면 좋겠어요.

인터뷰 내용은 유튜브 조코딩 채널에서 인공지능 분야 전 세계 0.1%, 대한민국에 단 4명인 캐글 그랜드마스터 이유한 님과 진행한 인터뷰 영상을 글로 옮긴 것입니다. 인터뷰 글을 실을 수 있게 허락해 주신 두 분께 진심으로 감사드립니다.

원본 영상은 다음 URL과 QR 코드로 접속해서 볼 수 있습니다.

`URL` https://www.youtube.com/watch?v=tu6b3xbTj6M

- **조코딩**(JoCoding) **님 유튜브:** https://www.youtube.com/조코딩JoCoding
- **이유한 님 유튜브:** https://www.youtube.com/c/YouHanLee
- **캐글 코리아:** https://m.facebook.com/groups/KaggleKoreaOpenGroup/

맺음말

회사에는 다양한 부서가 있습니다. 예를 들어 필자가 소속된 광고 회사에는 영업, 마케팅, 경리, 인사, 크리에이티브, 미디어 담당, 홍보 등이 있지요. 그리고 데이터를 분석하는 부서가 있습니다. 이 책을 읽는 독자 중에는 데이터 분석과 관련한 부서(학생이라면 데이터 분석과 관련된 연구실·학부) 소속이 아닌 사람도 있을 것 같습니다.

데이터를 분석해야 하거나 빅데이터, 머신 러닝을 이용해야 하는 경우 전담 부서 직원에게 맡겨 버리고 '나는 관계없지, 나는 할 수 없어'라고 무의식중에 피하는 사람, 데이터 분석이나 머신 러닝 같은 것은 아주 막연하게만 인식하고 있는 사람도 있을 수 있겠지요.

확실히 매우 수준 높은 분석을 배경지식 없이 사용하면 잘못된 분석 결과를 초래하거나 경우에 따라서는 잘못된 방향으로 모두를 이끌 가능성도 있지요. 하지만 데이터와 전혀 관련 없는 부서란 이제 더 이상 존재하지 않습니다. 데이터는 아이디어나 발상, 소통과 대립되는 것도 아닙니다. 오히려 그것들을 한층 더 확장시키는 것이라고 생각합니다. 또 이 책에서 보여 주듯이 PC 하나면, 캐글 같은 플랫폼만 알면 다양한 방법을 이용하여 실제 데이터를 분석하고 배울 수 있는 환경을 만들 수 있습니다. 데이터 분석을 시작하는 장애물은 점점 낮아지고 있으니 이제 누구나 시작할 수 있고, 누구나 데이터 분석과 관련 있는 시대가 되었다고 생각합니다.

데이터 분석을 배우면서 캐글 같은 경쟁 플랫폼에 참가하다 보면, 처음에는 여러 가지 과제를 진행하면서 점수가 올라가고 성장해 가는 것을 실감할 수 있습니다. 그러나 어느 순간 모델의 개선이 어려워지고, 상위권과 압도적인 예측 결과 차이를 확인하며 절망하게 될지도 모릅니다. 자신과 상위권 실력자 사이의 큰 벽을 느끼고 나면 무엇을 어떻게 해야 상위권에 파고들 수 있을지 고민하는 날들이 계속될 것입니다. 아마도 그런 가운데 나날이 진화하는 데이터 사이언티스트의 가치를 깨달을 것입니다. 그렇다면 '역시 데이터 분석은 전문가에게 맡기는 편이 좋다'는 것이 사실이 아님을 알게 될 것입니다. 데이터 분석을 접한 후에는 개념을 이해하는 수준에 있을 때보다 데이터를 보는 눈이 훨씬 달라지고, 데이터 사이언티스트와 협업도 쉬워져 그들의 가치를 진정으로 이해할 수 있을 것입니다.

이런 것도 데이터로 분석할 수 있을까요?
그러기 위해서는 이런 데이터를 얻지 않으면 안 되는 것 아닌가요?
그러기 위해서는 서비스 개시 시점에서 이런 UX로 해야 하지 않을까요?

이런 식으로 데이터에서 출발하는 비즈니스를 상상하기 쉬워질지도 모릅니다. 그러려면 물론 이 책에만 머무르지 말고 계속 학습하는 것이 중요합니다. 계속해서 데이터 분석을 하고 싶다고 생각한다면 꼭 캐글의 튜토리얼 이외의 경진대회에도 적극적으로 참가해서 상위권을 노려 보기 바랍니다.

마지막으로 집필하면서 알게 된 캐글러와 회사의 데이터 분석 동료에게 친절한 설명과 구체적인 팁 등 조언과 도움을 많이 받았습니다. 또 쇼에이샤 편집자 미야코시 다카유키 씨는 집필 기회를 준 것은 물론, 구성이나 문장 수정 등을 도와주어 많은 독자가 친숙해지기 쉬운 책을 완성할 수 있었습니다. 이 자리를 빌려 감사 말씀을 드립니다.

2020년 9월 좋은 날

시노다 히로유키

참고 문헌과 웹 사이트

『はじめてのパターン認識』(平井有三[著]、森北出版株式会社、2012年)

『최초의 패턴 인식』(히라이 유조 저, 모리키타 출판주식회사, 2012년)

『Pythonではじめる Kaggle スタートブック』(石原祥太郎、村田秀樹[著]、株式会社講談社、2020年)

『Python으로 시작하는 Kaggle 스타트북』(이시하라 쇼타로, 무라타 히데키 공저, 주식회사 고단샤, 2020년)

『데이터가 뛰어노는 AI 놀이터, 캐글』(가도와키 다이스케, 사카타 류지, 호사카 게이스케, 히라마쓰 유지 공저, 대니얼WJ 역, 한빛미디어, 2021년)

『Python Machine Learning: Machine Learning and Deep Learning with Python, scikit-learn, and TensorFlow 2, 3rd Edition』(Sebastian Raschka, Vahid Mirjalili 공저, Packt Publishing, 2019년)

『파이썬을 이용한 머신러닝, 딥러닝 실전 개발 입문』(쿠지라 히코우즈쿠에 저, 윤인성 역, 위키북스, 2017년)

『피처 엔지니어링, 제대로 시작하기』(앨리스 젱, 아만다 카사리 공저, 김우현 역, 에이콘출판사, 2018년)

『データマイニング入門 Rで学ぶ最新データ解析』(豊田秀樹[著]、東京図書株式会社、2008年)

『데이터 마이닝 입문 R로 배우는 최신 데이터 해석』(토요타 히데키 저, 도쿄도서 주식회사, 2008년)

『세상에서 가장 쉬운 통계학 입문』(고지마 히로유키 저, 박주영 역, 지상사, 2009년)

『統計学入門』(東京大学教養学部統計学教室[著]、一般財団法人東京大学出版、1991年)

『통계학 입문』(도쿄대학 교양학부 통계학 저, 도쿄대학출판, 1991년)

市場調査・マーケティングリサーチならインテージ > マーケティング用語集 > 主成分分析
とは

시장 조사 · 마케팅 리서치라면 인테지[1] 마케팅 용어집 〉 주성분 분석

URL https://www.intage.co.jp/glossary/401/

---

1 역주 시장 조사를 전문으로 하는 일본 회사입니다.

A

accuracy 138
AI 플랫폼 066
Amazon Web Services 042
Anaconda Navigator 052
AWS 042

B

bit 098

C

Code 066
Competitions 031
conda 046
count 100
cross validation 133
CSV 176

D

DataFrame 088
data leakage 148
decision tree 130
Discussion 024
Docker 046
dtypes 177
dummy 111

F

False Negative 138
False Positive 138
float형 098
FN 138
FP 138

G

GCP 042, 066, 277
ggplot 104

G (right)

Google Cloud Platform 042, 277
gradient boosting decision tree 131
graphviz 262

H

heatmap 113
hold out 133

I

int형 098
ipynb 044

J

Join Competition 033
Jupyter Notebook 043

K

k-means 149, 249

L

label encoding 127
leaderboard probing 307
leave-one-out 133
library 046
LightGBM 130-131

M

Markdown 057
matplotlib 103, 174
max 100
mean 100
min 100

N

Negative 138
Notebook 024
NumPy 088, 175

O

object형 변수 181
one-hot encoding 110
Optuna 221, 237
outlier 202
overfitting 132

P

pandas 088, 175
pip 046
Positive 138
PyCharm 051
pydotplus 262
pyenv 046

R

random seed 094
RMSE 169-170, 185, 212
Root Mean Squared Error 169

S

scikit-learn 128
seaborn 103, 174
shake down 028
shake up 028
std 100
submit 145
Submit to Competition 033

T

test data 039
test set 039
TN 138
TP 138
train data 039
train set 039
True Negative 138
True Positive 138

t-SNE 149

U

underfitting 132

V

validation data 039
virtualenv 046

X

XGBoost 131, 236

ㄱ

가상 환경 046, 052
간격 척도 099
검증 데이터 039
결과 제출 145
결손 값 025
결정 트리 130, 259
결측치 102, 181, 197
결측치 메우기 116
결측치 삭제 231
경진대회 031
골드 028
공개 리더보드 027
과소적합 132
과적합 132
교차 검증 133-134, 141, 184
구글의 클라우드 플랫폼 277
그레이디언트 부스팅 결정 트리 131

ㄴ

넘파이 088, 175
누적 막대 그래프 107

ㄷ

더미 변수 110

데이터 017
데이터 가공 및 전처리 038
데이터 개수 100
데이터 누수 148
데이터 범위 017
데이터 분석 017, 038
데이터 분석 환경 082
데이터셋 033
데이터 속성 098
데이터 수집 038
데이터의 시각화 103-104
데이터 읽기 090
데이터 전처리 114
데이터 정규화 247
데이터 클렌징 025
데이터 탐색 및 가시화 038
데이터프레임 088
데이터 해석 095
도커 046

ㄹ

라벨 인코딩 127, 177
라이브러리 046
라이브러리를 설치 088
랜덤 시드 094
랜덤 포레스트 130, 230
로그화 193
로컬 042
로컬 컴퓨터 환경 045
리더보드 027
리더보드 프로빙 307

ㅁ

맥에서 환경 설정 083
맷플롯립 103, 174
머신 러닝 016
메달 027
모델 검증 038

모델 작성, 예측 및 분류 038
목적 변수 039, 185, 191
문자열 099

ㅂ

베이스라인 177
벤치마크 078
변수 유형 177
변수의 중요도 189
브론즈 028
비공개 리더보드 027
비례 척도 099
비트 098

ㅅ

사이킷런 128
상관 행렬 112
설명 변수 039, 185
셀 044
솔로 골드 029
수직 정렬 106
수치 데이터 099
수평 정렬 106
순서 척도 099
시뮬레이션 경진대회 034
신규 파일 작성 084
실버 028
씨본 103, 113, 174

ㅇ

아나콘다 046, 065
아나콘다(윈도)에서 환경 설정 082
아이리스 꽃의 분류 024
앙상블 230
양성 138
양적 변수 099
예측 경진대회 034
원-핫 인코딩 110

위양성 138
위음성 138
음성 138
이상치 202

ㅈ

잭나이프법 133-134
정확도 138
주성분 분석 254
주택 가격 예측하기 169
주피터 노트북 043, 054, 065
중앙값 100
지표 017
진양성 138
진음성 138
질적 변수 099

ㅊ

최솟값 100
최적화 220
최적화 경진대회 034

ㅋ

카테고리 변수 110, 191
캐글 018, 024
캐글 계정 067
캐글 그랜드마스터 029
캐글 마스터 029
캐글 엑스퍼트 029
캐글 커뮤니티 035
캐글 코리아 035, 322
코드 경진대회 034
클라우드 042
클라우드 환경 046
클러스터 160
클러스터 분석 246, 249

ㅌ

타이타닉 생존자 예측 경진대회 077
타이타닉호의 생존 예측 024
테스트 데이터 039
통계량 100, 191, 203
특징 값 114
특징 값 추출 038

ㅍ

파이썬 040
파이썬 버전 064
판다스 088, 175
평가 017
평균 100
평균 제곱 오차 169, 185
평균 RMSE 187
표준 편차 100
푸아송 분포 193

ㅎ

하이퍼파라미터 139, 185, 220
학습 데이터 039
홀드 아웃 133-134
히스토그램 110, 192
히트맵 113